東アジアの銅鏡と弥生社会

南 健太郎 著

同成社

序

　本書は、大国・漢帝国を中心として東アジアへと広がった銅鏡の研究から、弥生時代の社会像を構築することを目的としたものである。

　日本列島の北部九州には弥生時代の中期末までに多量の中国で製作された銅鏡がもたらされており、権力者たちにとって銅鏡の保有は大きな意味を有していたと考えられる。それ故、日本列島ではその後中国の銅鏡を模した銅鏡の生産が開始され、破片を再利用する破鏡の風習も創出された。これらの銅鏡の広がりは九州から関東にまで及んでおり、その拡散・受容のメカニズムを明らかにすることは弥生社会像を描き出す上で重要な位置を占める。

　また三国時代における日本列島の社会状況を記した『魏志倭人伝』には、魏から「親魏倭王」金印紫綬を授けられた邪馬台国の女王卑弥呼が、多くの品々とともに銅鏡百枚を賜ったことが記されている。両地の関係性を示すツールとして銅鏡が用いられていたという状況が想起される。

　このように日本列島の弥生時代から古墳時代の社会を考える上で銅鏡は欠かすことのできないものであり、その広がりからは地域間関係や対外交渉の実態に迫ることができると考えている。地域的独自性が豊かであった弥生時代から、列島規模で前方後円墳の築造などの文化的共通性をもつようになった古墳時代への社会変化を描き出すことも可能である。そして銅鏡の故地である大陸や、日本列島と同様に周辺地域に位置づけられる朝鮮半島を含めた検討により、東アジアの歴史展開の中に弥生時代・古墳時代を位置づけることができる。それによって日本列島の特質も描き出すことができるだろう。本書はこのような視点にもとづいて構想したものである。

　なお本書では筆者自らの銅鏡の観察に力点を置いている。資料の調査は日本、中国、韓国で実施しており、実物資料の肉眼、実体顕微鏡、デジタルマイ

クロスコープでの観察に多くの時間を費やしてきた。考古学において資料の観察は最も基礎的で、最も重要な作業である。人びとが生み出したモノから最大限の情報を引き出し、それらを論理的に組み立てて歴史を構築し、人びとの歩みを復元する。現代に生きる我々もそこから学ぶべきことがあるだろうし、教訓のようなことも含まれていることだろう。考古学の魅力・意義はまさにそこにあると筆者は感じている。本書を通じてこの点を読者にも味わっていただけたら幸いである。

目　次

序 ·· i

序章　弥生時代の銅鏡研究と本書の課題 ·· 3
　1．弥生時代銅鏡研究の方向性　3
　2．本書の目的　7

第1章　漢代の銅鏡と日本列島への拡散 ··· 9
第1節　漢・三国・西晋期における銅鏡副葬の展開 ·· 9
　1．漢・三国・西晋期の銅鏡　9
　2．漢鏡の分類・編年研究　10
　3．中原地域における漢鏡副葬の展開　18
　4．副葬時期と製作時期の関係　36
第2節　技術的視点からみた漢鏡の製作時期 ··· 36
　1．製作技術研究の必要性　36
　2．漢鏡の製作技術研究　37
　3．湯口の設置位置の検討　39
　4．魏鏡の研磨技術　44
　5．製作技術からみた漢鏡の製作時期　45

第3節　微細痕跡からみた「伝世鏡」の検討 ……………………………… 48
　　1．前期古墳出土の漢鏡と伝世鏡　48
　　2．文様不鮮明な銅鏡のこれまでの理解　49
　　3．踏み返し鏡の抽出　52
　　4．文様不鮮明な漢鏡の検討　58
　　5．文様不鮮明な漢鏡の伝世について　65

第4節　平原遺跡1号墓出土鏡の評価 ……………………………………… 66
　　1．平原遺跡1号墓の銅鏡　66
　　2．平原遺跡出土鏡のこれまでの評価と課題　70
　　3．虺龍文鏡の製作時期　73
　　4．超大型内行花文鏡の検討　74
　　5．「大宜子孫」内行花文鏡の検討　77
　　6．方格規矩四神鏡の検討　80
　　7．平原遺跡1号墓出土鏡の製作地・製作時期　84

第5節　日本列島における漢鏡拡散の展開 ………………………………… 84
　　1．弥生時代の漢鏡　84
　　2．漢鏡拡散に関するこれまでの研究と課題　85
　　3．漢鏡の受容と副葬時期の検討　88
　　4．漢鏡拡散のメカニズム　97

第2章　仿製鏡生産と破鏡利用の展開 ……………………………………… 105

第1節　小形仿製鏡の分類と編年 …………………………………………… 105
　　1．小形仿製鏡とは何か　105
　　2．型式学的研究と編年の課題　106
　　3．小形仿製鏡の分類　111

4．小形仿製鏡の系譜関係と製作時期　119
第2節　製作技法からみた小形仿製鏡の製作地 ·· 127
　　1．小形仿製鏡の製作地問題　127
　　2．製作地に関するこれまでの議論と課題　127
　　3．湯口の設置位置の検討　130
　　4．鈕孔製作技法の検討　140
　　5．小形仿製鏡の製作地　144
第3節　小形仿製鏡の拡散と社会的意義 ·· 147
　　1．小形仿製鏡の拡散が意味するもの　147
　　2．小形仿製鏡の拡散に関するこれまでの研究　147
　　3．小形仿製鏡拡散の諸段階　148
　　4．小形仿製鏡の社会的意義　156
第4節　破鏡利用の開始とその展開 ·· 158
　　1．漢鏡と破鏡　158
　　2．破鏡の定義　159
　　3．破鏡利用の開始とその後の展開についての研究史　162
　　4．破鏡の分類　164
　　5．破鏡の諸例　167
　　6．破鏡の拡散形態　171
第5節　画文帯神獣鏡の破鏡をめぐって ·· 180
　　1．画文帯神獣鏡とその破鏡　180
　　2．画文帯神獣鏡の破鏡出土遺跡　181
　　3．ホケノ山墳丘墓出土の画文帯神獣鏡　182
　　4．画文帯神獣鏡の破鏡と二次加工の検討　183
　　5．拡散形態の検討　187

第6節　破鏡としての小形仿製鏡の拡散 ･･･ 189

　1．小形仿製鏡の破鏡利用　189

　2．半島製小形仿製鏡の破鏡　190

　3．北部九州製小形仿製鏡の破鏡　192

　4．近畿製小形仿製鏡の破鏡　193

　5．破鏡としての小形仿製鏡の意義　194

第3章　漢代における銅鏡の保有とその意義 ････････････････････ 197

第1節　漢代の銅鏡使用 ･･･ 197

　1．鏡使用の具体像を探る　197

　2．画像石・絵画資料にみる鏡の使用方法　198

　3．漢代の鏡架・鏡台　201

　4．銅鏡使用方法の展開過程　203

第2節　漢代諸侯王墓・王后墓の鏡副葬と階層性 ････････････････････････････ 204

　1．漢帝国と日本列島の鏡　204

　2．諸侯王墓・王后墓・陪葬墓　205

　3．諸侯王墓・王后墓出土鏡の面径と副葬面数　206

　4．鏡の出土位置　210

　5．漢鏡副葬にみる階層性の検討　212

　6．諸侯王墓・王后墓出土鏡の意義　216

第3節　中・下級官人墓における漢鏡の副葬 ･･････････････････････････････････ 217

　1．洛陽における漢鏡副葬　217

　2．副葬面数と被葬者の性格　217

　3．面径にみる階層性の検討　221

　4．洛陽における銅鏡副葬のロジック　227

結章　銅鏡と弥生社会 229

1．漢代の銅鏡保有システムと弥生社会の銅鏡拡散・受容システム　229
2．銅鏡からみた弥生社会像　235
3．銅鏡が弥生社会にもたらしたもの　238

引用・参考文献　241

挿図出典　263

初出一覧　269

あとがき　271

図表目次

図1　明清代以前に収集された漢鏡 ･････････････････････････････････････ 11
図2　岡村による前漢鏡の編年 ･･･････････････････････････････････････ 13
図3　岡村による後漢鏡の編年 ･･･････････････････････････････････････ 14
図4　後漢末～三国期の鏡群（漢鏡7期）････････････････････････････････ 15
図5　漢鏡の分類①（異体字銘帯鏡・虺龍文鏡）･････････････････････････ 19
図6　漢鏡の分類②（方格規矩鏡）････････････････････････････････････ 20
図7　漢鏡の分類③（内行花文鏡）････････････････････････････････････ 21
図8　前漢後期～後漢前期の異体字銘帯鏡 ･････････････････････････････ 23
図9　三国・西晋期の異体字銘帯鏡 ･･････････････････････････････････ 24
図10　前漢後期～王莽期の虺龍文鏡 ･････････････････････････････････ 25
図11　前漢後期～後漢前期の方格規矩鏡 ････････････････････････････ 27
図12　後漢中期～後期の方格規矩鏡 ････････････････････････････････ 29
図13　三国期～西晋期の方格規矩鏡 ････････････････････････････････ 31
図14　後漢前期～中期の内行花文鏡 ･････････････････････････････････ 33
図15　後漢後期～西晋期の内行花文鏡 ･･･････････････････････････････ 35
図16　各部名称 ･･･ 38
図17　湯口の設置位置の分類 ･･････････････････････････････････････ 40
図18　鈕孔方向と鋳引けの範囲① ･･････････････････････････････････ 41
図19　鈕孔方向と鋳引けの範囲② ･･････････････････････････････････ 42
図20　鈕孔方向と鋳引けの範囲③ ･･････････････････････････････････ 43
図21　鏡背面削り・削り残し ･････････････････････････････････････ 44
図22　面形成型の縁側面 ･･･ 44
図23　鈕孔方向と鋳引けの範囲 ･･･････････････････････････････････ 45

図24	大和天神山8号鏡の鋳引けの範囲と削り残し	46
図25	大和天神山鏡古墳出土鏡の削りと縁側面の状態	47
図26	踏み返し鏡の痕跡	53
図27	踏み返し鏡の諸例①	54
図28	踏み返し鏡の諸例②	56
図29	文様の凹部・凸部	58
図30	表面状態①の鋳肌残存状況	59
図31	表面状態②の鋳肌残存状況	60
図32	表面状態③の鋳肌残存状況	61
図33	踏み返し鏡の痕跡	62
図34	変形した櫛歯文の表面状態	62
図35	鈕孔方向と鋳引けの範囲	63
図36	鈕孔の変形と鋳肌の残存状況	64
図37	平原遺跡1号墓出土超大型内行花文鏡	67
図38	平原遺跡1号墓出土内行花文鏡・虺龍文鏡	68
図39	平原遺跡1号墓出土方格規矩鏡	69
図40	三国西晋期の虺龍文鏡	74
図41	漢墓出土の大型内行花文鏡	75
図42	超大型内行花文鏡の九重円圏	76
図43	鈕座に珠点をもつ銅鏡	78
図44	魚文を有する銅鏡	79
図45	魚文を有する銅鏡（故宮蔵鏡）	81
図46	銘文に漢数字「四」を用いる銅鏡	82
図47	日本列島出土の異体字銘帯鏡	89
図48	日本列島出土の虺龍文鏡	90
図49	日本列島出土の方格規矩鏡（後期前葉）	91
図50	日本列島出土の方格規矩鏡（後期中葉以降）	93
図51	日本列島出土の内行花文鏡（後期前葉）	94

図52	日本列島出土の内行花文鏡（後期中葉以降）	95
図53	日本列島出土の後漢末鏡群（後期終末）	97
図54	漁隠洞遺跡出土小形仿製鏡	106
図55	高倉による小形仿製鏡の分類	107
図56	内行花文系小形仿製鏡の分類①	112
図57	内行花文系小形仿製鏡の分類②	114
図58	内行花文系小形仿製鏡の分類③	115
図59	田尻による重圏文系第1型の細分	115
図60	漁隠洞遺跡・坪里洞遺跡出土重圏文系小形仿製鏡	116
図61	重圏文系小形仿製鏡の分類	117
図62	前漢鏡の銘文と小形仿製鏡の擬銘帯	119
図63	鏡面が窪む小形仿製鏡と星形銅器	121
図64	放射状文鏡の諸例	124
図65	多鈕鏡の鋳型	131
図66	多鈕鏡・放射状文鏡の湯口設置位置	132
図67	小形仿製鏡の鋳型	133
図68	小形仿製鏡にみられる縁の変形	134
図69	表山遺跡出土鏡の湯口設置位置	135
図70	「十」字状文小形仿製鏡	136
図71	木津遺跡出土鏡の湯口設置位置	137
図72	重圏文鏡の湯口設置位置	138
図73	内行花文鏡の湯口設置位置	139
図74	中子設置施設と中子設置痕跡	141
図75	中子設置痕跡の分類	141
図76	初期小形仿製鏡の中子設置痕跡	143
図77	多鈕無文鏡・放射状文鏡の中子設置痕跡	145
図78	半島製小形仿製鏡の分布	149
図79	北部九州製小形仿製鏡の分布①	151

図80	北部九州製小形仿製鏡の分布②	153
図81	北部九州製小形仿製鏡の分布③	155
図82	破鏡の破断面と表面状態	159
図83	破鏡の破断面と穿孔痕跡	160
図84	破鏡の破断面	161
図85	破鏡の形態分類	166
図86	破断面の分類	167
図87	前漢鏡の破鏡①（北部九州・四国）	168
図88	前漢鏡の破鏡②（近畿）	169
図89	形態の時期的変化	170
図90	北部九州中枢地域の破鏡	172
図91	熊本県地域出土前漢鏡の破鏡	173
図92	熊本県地域出土後漢鏡の破鏡	174
図93	熊本県地域出土後漢末～三国期鏡の破鏡	175
図94	鈕と穿孔を有する破鏡	175
図95	大分県地域出土後漢鏡の破鏡	176
図96	鳥取県地域出土後漢鏡の破鏡	177
図97	香川県地域出土後漢鏡の破鏡	178
図98	岡山県地域出土後漢鏡の破鏡	178
図99	岡山県地域出土漢末・三国期鏡の破鏡	179
図100	ホケノ山墳丘墓銅鏡出土状況	182
図101	ホケノ山墳丘墓出土の破鏡	183
図102	画文帯神獣鏡の破鏡の諸例①	185
図103	画文帯神獣鏡の破鏡の諸例②	186
図104	半島製小形仿製鏡の破鏡	191
図105	北部九州製小形仿製鏡の破鏡①	193
図106	北部九州製小形仿製鏡の破鏡②	194
図107	近畿製小形仿製鏡の破鏡	195

図108　武氏祠画像石の銅鏡使用状況 ………………………………………… 198
図109　武梁石室画像石の銅鏡使用状況 ………………………………………… 199
図110　『女子箴図』にみる鏡の使用方法 ……………………………………… 200
図111　北庄漢墓出土鏡架 ………………………………………………………… 202
図112　涿州漢墓出土陶鏡・陶鏡架 ……………………………………………… 203
図113　前漢前半の矩形銅鏡 ……………………………………………………… 205
図114　前漢前半の諸侯王墓・王后墓出土鏡 …………………………………… 208
図115　前漢後期の諸侯王墓・王后墓出土鏡 …………………………………… 209
図116　王莽～後漢の諸侯王墓出土鏡 …………………………………………… 211
図117　満城漢墓における銅鏡の出土位置 ……………………………………… 213
図118　大雲山江都王陵出土銅鏡 ………………………………………………… 214
図119　銅鏡出土位置の分類 ……………………………………………………… 218

表１　単葬複数面墓における銅鏡の出土位置 …………………………………… 220
表２　複葬単面墓出土鏡の面径と墓葬形態・副葬品 …………………………… 222
表３　単葬単面墓出土鏡の面径と副葬品 ………………………………………… 223
表４　単葬複数面墓出土鏡の面径 ………………………………………………… 225
表５　複葬複数面墓の面径 ………………………………………………………… 226

東アジアの銅鏡と弥生社会

序章　弥生時代の銅鏡研究と本書の課題

1. 弥生時代銅鏡研究の方向性

(1) 弥生時代と銅鏡

　弥生時代は日本列島の歴史上において、大陸との接触、特に政治性を帯びた交渉が幕を開けた時代ということができる。中国の歴史書にはその一場面が記録されており、前漢（紀元前206年－紀元8年）の時代のことが収められている『漢書地理志』には、「夫れ楽浪海中に倭人あり。分れて百余国となる。歳時を以て来たり献見すと云う」という記載がある。倭人とは日本列島（以下、列島と記す）に住んだ人びとのことを指しており、海を渡って前漢王朝と関係をもとうとした姿が目に浮かぶ。このような対外交渉によって、さまざまな文物が大陸からもたらされた。本書で取り上げる銅鏡もその一つである。

　東アジアにおける銅鏡使用の始まりは古く、最古の銅鏡は中国の斉家文化期にまでさかのぼる（宋 1997、樋口 2011）。その後春秋・戦国時代には生産量が増し、漢代にはさらに多くの人びとの間に広まった。漢代の銅鏡には湖南省長沙市馬王堆1号墓（湖南省博物館他編 1973）のように鏡奩の中に化粧道具と一緒に納められて副葬されるものがあり、一般的には姿見の道具であったと思われる。しかし、鏡には実用品としての機能に加え、神秘性や呪術性も備えられていたことが指摘されている。中国の『荘子』、『淮南子』、『列子』などには、光を反射する性格が聖人帝王の心のはたらきに喩えられ、漢代末期に台頭したいわゆる神仙思想とも関連させつつ、権力の象徴として神秘化、神霊化し

ていったことが示されている（福永光1973）。実際に墓での出土状況では、鏡が頭蓋や胸の上に置かれていることから、霊器としての扱いがなされていると考えられる例も多い（杉本他1978）。

　このような銅鏡が弥生時代中期後半に列島にもたらされる。この時期の列島では、北部九州の武器形青銅器、近畿地方の銅鐸といった、地域的なまとまりによって独自の祭器を共有するような社会が形成されていた。また集落においては拠点集落とその周辺の衛星的集落といった格差が生じ、北部九州では墓の規模や副葬品の質と量によって階層的な上下関係も示されていた。銅鏡が拡散した頃の列島は、首長と民衆のような階級社会としての歩みを進めている段階であったといえる。そして弥生時代の後の古墳時代には、前方後円墳における墳墓祭祀という文化的共通性が列島の広い範囲を覆うようになり、畿内を中心とした国家形成に向けてのベクトルを強めていく。このような列島の社会変化において画期となる時期に、銅鏡はもたらされたのである。それ故、銅鏡から弥生社会の動態を明らかにすることは、列島の歴史展開を考える上でも重要な位置を占める。

（2）銅鏡研究の多様化

　弥生時代の銅鏡研究には長い蓄積がある。その本格的な開始は日本人研究者である富岡謙蔵と梅原末治によるものである。富岡は漢代に製作された銅鏡（以下、漢鏡と記す）の鏡式設定と製作時期を検討し、生産の変遷観を提示した。また漢鏡を模倣して各地で製作された鏡（以下、仿製鏡と記す）の抽出もおこない、銅鏡研究の幅を大きく広げた（富岡1920）。梅原は富岡の研究をベースに新出資料によってその変遷観、年代観を修築した。梅原によってたびたび取り上げられた楽浪郡や朝鮮半島南部の資料は、それまでの銅鏡研究をさらに推し進めた。正式な発掘調査によって出土した資料であることは遺構や他遺物と銅鏡の編年的位置のクロスチェックが可能で、前漢が半島に設置した楽浪郡の紀年遺物などとの共伴関係により年代観が補強されていった。また富岡が指摘した仿製鏡についても、出土品にもとづいてその製作地について言及し

ている（梅原1925）。富岡や梅原の研究は、その後の発掘調査による資料の莫大な増加に伴う再検討によってさまざまな点が変更されているものの、銅鏡研究に一定の道筋をつけたという点で大きく評価される。銅鏡は東アジアを俯瞰した考古学研究において、共通した年代軸を提供できることを示したことも、後の研究に大きな影響を与えている。加えて銘文や文様構成から製作地や製作時期を検討できることを提起したことは、紀年資料が乏しい日本の考古学において銅鏡研究が重要であることを物語っている。

戦後は中国や日本での発掘調査によって多くの漢鏡が出土し、精緻な編年から年代的な位置づけの見直しがおこなわれた。また資料の増加はさまざまな方向性の研究を可能とした。今日的課題とともに概観してみよう。

①漢鏡の分類・編年と列島への拡散

中国での発掘調査によって各鏡式の出土時期が明瞭になり、型式分類と時期的な変遷が整理された。1959年に刊行された『洛陽焼溝漢墓』では墓室の型式と土器の組成変化から墓葬の変遷が示され、各時期においてどのような漢鏡が副葬されるのかが明らかとなった（中国科学院考古研究所編 1959）。また共伴した銭貨や紀年銘資料から具体的な年代も検討され、歴史的な動態の中にそれらが位置づけられた。その後、漢鏡の分類・編年は樋口隆康（樋口 1979）、岡村秀典（岡村 1984・1990・1993c・2005）、高橋徹（高橋徹 1980・1986a・1994）らによって推進されてきた。現在に至っては、細部の流れについては議論があるが、漢鏡生産の流れに関しての見解はほぼ固まっているといってもよいだろう。ただし列島出土鏡の変遷は漢鏡生産の流れと必ずしも一致していない。たとえば、後漢前期に製作された漢鏡が列島にもたらされた場合は、大陸との併行関係から、特殊な事情がない限り、弥生時代後期前葉の墓に副葬されると考えられる。しかし列島では副葬時期が弥生時代終末や古墳時代前期に下る場合がしばしばみられる。後者の事例の解釈としては、列島で長期間保有された後に副葬されたと考える立場と、そもそも製作時期が副葬時期に近い時期にあったと考える立場が存在している。長期間保有された鏡は梅原や小林行雄によって「伝世鏡」と呼ばれ（梅原 1933、小林 1955・1961）、現在も伝世鏡

を肯定的に考えられる場合が多い。漢鏡の列島への拡散時期の解釈によっては、描き出される歴史像が大きく異なってくる。列島の歴史展開や社会像を銅鏡から考える上で、この問題を避けて通ることはできない。

また上記の伝世鏡論に立つ小林は漢鏡を宝器として世代を超えて伝世されるものであったことを指摘し（小林 1955・1961）、高倉洋彰は「権威の象徴」と呼んだ（高倉 1993a）。また柳田康雄は弥生時代中期末の北部九州で銅鏡を頂点とした重層的な威信財システムが成立し、鏡を尊重する体制が古墳時代へと引き継がれたとした（柳田 2013・2015）。漢鏡は弥生時代中期末に北部九州の糸島地域や福岡平野の階層的頂点に立った「王」とも呼ばれる人物によって多量に保有され、各地域社会へともたらされたものである。それ以降についてもこのような意義は弥生時代を通じて存在していたと考えられるが、時期によって文様や大きさが異なる漢鏡がもたらされた列島において、どのような点が重視されたのかについては検討の余地がある。また瀬戸内以東へと漢鏡がいつ、どのような形で広がっていったのかという問題も、銅鏡の多量副葬がしばしばみられる古墳時代への展開を考える上でも重要である。

②漢鏡と仿製鏡

富岡、梅原が提起した仿製鏡も弥生社会を考える上で欠かすことができない。仿製鏡が初めて確認された当初から、これが漢鏡を模倣して製作されたものであることが提起され、その模倣の意義が考察されてきた。発掘調査の進展によって資料が増加するにつれて、面径が10cmに満たない小さな仿製鏡（以下、小形仿製鏡と記す）の出土は半島と列島にまたがっていることが明確になり、それらがいつ、どこで製作されたのかという点が活発に議論されるようになった。小形仿製鏡生産の変遷は型式学的な検討から明らかにされてきており、それらの系譜関係についても論じられている（高倉 1972・1981a・1985・1990、田尻 2003・2004・2005・2007・2012・2014、松本 2008、林正 2010）。製作地や製作時期の問題はそれらとリンクして考えられており、半島と列島を通じた青銅器生産の中での仿製鏡の位置づけにまで議論は及んでいる。製作地、製作時期をどのように捉えるかは、小形仿製鏡の拡散とその意義を考える

上で欠かすことのできない問題である。特に初期の仿製鏡については半島製と列島製に意見が分かれており、この問題の解決なくして小形仿製鏡から弥生社会を復元することはできない。

③漢鏡と破鏡

　弥生時代の銅鏡としては、漢鏡、仿製鏡に加えて、破鏡が挙げられる。破鏡とは銅鏡の破片を再利用したものである。穿孔・破断面の磨滅といった、二次加工や使用痕跡が確認される場合がある。破鏡の存在が初めて認識されたのは1950年代に東亜考古学会によって発掘調査された長崎県壱岐市カラカミ遺跡の調査に遡るといわれる。破鏡は完形漢鏡が集中する北部九州から各地に広がったと考えられている。その意義は諸説あるが、北部九州と周辺地域の関係性を示すものという評価がなされ（高倉 1976・1981b）、共同体の祭祀品であったとも考えられている（高橋徹 1979・1992）。また保有層は完形漢鏡のように上位層ではなかったことも指摘されている（辻田 2005・2007）。破鏡の広がりを歴史的に評価する場合、どこから、どのような状態で、広がったのかを明らかにする必要がある。この点は破鏡が出土した遺跡の性格にも起因すると考えられ、弥生時代における列島の物流がどのように展開したのかを考える上でも重要である。

2．本書の目的

　ここまで述べてきたように弥生時代の銅鏡には漢鏡（完形）、小形仿製鏡、破鏡があり、弥生社会像を描き出すために解決しなければならない課題も多い。小形仿製鏡は漢鏡を模倣したものであり、破鏡は銅鏡の破片利用であることから、三者の生産（創出）・拡散は相互に関連性をもっていたと考えられる。また漢鏡は中国に起源があり、小形仿製鏡は半島でも出土している。このため弥生社会について考えるためには、東アジア全体の動向の中でそれぞれがどのように位置づけられるのかという視点に立つ必要がある。以上のことから本書の目的を「東アジア的視点に立ち、弥生時代の銅鏡（漢鏡、小形仿製鏡、

破鏡)の生産・拡散・受容の動態から、弥生時代社会像を構築すること」とする。これによって各事象の歴史的な背景やその評価が可能となり、漢帝国という大国に接する弥生社会の再評価にもつながるものと考える。このような観点は、東アジアを超えた世界史的な比較研究をも可能にするだろう。以上の視点に立ち、本書では漢鏡、小形仿製鏡、破鏡それぞれの様相を検討し、最終的にそれらを総合化する方向で論を進めていく。

第1章　漢代の銅鏡と日本列島への拡散

第1節　漢・三国・西晋期における銅鏡副葬の展開

1. 漢・三国・西晋期の銅鏡

　銅鏡の本格的な列島への流入は、紀元前108年に前漢の武帝によって楽浪郡が設置されたことを契機としている。これ以降、多量の銅鏡が大陸よりもたらされ、完形のものはほぼすべてが墓の副葬品とされた。銅鏡の副葬状況をみると、有力者の墓から30面以上出土する場合もあれば、1面しか出土しない墓もある。このことは列島において銅鏡が単なる姿見としての道具以上の価値や社会的意義を有していたことを示している。また漢鏡は大陸の王朝と列島の各集団間における対外交渉によってもたらされたものであるため、王朝を後ろ盾とした「権威の象徴」としての意義を有していたとも考えられている（高倉1993a）。
　第1章ではそのような漢鏡の拡散に付された意味を探ることを目的とするが、それを歴史的な事象として意義づけるためには、銅鏡がいつ、どこで作られ、どの段階で列島にもたらされたのかを明らかにする必要がある。これまでの研究ではこれらのことを明らかにするために、文様の細かな分類による型式学的研究がおこなわれてきた。それによって漢代から西晋に至る銅鏡生産の変遷が明らかとなり、列島出土鏡の入手時期についても議論がなされている。し

かし、大陸での発掘調査が進展するにつれ、型式学的検討から導き出された銅鏡生産の変遷と出土時期に齟齬がみられる例が多くなってきた。このことは製作時期の再検討が必要であることを示唆している。

そこで本節では漢から西晋に至る墓から出土した銅鏡に着目し、各鏡の出土時期を整理する。そのことによって漢鏡の存続期間を明らかにし、製作時期の再検討につなげていきたい。このことは列島への銅鏡の拡散時期を考えるためのベースともなる。

なおここでは漢から西晋期の広大な領土の中でも、都が置かれた洛陽、西安で出土した銅鏡を検討対象とし、両地域をまとめて中原地域と呼ぶ。列島出土鏡の故地ともいえる中原地域の様相を検討することによって、当該期の銅鏡副葬の展開を明らかにする。

2．漢鏡の分類・編年研究

（1）明清以前の銅鏡収集から洛陽焼溝漢墓の編年へ

中国では古くから銅鏡の収集が盛んで、図や拓本、写真などが公表されてきた。多くは出土遺跡が不明なものであるが、大陸で出土する銅鏡の様相を知るためには欠かすことができない。記録が残っている中で最も古いと考えられるのは、晋の武帝期（265〜290年）に魏の襄王墓から出土した遺物を記した『竹書紀年』で、その後宋代〜清代において銅鏡に関する多くの図録が編纂された（菅谷他編 2004）。それらの中には、通常は縁には文様が施さない銅鏡に流雲文や唐草文が配される、といった墓からの出土品ではほとんど確認されないような鏡も含まれている（図1）。ただし大陸における明・清代までの著録ではそれらの製作年代などについての記述はほとんどみられないようである。

漢鏡の編年研究は、日本人研究者によって進められた。富岡の研究は先駆をなすものであり、銘文や文様の型式学的研究によって、漢鏡編年のベースが築き上げられた（富岡 1920）。また梅原は現在の朝鮮民主主義人民共和国の平壌に中心地があった楽浪郡の発掘成果などから、富岡の編年を発展させた（梅原

1　簠斎蔵鏡　巻下
2　小校経閣金石文字　第16

図1　明清代以前に収集された漢鏡

1925)。大陸側では梁上椿によって文様の型式学的な特徴にもとづいた銅鏡の系統的な検討がなされ、秦代から南北朝期に至る銅鏡の変遷が示された（梁上椿 1940～1942、梁 1989)。

　その後、大陸での発掘調査の進展によって多くの銅鏡が土器や製作年代が明瞭な貨幣、年代が記された遺物とともに出土するようになった。その中でも『洛陽焼溝漢墓』（中国科学院考古研究所編 1959）の成果は重要で、前漢～後漢に至る銅鏡の変遷が明確に示された。焼溝漢墓では95基の墓から118面の銅鏡が出土し、それらは文様から14型式に分けられた。そして墓葬の編年をベースとして、各時期の墓にどのような銅鏡が副葬されていたのかが検討された。それによって前漢から後漢に至る銅鏡の変遷が明らかにされ、発行年代がわかる貨幣や年代が記された紀年銘資料との共伴関係から、具体的な年代も示された。この成果は今日の分類・編年研究の基礎となっており、画期的な成果であったということができる。

（2）樋口隆康の『古鏡』

　樋口が1979年に著した『古鏡』では、春秋時代以降の銅鏡と仿製鏡の体系的

な分類がなされ、東アジアを中心に、ユーラシア大陸各地で出土した資料が豊富に収められた（樋口 1979）。樋口は銅鏡の製作期間が歴史的な時代区分と一致しないことを指摘し、各時期の銅鏡の呼称を「春秋式鏡」、「戦国式鏡」、「前漢式鏡」としている。このことはこれまであまり取り上げられていないが、漢鏡の製作年代を考える上では重要な指摘である。たとえば「前漢鏡」と呼ばれる鏡は前漢から三国時代まで出土時期に幅があり、「戦国鏡」や「後漢鏡」なども同様な状況がみられる。このことは樋口をはじめ、森浩一、杉本憲司、菅谷文則によっても指摘されており（樋口 1958、森 1962、杉本他 1978、菅谷 1991）、列島でも大陸で想定されている製作時期よりも新しい時期に副葬される漢鏡が存在することが高橋や柳田によって示されている（柳田 1982・2002b、高橋徹 1986a）。大陸での銅鏡生産の変遷を考えるにあたって念頭に置いておかなければならないだろう。

（3）岡村秀典の漢鏡編年

　1980年前後からは文様の型式学的研究にもとづいた編年が盛んにおこなわれた。特に宇野隆夫が多鈕細文鏡の検討でおこなった個別の文様要素（単位文様）の組み合わせや型式組列に着目した型式学的手法は、漢鏡の研究にも大きな影響を与えた（宇野 1977）。藤丸詔八郎による方格規矩四神鏡の研究、西村俊範による双頭龍文鏡の研究は、そのような方法による漢鏡の分類・編年研究の先駆をなしたものである（藤丸 1982、西村 1983）。

　そしてこれをさらに推し進めたのが岡村の研究である。岡村は型式学的検討による鏡式間の併行関係や、型式ごとの時期比定に課題を見出し、単位文様の組み合わせから型式分類・編年の検討をおこなった（岡村 1984・1990・1993c・2005）。岡村の一連の研究は、漢鏡編年にとどまらず、文様の変遷から漢代の思想や地域間関係を読み取ろうとするものであった。編年については前漢鏡を4段階（漢鏡1〜4期：図2）、後漢鏡を3段階（漢鏡5〜7期：図3・4）に区分し、各期において共伴した紀年銘遺物などから製作年代をあたえていった。岡村の分類・編年では『洛陽焼溝漢墓』編年で資料が不足してい

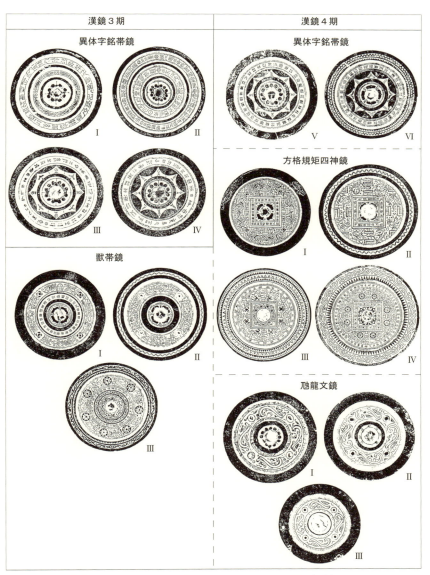

図2 岡村による前漢鏡の編年（岡村1984から作成）

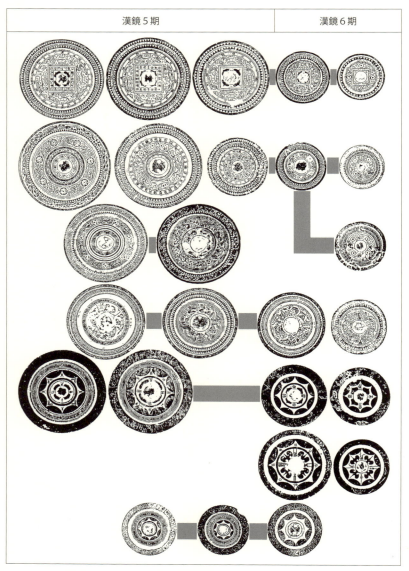

図3　岡村による後漢鏡の編年（岡村1993cを一部改変）

第1章　漢代の銅鏡と日本列島への拡散　15

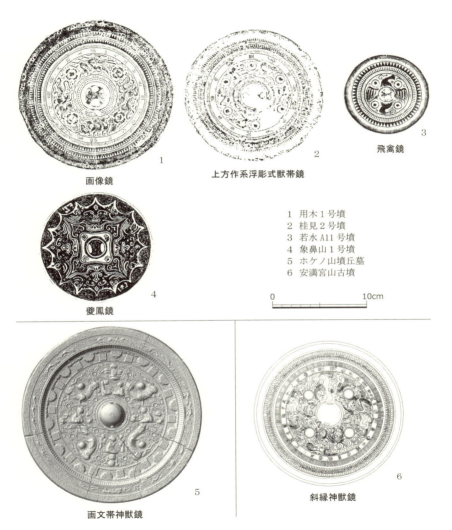

figure
1　用木1号墳
2　桂見2号墳
3　若水A11号墳
4　象鼻山1号墳
5　ホケノ山墳丘墓
6　安満宮山古墳

図4　後漢末〜三国期の鏡群（漢鏡7期、縮尺1/4）

た岡村漢鏡１期（以下、漢鏡○期と記す場合は、岡村の編年のことを指す）の蟠螭文鏡や、漢鏡５期の内行花文鏡などについても年代的位置づけが明確になされており、漢鏡編年はさらに精緻なものへと昇華された。近年はさらに作鏡者名や銘文の内容と文様の関連性の検討から、後漢から三国時代の銅鏡を対象とした系譜関係の整理が進められており、漢鏡生産のさらなる具体的なイメージが構築されている（岡村 2009a・b・2010・2011・2012・2013b・2015・2017）。

（４）漢鏡編年研究の課題

　岡村の分類・編年は、現在でも漢鏡の製作時期を示す際によく用いられるが、課題も残されている。それは製作時期の下限の問題である。

　大陸では漢鏡が三国期以降の墓から出土する場合もあることをすでに述べたが、その要因についてはさらなる検討が必要であると考えている。たとえば岡村は異体字銘帯鏡の生産を王莽期までとしているが、墓への副葬は西晋期までみられる。このような場合は①生産が継続していた、②製作後にストックされていた、③長期間保有された、という少なくとも３つの解釈が可能である。岡村は製作時期と副葬時期に隔たりがある資料は例外的とみなし、漢鏡の生産・拡散は各期において一つにまとめられる様式を保つという立場をとる。列島では岡村編年と出土時期が大きく隔たる事例が多くあるが、それらは列島での長期間保有、すなわち伝世したものであると捉えている（岡村 1986・1989）。このような岡村の説に対して、高橋は単位文様・文様構成の細分による内行花文鏡と方格規矩鏡の型式学的検討から製作時期を検討し、古墳出土鏡は型式学的な変遷にあわない復古鏡や踏み返し鏡である可能性を指摘し、列島での伝世に否定的な見解を示した（高橋徹 1986a・1994）。高橋はその中で方格規矩鏡において後漢前期の文様構成でも四神やＬ字が変形しているものがあることを明らかにし、それらは後漢末から三国時代まで製作時期が下ることを指摘している。同様の指摘は、その後福永伸哉や高木恭二、森下章司、車崎正彦らによってもなされており（福永 1992a・2005、高木 1991・1993、森下 1998、車

崎 1999・2001・2002、福永他 2000など)、魏晋鏡に特徴的な要素として抽出され、後漢鏡と分離されるようになった。また柳田や寺沢薫も後漢前期の文様構成をとる方格規矩四神鏡の退化・変容型式があり、それらは製作時期が下降することを指摘している（柳田 1996、寺沢 2004・2005a・b）。列島出土の内行花文鏡や方格規矩鏡において主文様や外区文様の変容・改変が最も顕著にみられる福岡県糸島市平原遺跡1号墓出土鏡については、柳田が製作技術・文様構成・銘文・着色といった点から列島で製作された仿製鏡であることを指摘している（柳田 2000・2002b・2015）。

さらに近年は主文様や外区文様、文様構成を細分して、漢鏡の地域性や、より細かな変遷を明らかにしようとする研究も進められている（上野 2000・2001・2003、西川 2003、岸本泰 2006・2009、德富 2016・2017a・b）。また岡村が漢鏡7期、すなわち後漢末の鏡群とした画文帯神獣鏡や上方作系浮彫式獣帯鏡、飛禽鏡、斜縁神獣鏡、獣首鏡などの型式学的検討が進展し、その製作地や系譜関係、生産の動態が議論されている（上野 2000・2007、村松 2004、森下 2007・2011・2012・2016、實盛 2009・2012・2015・2016、村瀨 2014a・b・2016a・b、馬渕 2015・2017）。

このように岡村の漢鏡編年はさまざまな角度からの研究により見直されており、製作の下限を大きく下げなければならないという指摘も強くある。しかし現状では大陸出土鏡において、どのような鏡がいつからいつまで出土するのかという基礎的な整理がなされていない。このためたとえば岡村編年と出土時期が合わない資料があった場合、それが特殊な（一時的な）事例なのか、それとも副葬鏡の変遷の中で矛盾なく捉えられるのかという判断が困難な状況にある。近藤喬一は中国出土鏡にもとづいて三国（呉）・西晋期の銅鏡を整理したが（近藤 1993）、漢代についても検討が必要であろう。このことから本節では中原地域における漢・三国・西晋期に副葬された銅鏡を時期別に整理し、各鏡の存続期間を明らかにする。そして次節以降でそれらの製作時期について考えていくこととする。

3. 中原地域における漢鏡副葬の展開

(1) 漢鏡の分類と時期区分
①漢鏡の分類

　副葬状況を整理するにあたって、時期的な様相を明確にするために各鏡式を以下のように分類する。なおここでは列島で出土する主要な鏡式である異体字銘帯鏡、虺龍文鏡、方格規矩鏡、細線式獣帯鏡、内行花文鏡についてみていく。

　異体字銘帯鏡（図5-1・2）　岡村の編年では前漢後半の漢鏡3・4期に位置づけられている。銘文の字形、鈕座、縁の文様が分類指標として挙げられ、特に字形が漢鏡3期と4期で異なるとされる。寺沢は漢鏡4期の異体字銘帯鏡Ｖ式の中でも、字形のゴシック化、内行花文の矮小化、縁の幅広化という特徴をもつものを、製作時期が王莽期以降に下るとし、「Ｖ´式」とした（寺沢2004）。ここではそれ以外の漢鏡3・4期のものをまとめてＡ類とし、寺沢Ｖ´式をＢ類とする。

　虺龍文鏡（図5-3・4）　虺龍文鏡は漢鏡4期の生産とされている。逆Ｓ字状文を主文とし、その周囲に配される文様の種類によって分類されている。最も密に文様が配される岡村Ⅰ式をＡ類、簡略化して鳥が配されるのみになる岡村Ⅱ式をＢ類とする。

　方格規矩鏡・細線式獣帯鏡（図6）　方格規矩鏡と細線式獣帯鏡は縁の文様が共通しており、同様な変化過程を示すものと考えられている（岡村1984・1993c）。このため方格規矩鏡の分類を細線式獣帯鏡にも適用する。

　これらは漢鏡4期に出現し、文様が簡略化、省略化しながら漢鏡6期まで生産されると考えられている（岡村1993c）。ただしすでに述べたように後漢前期の文様構成をもつものにも、後漢末以降に生産されたものがあることが指摘されている（高橋徹1986aなど）。また縁の文様ごとに複数の系列があり、時期的な変化があることも示唆されている（徳富2016など）。ここでは古い要素

がどの時期まで存続するのかを検討することを目的とするため、縁の文様と内区主文によって分類する。縁に文様をもたない岡村Ⅰ式をA類、縁の凹帯に複線波文や銘文が施される岡村Ⅱ式をB類、縁に流雲文や鋸歯文＋波文＋鋸歯文を配し、四神などの八像を主文様とするものをC類、四神が鳥に置き換えられるなどの簡略化がみられ、縁も複線波文＋鋸歯文や鋸歯文のみのものをD類、本来

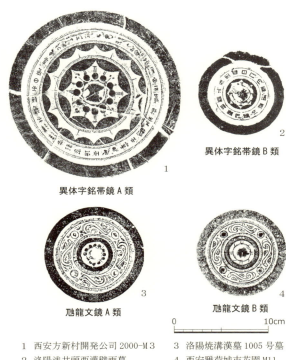

図5　漢鏡の分類①（異体字銘帯鏡・虺龍文鏡、縮尺1/4）
1　西安方新村開発公司2000-M3　　3　洛陽焼溝漢墓1005号墓
2　洛陽浅井頭西漢壁画墓　　　　　　4　西安雅荷城市花園M11

逆L字であるTLV文様の「L」が正L字になったものをE類とする。E類は魏晋鏡とされる一群である（福永1992a・2005など）。

内行花文鏡（図7）　岡村は漢鏡5・6期に生産されたとし、漢鏡5期は内行花文と縁の間に斜角線文やそれが簡略化された平行線が配され、漢鏡6期はそこに文様が施されなくなり凹帯になるとされる（岡村1993c）。斜角線文の変化は時期を表す指標であるため、斜角線文を有するものをA類、平行線のものをB類、凹帯のものをC類とする。

以上が主要な漢鏡の鏡式の分類である。生産の具体的な動向を明らかにするためにはより細かな分類による検討が望ましいが、ここでは時期的な状況を明瞭にするため以上の分類に留め、論を進めていく。

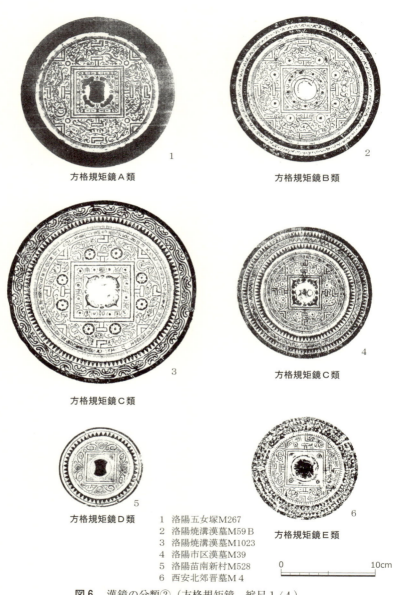

図6　漢鏡の分類②（方格規矩鏡、縮尺1/4）

1　洛陽五女塚M267
2　洛陽焼溝漢墓M59B
3　洛陽焼溝漢墓M1023
4　洛陽市区漢墓M39
5　洛陽苗南新村M528
6　西安北郊晋墓M4

第1章　漢代の銅鏡と日本列島への拡散　21

内行花文鏡A類
1

内行花文鏡B類
2

内行花文鏡C類
3

1　西安大洋乳胶厂M2
2　洛陽焼溝M1029
3　臨潼新豊鉄路編組駅長条村取土場M1

0　　　　　10cm

図7　漢鏡の分類③（内行花文鏡、縮尺1/4）

②時期区分

　時期区分については『洛陽焼溝漢墓』における墓葬の編年（中国科学院考古研究所編 1959）をもとに、第三期（前期）を前漢後期（紀元前1世紀後半）、第三期（後期）を王莽の新（1世紀前葉）、第四期を後漢前期（1世紀中葉～末）、第五期を後漢中期（2世紀前半）、第六期を後漢後期（2世紀後半～3世紀初頭）とし、それ以降を三国期（220～265年）、西晋期（265年以降）とする。

（2）漢鏡副葬の時期的動向

①異体字銘帯鏡

前漢後期（図8-1～5）　異体字銘帯鏡が盛行する時期であり、中原地域では多様な文様、サイズのものが出土している。異体字銘帯鏡A類が中心だが、問題はB類がどの程度副葬されているかである。岡村は本時期にB類も含めているが、寺沢は次段階まで製作時期を下げて考えている。中原地域ではB類は本時期の墓からも出土している。たとえば洛陽老城西北郊81号漢墓ではB類と前漢中期の製作とされる草葉文鏡の破片が出土しており（賀官保 1964）、洛陽浅井頭前漢墓CM1231では銘文がゴシック化した異体字銘帯鏡が出土しており、銘文の「而」の多用、内行花文の矮小化、広縁化という特徴もあわせもつ（図8-3：洛陽市第二文物工作隊 1993）。また西安でも本時期の墓にB類の副葬が散見される。このことからB類の製作開始年代は本時期に求めておくのが妥当だろう。

王莽期（図8-6～9）　王莽が建国した新は短命に終わったが（8～23年）、後漢前期には後に述べる内行花文鏡の登場など大幅な鏡式・型式の変更がみられることから、前漢から後漢への銅鏡生産の変化過程を考える上で重要な時期である。王莽代には「貨泉」や「大泉五十」などの特徴的な貨幣が発行されたことから、年代を絞る指標とすることができる。本時期の異体字銘帯鏡にはA類・B類がともにみられるが、B類は出土数が急増する。本時期の異体字銘帯鏡の特徴として、ほとんどが10cm前後以下のものであり、15cmを超えるものは出土していないということを挙げることができる。後者の副葬が前漢後期までであることは注意すべきで、中原地域では本時期以後このような大きな異体字銘帯鏡は出土していない。このことから前漢後期のうちに15cmを超えるA類の生産は終焉していたものと考えられる。

後漢前期（図8-10・11）　異体字銘帯鏡の出土数が大きく減じる時期である。なかにはA類の小型鏡もあるが、主体はB類である。洛陽王城公園C1M8567では縁に文様が配されたA類（居摂6年（紀元6年）の銘文をもつ鏡と同じ縁の文様）が出土している（図8-10：洛陽市文物工作隊 2006）。銘文のゴシッ

第1章　漢代の銅鏡と日本列島への拡散　23

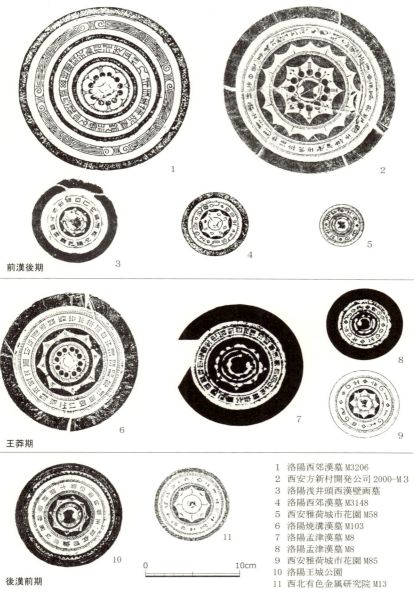

前漢後期

王莽期

後漢前期

1　洛陽西郊漢墓 M3206
2　西安方新村開発公司 2000-M3
3　洛陽浅井頭西漢壁画墓
4　洛陽西郊漢墓 M3148
5　西安雅荷城市花園 M58
6　洛陽焼溝漢墓 M103
7　洛陽孟津漢墓 M8
8　洛陽孟津漢墓 M8
9　西安雅荷城市花園 M85
10　洛陽王城公園
11　西北有色金属研究院 M13

図8　前漢後期〜後漢前期の異体字銘帯鏡（縮尺1/4）

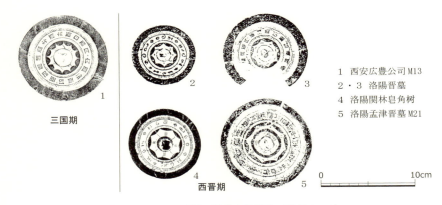

図9 三国・西晋期の異体字銘帯鏡（縮尺1／4）

ク化、「而」の繰り返しがみられ、B類の範疇で捉えられるものと考えられる。

後漢中期・後期　中原地域での出土はほとんどみられなくなる。後漢中期に洛陽西郊漢墓で6面の出土が報告されているが、いずれも10cm以下の小型鏡である（中国科学院考古研究所洛陽発掘隊 1963）。後漢後期の墓からの出土は今のところ認められない。後漢後期に副葬がみられなくなることは異体字銘帯鏡の存続期間を考える上で重要である。

三国期（図9-1）　異体字銘帯鏡の副葬が再びみられるようになる。A類の小型鏡やB類の出土が確認される。西安広豊公司M13ではB類が獣首鏡とともに出土している（図9-1：西安市文物保護研究所編 2009）。獣首鏡は後漢中期から三国期にかけて製作されたもので（高橋徹 1980、馬渕 2017）、異体字銘帯鏡の生産も同様に下る可能性が考えられる。

西晋期（図9-2〜5）　前代よりも出土数が増加する。洛陽晋墓（図9-2・3：河南省文化局文物工作隊第二隊 1957）、洛陽関林皂角樹西晋墓（図9-4：洛陽市文物工作隊 2007）、洛陽孟津晋墓M21（図9-5：洛陽市文物工作隊 1991b）などで出土しており、関林皂角樹西晋墓は西晋中期〜後期まで下る資料である。

第1章　漢代の銅鏡と日本列島への拡散　25

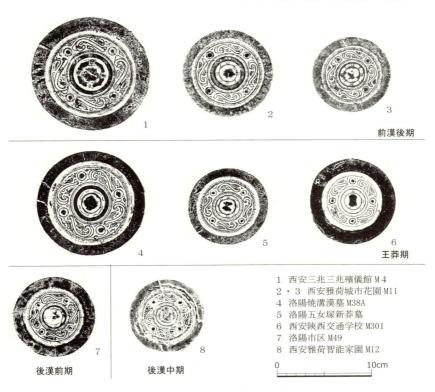

図10　前漢後期〜王莽期の虺龍文鏡（縮尺1/4）

②虺龍文鏡

　前漢後期（図10-1〜3）　B類の出土に限られている。西安雅荷城市花園11号墓では逆S字状文の上下に鳥文が2体配されるものと、1体配されるものが共伴している（図10-2・3：西安市文物保護研究所編 2004）。寺沢はB類、特に逆S字状文に1体の鳥文が取りつくものの生産を次段階まで下げるが、異体字銘帯鏡B類と同様に、製作開始時期はやはり本時期であったと考えられる。

　王莽期（図10-4〜6）　本時期の虺龍文鏡にはB類が含まれる。洛陽焼溝漢墓M38A（図10-4：中国科学院考古研究所編 1959）や後漢前期に下る可能性

もある西安西北有色金属研究院 M1（西安市文物保護研究所編 2009）では逆 S 字状文に 2 体の鳥文を配したものが出土している。現状では鳥文 2 体のものは本時期までしか出土していない。

後漢前期（図10 - 7）　全体的に出土数が少なくなる。この傾向は異体字銘帯鏡と共通しており、副葬状況が同様なベクトルをとることは興味深い。B 類でも逆 S 字状文 + 1 体の鳥文のものに限られており、文様が省略された新しい型式のものほど副葬時期が下ることは注目される。

後漢中期・後期（図10 - 8）　洛陽西郊漢墓（中国科学院考古研究所洛陽発掘隊 1963）、および西安雅荷智能家園 M12（図10 - 8：西安市文物保護研究所編 2009）で後漢中期の墓から出土しているが、その他では出土していない。後漢後期の墓からは出土例がなく、やはり異体字銘帯鏡と同様の状況が継続している。

三国期・西晋期　本時期に属する墓からはまだ虺龍文鏡は出土していない。しかし前代まで同様な出土傾向にあった異体字銘帯鏡は三国期・西晋期に出土例があるので、今後出土する可能性もある。

（3）方格規矩鏡・細線式獣帯鏡

前漢後期（図11 - 1・2）　本時期に属するものはわずかだが、西安では陝西省交通学校 M200（図11 - 2：西安市文物保護研究所編 2004）で方格規矩鏡 A 類が出土している。内区文様ははっきりしないが、四神の表現はなく、TLV 間に渦文が配されているようである。この段階ですでに四神を欠く方格規矩鏡が存在していたことを示している。また西安電信局第二長途通信大楼 M110（図11 - 1：西安市文物保護研究所編 2004）では方格規矩鏡 B 類が出土しており、こちらは内区に 8 像が表現されている。生産の初期段階において多様な様相の方格規矩鏡が製作されていたことが考えられるだろう。

王莽期（図11 - 3～6）　出土数が一気に増加する。本時期の方格規矩鏡でまず注目すべきは西安陝西省交通学校 M179出土鏡である（図11 - 6：西安市文物保護研究所編 2004）。方格規矩鏡 A 類であり、前漢後期出土の陝西省交通学

第1章　漢代の銅鏡と日本列島への拡散　27

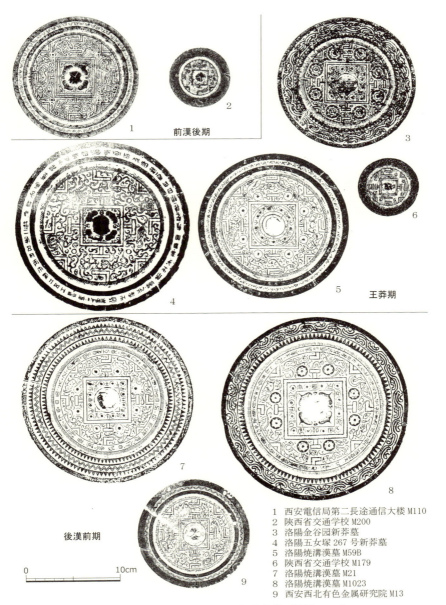

1　西安電信局第二長途通信大楼 M110
2　陝西省交通学校 M200
3　洛陽金谷園新莽墓
4　洛陽五女塚 267 号新莽墓
5　洛陽焼溝漢墓 M59B
6　陝西省交通学校 M179
7　洛陽焼溝漢墓 M21
8　洛陽焼溝漢墓 M1023
9　西安西北有色金属研究院 M13

図11　前漢後期～後漢前期の方格規矩鏡（縮尺1/4）

校 M200（図11-2）と文様・サイズが酷似している。面径は両者とも6.5cmとされており、製作時期はきわめて近かったと想定される。副葬時期の差は保有期間の差と考えてよく、前漢後期に製作されたものが王莽期まで保有された例とすることができる。また洛陽五女塚 M267では方格規矩鏡 B 類が出土している（図11-4：洛陽市第二文物工作隊 1996）。縁の凹帯に配された銘文には「永始二年（前15年）」とあり、製作から副葬されるまでに30年前後の保有期間があったものと思われる。このように中原地域で数十年の保有期間が存在したものと考えられることから、副葬時期＝製作時期と即断することはできない。方格規矩鏡 B 類は洛陽焼溝漢墓 M59B（図11-5：中国科学院考古研究所編 1959）などでも出土しており、細線式獣帯鏡 B 類も出土している。また方格規矩鏡 C 類も洛陽金谷園壁画墓で出土している（図11-3：洛陽博物館 1985）。

後漢前期（図11-7～9）　方格規矩鏡 C 類・D 類が中心になる。洛陽焼溝漢墓 M21では鋸歯文＋複線波文＋鋸歯文、M1023では流雲文の方格規矩鏡が出土しており（図11-7：中国科学院考古研究所編 1959）、1984～1986年洛陽市区漢墓 M39では両者が共伴している（中国社会科学院考古研究所洛陽唐城隊 1991）。一方、西安西北有色金属研究院 M13では前代にみられた方格規矩鏡 B 類が、前漢後期を中心に多数出土している異体字銘帯鏡とともに出土している（図11-9：西安市文物保護研究所編 2009）。副葬時期が想定される製作時期よりも下降する事例として注意する必要がある。

後漢中期（図12-1～4）　この時期の方格規矩鏡は文様が簡略化される段階とされており、小型化する傾向がある（岡村 1993c）。洛陽苗南新村 IM528では方格のみで内区文様に8匹の鳥文が配されるものが出土しており、簡略化された方格規矩鏡の典型的なものである（図12-4：洛陽市第二文物工作隊 1994）。これに対し、洛陽市西南郊94GM241では方格規矩鏡 C 類が出土しており（図12-1：洛陽市文第二文物工作隊 1995a）、このような文様構成のものが前段階から継続して副葬されていることは注目される。さらに洛陽東北郊 C5M860（図12-2：洛陽市文物工作隊 2000）や西安曲江国際会展中心 M2（図12-3：西安市文物保護研究所編 2009）では、縁の凹帯に複線波文を配し、内

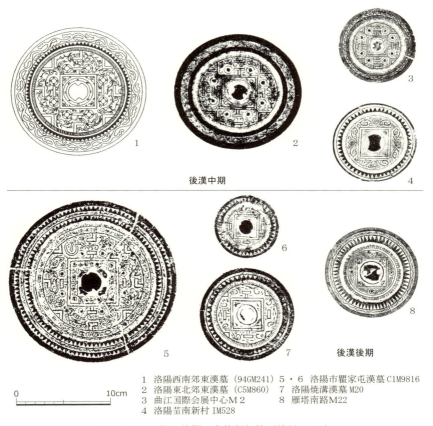

1 洛陽西南郊東漢墓（94GM241）
2 洛陽東北郊東漢墓（C5M860）
3 曲江国際会展中心M2
4 洛陽苗南新村 IM528
5・6 洛陽市瞿家屯漢墓 C1M9816
7 洛陽焼溝漢墓 M20
8 雁塔南路M22

図12 後漢中期～後期の方格規矩鏡（縮尺1／4）

区に小さな渦文がいれられた方格規矩鏡が出土している。このような鏡は王莽期に多くみられたもので、想定される製作時期とは開きがある。

後漢後期（図12‐5～8）　洛陽・西安ともに出土数が非常に少なくなる。その中でも文様が簡略化されたものの出土が目立つ。洛陽焼溝漢墓M20（図12‐7：中国科学院考古研究所編 1959）ではTLVのうちVが単線で表現されるなど文様の省略がみられる。また洛陽市瞿家屯漢墓C1M9816出土鏡でも文様の省略がみられ、外区は鋸歯文のみの構成で、方格は有するものの、乳は円

圏のみ、T字は横方向の直線のみと省略が著しい（図12-6：南京大学歴史学院ほか 2016）。西安市雁塔南路 M22（図12-8：西安市文物保護研究所編 2009）では簡略化が進んだ方格規矩鏡が出土しているが、その文様構成は注目される。主文となる鳥文は方格各辺中央の乳に対し扁平化した2体が向き合うように配されている。外区文様も特徴的で鋸歯文は頂点方向に長く、その外側は円圏・単線波文と続く。内区・外区ともにそれまでの方格規矩鏡にみられない特徴である。洛陽市瞿家屯漢墓 C1M9816では四神を配するものも出土している（図12-5：南京大学歴史学院ほか 2016）。四神の配置に乱れはないが、方格および TLV にわずかながら歪みが生じている。後漢前期を中心にみられる方格規矩鏡にはあまりみられない特徴だが、後述する西晋期にはこの傾向が顕著になる。

　三国期（図13-1・2）　洛陽では当該期の資料にめぐまれていないが、西安では注目すべき資料が報告されている。西安市韓森路東延線 M34では内区文様が簡略化され方格規矩鏡が出土している（図13-1：西安市文物保護研究所編 2009）。外区文様は前述の雁塔南路 M22と共通する頂点方向が長い鋸歯文に円圏・複線波文が組み合うタイプで、共通性がうかがえる。主文は鳥文だが、T字方向は左回り、方格の角方向は右回りで、さらに両者は鳥の描き方が異なっている。T字方向のものは後漢中期によくみられるものだが、方格角方向のものは体長が長く尻尾の先端が上方に巻き上がっている。特異な鳥文の描き方として注目される。また西安市西柞高速公路杜曲段 M13では方格規矩鏡 B 類が出土している（図13-2：西安市文物保護研究所編 2009）。文様構成は特異で、鈕座は前漢鏡に採用される輻射文であるのに対し、主文は後漢中期以降にみられる渦文、外区は前漢末前後に盛行する凹帯に複線波文を施したものである。この場合、製作時期は最も新しい要素である後漢中期以降に求めるべきであろう。このような新旧単位文様の混同は後漢中期の西安市曲江国際会展中心 M2でもみられ（図12-3：西安市文物保護研究所編 2009）、後漢中期以降このような特徴を有する漢鏡の生産がおこなわれていたことを示している。日本列島でも新旧単位文様の混同がみられる方格規矩鏡が福岡県糸島市平原遺跡1号墓

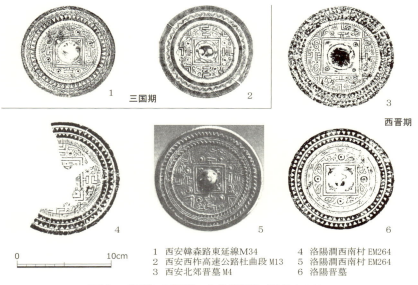

1 西安韓森路東延線M34
2 西安西柞高速公路杜曲段 M13
3 西安北郊晋墓 M4
4 洛陽澗西南村 EM264
5 洛陽澗西南村 EM264
6 洛陽晋墓

図13 三国期〜西晋期の方格規矩鏡（縮尺1／4）

で多量に確認されている（前原市教育委員会編 2000）。第4節で詳細に検討するが、ここではこのような特徴の鏡が後漢中期以降継続してみられることを確認しておきたい。

西晋期（図13-3〜6） かねてから後漢鏡の副葬が西晋期まで下る根拠として提示されてきた洛陽晋墓（図13-6：河南省文化局文物工作隊第二隊 1957）では2面が図示されているが、注意すべきは TLV が省略されているものである。文様構成は方格の各辺中央に乳を置き、それに向き合うように鳥文が8カ所に配されるが、このうち2カ所は渦文に置き換えられている。このような配置は後漢後期の雁塔南路 M22（図12-8：西安市文物保護研究所編 2009）と共通するものだが、外区文様の鋸歯文は後漢前期の型式で、ここでも新旧単位文様の混同がみられる。また洛陽市澗西南村 EM264（図13-4：西南民族大学民族研究院他 2012）でも上記の洛陽晋墓出土鏡と共通する外区文様を有するものが出土している。本鏡は魏鏡の特徴（福永 1992a）とされる鋸歯文の外側

の突線（外周突線）を有する点でも注目される。また主文は鳥文だが、尻尾の端部は上方に巻き上がっており、この表現方法は三国期の韓森路東延線M34出土鏡（図13‐1：西安市文物保護研究所編 2009）と共通する。これらの資料に対して、華北東部の魏晋鏡の特徴をもったものも確認されている。洛陽市澗西南村EM268（西南民族大学民族研究院他 2012）や西安市北郊M4（陝西省考古研究所 2003）で出土した四神鏡系は、正L字で、方格・TLVの歪みが顕著である。典型的な魏晋鏡と捉えられる資料である。

（4）内行花文鏡

後漢前期（図14‐1・2）　本時期では西安大洋乳胶庵M2（図14‐1：西安市文物保護研究所編 2004）や洛陽焼溝西M14（図14‐2：洛陽市文物工作隊 1983b）でA類が出土している。前者は渦文が二重の同心円で中心に点をもつもので、後者は四葉座の外側に配される素圏帯内側の櫛歯文がみられない。斜角線文間に渦文が配される最古段階のものよりもやや新しい傾向がみられる。西安大洋乳胶庵M2は面径が19.85cmであり、内行花文鏡生産の初期段階において大型の鏡が作られていることは特筆される。

後漢中期（図14‐3～5）　本時期に属する西安雅荷智能家園M4（西安市文物保護研究所編 2009）や西安電信局第二長途通信大楼M107（西安市文物保護研究所編 2009）ではC類が出土している。一方、洛陽河南新安古路溝漢墓ではB類とC類が共伴している（河南省文化局文物工作隊 1966）。同様なB類は洛陽東北郊C5M860でも出土している（洛陽市文物工作隊 2000）。また洛陽市瞿家屯上陽華府C1M9817では内行花文鏡B類が細線式獣帯鏡D類と共伴している（洛陽市文物工作隊 2009）。これらのことから内行花文鏡B類・C類・方格規矩鏡や細線式獣帯のD類は一時期共存していたと考えられる。またこの時期の内行花文鏡には大型のものも含まれていることが注目される。臨潼新豊鉄路編組駅長条村取土場M1では23.17cm（図14‐4：西安市文物保護研究所編 2009）、洛陽西郊漢墓M10016では22.2cm（中国科学院考古研究所洛陽発掘隊 1963）、西安珠江新城M3では21cm（図14‐5：西安市文物保護研究所編

第1章　漢代の銅鏡と日本列島への拡散　33

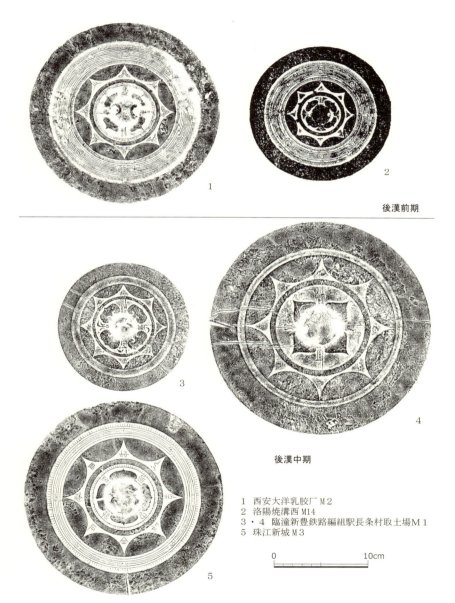

後漢前期

後漢中期

1　西安大洋乳胶厂M2
2　洛陽焼溝西M14
3・4　臨潼新豊鉄路編組駅長条村取土場M1
5　珠江新城M3

図14　後漢前期〜中期の内行花文鏡（縮尺1/4）

2009)、西安雅荷智能家園 M4 では20.7cm（西安市文物保護研究所編 2009）、西安衛光電子 M1 では20.55cm（西安市文物保護研究所編 2009）の内行花文鏡が出土しており、18cm を超えるものも複数ある。本時期におけるこのような大型鏡の副葬は内行花文鏡に限られており、他鏡種との差異が明瞭である。

後漢後期（図15 - 1～3）　A 類・B 類と C 類が出土している。注目すべきは両者に20cm 前後やそれ以上のものが複数確認されている点である。A・B 類では洛陽市孟津朱倉 M1（19.5cm、鄭州大学歴史学院他 2015）、文様が簡略化された方格規矩鏡 D 類も出土している雁塔南路 M22（23.0cm・18.2cm、図15 - 1・2：西安市文物保護研究所編 2009）、C 類では洛陽市焼溝漢墓 M148（19.2cm、中国科学院考古研究所編 1959）、洛陽市瞿家屯上陽華府 C1M9815（23.8cm、図15 - 3：南京大学歴史学院他 2016）が挙げられる。後漢前期から中期に向けての面径の縮小は顕著であり、後漢中期のピークは12～13cm にある（岡村 1993c）。A・B 類では後漢中期の洛陽市西郊漢墓 M10016で22.2cm の大型鏡が出土している（中国科学院考古研究所洛陽発掘隊 1963）。このことから、大型鏡の生産がこの時期まで継続していた可能性が十分考えられるだろう。

三国期・西晋期（図15 - 4・5）　三国期の資料は限られていることから、西晋期とあわせてみていく。洛陽では B 類が確認できるが、これらは洛陽衡山路西晋墓 DM115（図15 - 4：洛陽市第二文物工作隊 2005）や洛陽谷水晋墓 FM38（図15 - 5：洛陽市第二文物工作隊 2002）のように、雲雷文帯などに円文や珠点が入れられたものである。このような文様構成も魏晋鏡の特徴としてすでに挙げられているものであり（車崎 1999など）、当該期に生産されたものであると考えられる。また C 類では洛陽市瀍河区利民南街 C3M723で長方形鈕孔を有することが報告されている（洛陽市文物工作隊 2011）。長方形鈕孔も魏晋鏡の脈略でとらえることが福永を中心に指摘されており（福永 1992a・2005）、同墓から出土した獣首鏡も同様に鈕孔は長方形とされている。これらの傾向から、当該期の内行花文鏡は三国・西晋期を中心に生産されたものであると考えられる。

第1章 漢代の銅鏡と日本列島への拡散　35

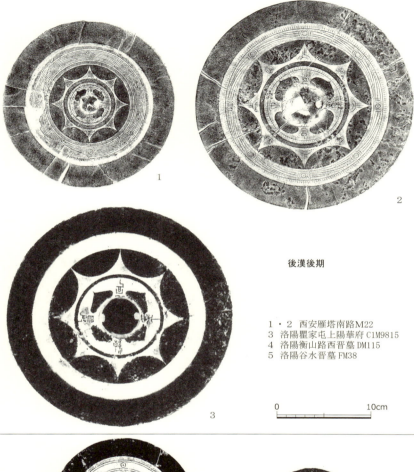

後漢後期

1・2　西安雁塔南路M22
3　洛陽瞿家屯上陽華府 C1M9815
4　洛陽衡山路西晋墓 DM115
5　洛陽谷水晋墓 FM38

西晋期

図15　後漢後期〜西晋期の内行花文鏡（縮尺1／4）

4．副葬時期と製作時期の関係

　ここまで中原地域の前漢後期から西晋期における漢鏡副葬状況を整理し、副葬時期の上限・下限について検討してきた。存続時期の上限については岡村編年とほぼ同様の結果となったが、各氏が指摘するように、岡村編年の下限時期とは大きく異なる。また副葬の下限時期に至る副葬状況のプロセスには途中に断絶期間を挟むものもある。この中で内行花文鏡は後漢前期から後漢後期に至るまで大型鏡が継続的に副葬されている状況が見て取れる状況は注目される。

　このように中原地域においては副葬時期が想定される製作時期よりも新しくなる例が多数存在することを明らかにしたが、この存続期間において生産が継続していたと判断するのは早計である。すでに述べたように銅鏡には数十年の保有期間があり、それがさらに長期間保有される可能性は否定できない。存続期間の中のいつまで製作がおこなわれていたのかを明らかにするためには別の角度からの検討が必要である。このため次節以降で製作時期について検討する。

第2節　技術的視点からみた漢鏡の製作時期

1．製作技術研究の必要性

　前節では中原地域における前漢後期から西晋期の銅鏡副葬状況を整理し、それぞれの存続期間について検討した。これによって、副葬の上限・下限が明確になったが、問題はこれまでの型式学的研究による変化がそのまま副葬時期に反映されてはいないことである。その主要な要因としては①保有期間の長短があり副葬時期がそろわなかった、②存続期間中は生産が継続していた、という状況が挙げられる。このような問題は列島出土鏡についても同じである。一例

をあげると、古墳時代前期前葉の福井県花野谷1号墳では型式学的研究で前漢後期に位置づけられる異体字銘帯鏡B類が、3世紀中葉以降に製作された三角縁神獣鏡とともに出土している（福井市文化財保護センター編 2012）。上記の2パターンのうち①を想定すると、保有期間は250年前後となり、何世代にもわたって保有され続けたということになる。このような銅鏡は「伝世鏡」と呼ばれ、大陸からもたらされた貴重な漢鏡は弥生時代後期から長期間にわたって宝器として伝えられ、古墳時代開始期に前方後円墳や三角縁神獣鏡といった新たなシンボルによって権威が保証されるようになったことによって、その役目を終えて副葬されたと考えられた（梅原 1933、小林 1955・1961）。

想定される製作時期と出土時期が乖離している場合、その時期差を伝世期間と解釈することも可能だが、上記の②についても検討する必要があるだろう。その要因を②と考えた場合は製作時期と出土時期の差はほとんどなくなる。長期間保有を考える必要はなくなり、当然入手時期も異なる見解となる。そうなると漢鏡の流通や保有から描き出される歴史像もまったく違ったものになってしまう。

このような問題があるため、漢鏡の存続期間において生産が継続的におこなわれていたのか否かを検討しなければならない。筆者は製作時期を考えるにあたって、技術的視点からの検討が有効であると考えている。製作技術は時期によって変化しており、非常に特徴的な技術が用いられている場合もある。このため文様がどうであれ、製作技術の特徴をその変遷の中に位置づけることによって、製作時期を明らかにすることができる。本節では漢鏡の製作技術の時期的な特徴を検討することによって、漢鏡の存続期間における生産の継続性について考えていく。

2．漢鏡の製作技術研究

本節では製作技術の検討において、特に湯口の設置位置と鈕孔方向の関係、研磨技術に着目する。湯口とは鋳造の際に溶銅を注ぎ込む部分のことを指す

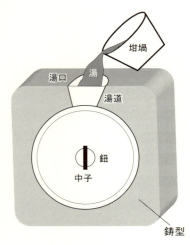

図16 各部名称

(図16)。まず両者に関するこれまでの研究成果を概観してみよう。

湯口をどの方向に設置するかは、銅鏡の出来栄えを大きく左右する。青銅器は銅を主原料とし、そこに錫や鉛などが加えられる。これらを高温で熱して溶かし、鋳型に注ぎ込む。鋳型の下方から冷却による凝固が始まるわけだが、溶銅はその際に凝固する方向に引っ張られるという性質をもつ。このため最終的に凝固する湯口に近い部分は、鋳型に彫られた文様の深部まで溶銅がいきわたらなくなる場合があり、できあがった製品の湯口付近は他所に比べて文様が不鮮明になる。このような現象を鋳引けと呼ぶ。鋳引けは鈕を変形させる場合もあり、鈕がうまくできなかった製品は鏡としては不良品になってしまう。このため湯口の設置位置を検討することは、製作者集団や時期的な特徴を捉える上で有効な視点といえる。

湯口の設置位置と鈕孔方向の関係は三角縁神獣鏡の研究において盛んに論じられてきた。そこでは同文様の三角縁神獣鏡が一つの范を何度も使用して鋳造する同范鏡か、または原型から複数の鋳型を製作して鋳造する同型鏡かという点を明らかにするために論じられている（福永 1992b、藤丸 1997など）。近年は湯口の設置位置と鈕孔方向の関係の時期的な変遷についての研究も進展している。柳田は鋳型や製品から銅鏡製作における湯口の設置位置の検討をおこない、前漢後半までは湯口の設置位置と鈕孔方向が一致しないが、前漢末以降は湯口が鈕孔の延長線上に配されることを明らかにした。また湯口の設置位置と文様配置・銘文の始まりの位置の関係が後漢後半において乱れるとした（柳田 2005）。

また研磨技術についても柳田によってその時期的な変遷が示されている。特

筆すべきは単位文様や文様構成からみて後漢前期に製作されたと考えられる型式の漢鏡に、後漢後期や三国・西晋期に下る技術が用いられていることを明らかにした点である。たとえば三国・西晋期の技術的特徴として鏡背面の平坦面を粗いセンやキサゲで削ること、鏡縁の側面はヨコ方向の削りによる稜線の形成やキザミ状削り痕が確認されることを指摘している（柳田 2002a）。

　本節では各時期の銅鏡の観察から製作技術の時期的な変遷を明らかにし、製作時期の上限と出土時期が隔たる資料の製作時期について検討する。

3．湯口の設置位置の検討

（1）湯口の設置位置の特定方法
　湯口の位置は以下の点を指標にすることによって特定することができる。
①縁の変形
　銅鏡の中には鏡縁の一部が円形から逸脱して部分的に内湾してしまっているものや、厚さが一部分だけ薄くなっているものがみられる。これについては、湯口から流し込んだ溶銅の量が足りなかったことが原因であったと考えられる（柳田 2005：p.37）。また鋳引けによってもこのような状況が生じることが考えられる。このためこのような状況がみられる場合には、その方向に湯口があったことがわかる。
②鋳引けの範囲
　すでに述べたように湯口付近は鋳引けによってしばしば文様が不鮮明になる。また鈕孔の片側のみが大きく広がったり、角が丸くなった状態も同様の現象によるものと思われる。鋳引けの範囲を確認することによって湯口の位置を特定することができる。
③巣の集中範囲
　湯口の位置を考えるにあたって鋳引けは有効な情報を与えてくれるが、中には鋳引けがほとんどみられないものもある。多鈕細文鏡はその最たるものだが、柳田はそのような製品にも「巣」と呼ばれる小穴の集中や鏡縁周辺の両側

に分かれて巣が存在することによって湯口の位置が特定できることを明らかにしている（柳田 2000・2005）。

　これらの他にも鋳型に残存する湯口・鈕・中子設置施設の彫り込み（南 2005・2013c）や、湯道の切断痕跡が残存している鏡（南 2013a）によって湯口の位置を特定することができる。

　以上の方法により判定できる湯口の位置と鈕孔方向の関係を整理しておきたい。鈕孔方向は中子をどの向きに設置するかによって決まる。これまでに指摘された湯口と鈕孔方向の関係については①湯口が鈕孔方向の延長線上にある、②湯口が鈕孔方向に直交する、③湯口が鈕孔方向の延長線上からずれており、とずれが大きい場合は斜交する、という3パターンがある。ここでは、①を「縦－縦型」、②を「縦－横型」、③を「縦－斜型」と分類し論を進めていく（図17）。

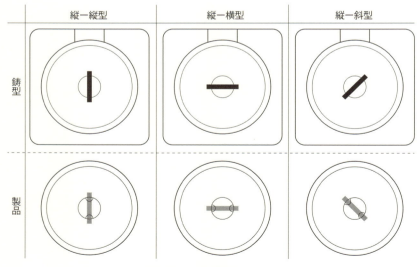

図17　湯口の設置位置の分類

（2）湯口の設置位置と鈕孔方向の検討

①佐賀県唐津市田島遺跡出土異体字銘帯鏡（図18-1：佐賀県教育委員会編 1980）

　異体字銘帯鏡は前漢後半から末に製作の中心があるが、本鏡のような小型で単圏のものは王莽代（紀元8～23年）に下る可能性も指摘されている（寺沢 2004）。本鏡は内行花文帯からその外側の櫛歯文帯にかけて鋳引けがみられる。その方向は鈕孔の延長線上からやや斜めにずれた位置にあり、まだこの段階では縦－斜型も採用されていたようで、縦－縦型への移行期の様相を示しているものと思われる。

②佐賀県吉野ヶ里町松葉遺跡出土方格規矩鏡（図18-2：木下之 1958）

　鈕孔方向の延長線上に銘文の始まりがあり、内区文様の玄武の方向にあたる。このような特徴は後漢前半にみられるものである（柳田 2000・2004）。鋳引けは鈕孔の延長線上の鈕座にあることから、湯口の位置と鈕孔方向の関係は縦－縦型であったことがわかる。

③福岡県原田遺跡石蓋土壙墓出土内行花文鏡（図19-1：嘉穂町教育委員会編 1987）

　雲雷文帯が凹帯になった内行花文鏡C類である。後漢中期以降に製作されたものである。鈕孔の延長線上は文様の鋳出が良好であるが、鈕孔方向に斜交

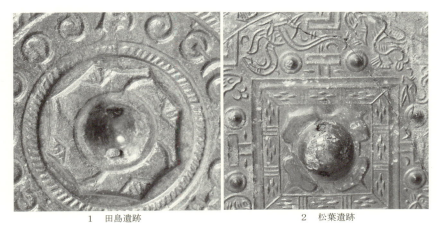

　　1　田島遺跡　　　　　　　　　2　松葉遺跡

図18　鈕孔方向と鋳引けの範囲①

1　原田遺跡石蓋土壙墓　　　　　　　　2　用木1号墳

図19　鈕孔方向と鋳引けの範囲②

する位置にある「宜」の文字が他に比べ鋳引けが著しい。鈕孔もこの方向に向かって広がっており、丸みが強い。このことから本資料は縦－斜型とすることができる。

④福岡県原田遺跡1号石棺墓出土単夔鏡（嘉穂町教育委員会編1987）

　文様のない縁の内側に凹帯を配する単夔鏡である。全体的に文様がやや不鮮明である。本鏡は鈕座に反時計回りで「長生宜子」という銘文をいれるが、「長」は左右が反転している。鈕孔は銘文の「長」・「宜」方向にあけられている。ここで縁の幅をみると、「宜」の延長線上から「子」方向にかけて他所よりも幅がわずかに狭くなっている。この部分は凹帯側の縁の角が丸みを帯びており、これらは鋳引けの影響によるものと思われる。鈕孔方向に対して斜めの方向に鋳引けがみられることから、本資料は縦－斜型となる。

⑤岡山県用木1号墳出土画像鏡（図19-2：山陽町教育委員会編1975）

　後漢中～後期に位置づけられる画像鏡である（上野2001、實盛2016）。全体的に鋳上りはよいが、鈕孔の延長線上の鈕座に鋳引けがみられる。また鈕孔については、朱雀と反対方向は角の丸みがないのに対し、鋳引けのみられた朱雀方向は角が丸くなってしまっている。このことは鈕孔方向の延長線上に湯口が設置されていたことを示しており、縦－縦型である。

1　良積遺跡　　　　　　　　　2　安満宮山古墳
図20　鈕孔方向と鋳引けの範囲③

⑥福岡県良積遺跡14号甕棺出土方格規矩鏡（図20-1：北野町教育委員会編 1998）

　文様は後漢中期のものだが、鳥文が向き合っていること、LVの省略、鏡縁の三角縁化などから後漢末に下ることが指摘されている（寺沢 2005a）。内区には鋳引けが複数箇所にみられ、T字の突線で囲まれた部分には第3章で詳述するキサゲ削り痕跡のみがみられることから（南 2010a）、筆者は原鏡に粘土（真土など）を押し付けて同じ文様の鏡を製作する踏み返し鏡と考えている。最も文様が不鮮明なのは鈕孔方向に斜交する位置であり、鋳引けの影響により鈕孔もこの方向に向かって広がりをもつ。このことから本資料は縦－斜型といえる。

⑦大阪府安満宮山古墳出土方格規矩鏡（図20-2：高槻市教育委員会編 2000）

　銘文に魏の年号である「青龍三年」が記されている。青龍三年は235年で、三国時代の魏の製作技術を考える上での基準資料である。鏡背面では方格内の「亥」、玄武左側の瑞獣、銘文の「右虎壁辟不詳朱」に連続的な鋳引けが確認される。さらにこの延長線上の外区にも鋳引けがみられる（南 2016b）。これらのことから本資料は縦－斜型であったということがわかる。

　このように湯口の設置位置と鈕孔方向の関係を時期ごとにみると、後漢前期は柳田が指摘するように縦－縦型であり、後漢中期以降に縦－斜型が取り入れ

られたと考えられる。ただし用木1号墳出土鏡が縦－縦型であることから、製作地によっては縦－縦型での生産も継続していたようである。そして三国時代魏の領域では縦－斜型での製作がみられることから、後漢中期の技術が継承されていたと考えられる。

4．魏鏡の研磨技術

　ここでは安満宮山古墳出土青龍三年銘方格規矩四神鏡の研磨技術を確認し、魏鏡の製作技術について検討する。
　青龍三年銘方格規矩四神鏡は、鏡背面の鏡縁において粗い削りが施されており、表面が波打ったような状態になっている（図21－1）。内区文様の上面も平坦化する部分があり、この部分も削りが施されたことがわかる。またTLVは削られることが一般的だが、本鏡では青龍方向と朱雀方向のT字に削り残しがみられる（図21－2矢印部分）。
　また縁側面の削りも特徴的である。通常漢鏡は鋳造後に縁の側面が横方向に研磨され、平坦に整えられる。しかし本鏡では、柳田が指摘するように（柳田2002a）、縦方向の粗い研磨痕と横方向の研磨によって形成された3～4本の稜線が確認される（図22－1）。このため縁側

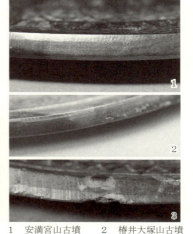

1　外区の削り　2　線刻文様上面の削り
　　　　　　　　　削り残し（T字：矢印部分）

図21　鏡背面削り・削り残し

1　安満宮山古墳　2　椿井大塚山古墳
3　津古生掛古墳

図22　面形成型の縁側面

面は平坦になっておらず、3〜4つの面が形成されている。ここではこのような断面形状を「面形成型」とする。面形成型は正L字、外周突線、長方形鈕孔という魏鏡の特徴を有する京都府椿井大塚山古墳出土方格規矩鏡や福岡県津古生掛古墳でも確認される（図22-2・3）。これらは安満宮山古墳出土方格規矩鏡よりも後出することが指摘されていることから（福永 1992a・2005、車崎 2001）、魏の伝統的な製作技術とすることができるだろう。

5．製作技術からみた漢鏡の製作時期

ここまでみてきた技術的特徴を出土時期が想定される製作時期よりも新しく位置づけられる銅鏡と比較してみよう。

①佐賀県中原遺跡 ST13415 出土方格規矩鏡（図23：佐賀県教育委員会編 2012）

出土時期は弥生時代終末期で、方格規矩鏡1面の他に内行花文鏡も2面出土している。方格規矩鏡C類で、岡村編年では後漢前期の漢鏡5期に位置づけられている。文様には鋳引けによって不鮮明になっている部分がみられる。文様が不鮮明な範囲は鈕孔方向に対して直交〜斜め方向で確認される。このことから鈕孔方向と湯口の設置位置の関係は縦−斜型であることがわかる。文様構成は後漢前期であるが、技術的には製作時期を後漢中期以降とすることができる。文様は磨滅が進行していないことから、製作・入手時期は出土時期に近い時期と考えられる。

②奈良県大和天神山古墳出土鏡（橿原考古学研究所編 1963）

23面の銅鏡が出土している。そのうち後

中原遺跡 ST13415

図23 鈕孔方向と鋳引けの範囲

■ 鋳引け　　■ 削り残し
0　　　　　　10cm

図24　大和天神山8号鏡の鋳引けの範囲と削り残し（縮尺1/4）

漢前期の文様構成をとるものは方格規矩鏡6面、内行花文鏡4面である。前期古墳の中でこのようにまとまって後漢前期の型式が出土したものは他になく、これらの鏡群の評価を考える上で重要な資料である。

まず湯口の設置位置について検討する。柳田は1・8・9・16号鏡についていずれも玄武方向に巣が分布するとしており、鈕孔方向の延長線上に湯口が設置されたと考えていることが読み取れる（柳田 2002a）。筆者の観察では錆などの影響により16・17・21号鏡は詳細な観察ができなかったが、他の七面は湯口の設置位置が確認できた。1号鏡では鈕孔方向に対して斜め方向にあたる方格内銘文の「寅」方向において、縁の端部と側面に巣の形成が顕著にみられる。この部分は縁側面の研磨が他の箇所に比べかなり粗い（図25-2）。方格規矩鏡では19号鏡も鈕孔方向に対して斜め方向の鏡縁・鏡面に巣の集中がみられる。内行花文鏡についても3・4号鏡で同様な方向で巣の集中が確認される。また8号鏡については内区文様の鋳引けは鈕孔方向に対して斜め方向が顕著である（図24）。さらに20号鏡は鈕孔の延長線上からややずれた方向に鋳引けがみられ、鈕孔は鋳引けがみられる方向に向かって曲がっており、鈕孔端部の広がりも鋳引け方向に大きく偏っている。このような状況から、いずれの鏡の製作においても湯口は鈕孔方向に対して斜め方向に設置されていたと考えられ、両者の関係は縦－斜型であったと考えられる。

次に鏡背面の削りについては、すでに柳田の観察所見が示されている（柳田2002a）。筆者の観察では1・8・9号鏡において、鏡背面の削りが明瞭に確認できた（図25-1）。外区表面は粗い削りによって表面が波打つような状態を呈

第1章　漢代の銅鏡と日本列島への拡散　47

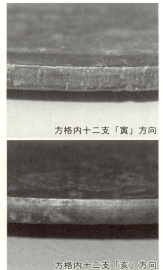

方格内十二支「寅」方向

方格内十二支「亥」方向

1　大和天神山古墳9号鏡　　　　2　大和天神山古墳1号鏡
図25　大和天神山古墳出土鏡の削りと縁側面の状態

しており、これは青龍三年鏡と共通している。また内区文様の線刻部分も上面が削りによって平坦化してしまっている。またTLVについては削り残しが頻繁にみられる。8・9号鏡はTLVの溝内の削りがまったく施されていない部分がある。このような省略は青龍三年鏡にもみられるが、より顕著であるといえる。また縁の断面形は1・8・9・16号鏡が面形成型であり（図25-2）、これも青龍三年鏡と共通している。

　このように後漢前期の文様の鏡でも、出土時期が下る資料には、後漢中期以降の技術が用いられていることがわかる。このことは各型式の存続期間においては生産が継続していたことを示している。中原遺跡ST13415出土方格規矩鏡については後漢中期以降に製作されたものが弥生時代終末期の日本列島へともたらされ、被葬者が入手してまもなく副葬されたというライフヒストリーが考えられる。また本鏡は鏡背面の表面がほとんど磨滅しておらず、このこともライフヒストリーと整合的である。大和天神山古墳出土鏡については青龍三年

鏡や魏鏡との強い技術的な共通性があり、同じ製作者集団の系譜上に置くことができる。青龍三年（235年）を軸として考えるならば3世紀前葉前後の年代を与えることができる。一方で大和天神山古墳出土の方格規矩鏡は魏鏡の特徴である長方形鈕孔や外周突線という特徴を欠く。また方格規矩鏡、内行花文鏡両者において20cmを超える大型鏡が含まれているが、中原地域や魏鏡生産の中心地と考えられる北京市・河北省〜遼寧省を中心とする華北東部地域ではこのような大型鏡はほとんど出土していない。これらのことを総合的に捉えると、製作地と製作年代については「華北東部」で、「後漢晩期でも三国期に近い年代」と考えることができよう。内行花文鏡については、福永が魏鏡の特徴として挙げた、縁側面が斜めに立ち上がる傾斜端面を呈している。しかし魏晋鏡に多い長方形鈕孔ではない点から方格規矩鏡と同様な製作年代に置くことが可能である。近年報告された遼寧省遼陽市苗圃墓地M3では雲雷文帯と銘帯に円文（円文の中に珠点がある可能性あり）が配された内行花文鏡が出土しており、墓の時期は後漢晩期とされる（吉林大学辺疆考古研究中心他2015）。円文、珠文の多用は魏晋鏡の特徴でもあり、後漢晩期の当地域ではその後の魏晋鏡生産に連なる要素がすでにみられると考えられる。大和天神山古墳出土鏡もこのような、脈絡で理解することが可能だろう。

第3節　微細痕跡からみた「伝世鏡」の検討

1．前期古墳出土の漢鏡と伝世鏡

前章では漢鏡の存続期間と製作時期の関係について検討したが、その中で「伝世鏡」についても簡単に触れた。伝世鏡とは、数世代にわたって銅鏡を伝え、引き継いでいったことを指す。このような現象を初めて提起したのは香取秀眞で（香取1925）、香川県高松市鶴尾神社4号墳出土方格規矩鏡の検討に際して梅原が具体的な伝世行為について論じた（梅原1933）。鶴尾鏡は鏡背面の

文様がきわめて不鮮明であり、割れ面に沿って対になる穿孔が施されていることから、梅原はこの鏡が長期間保有された結果磨滅し、割れた後も紐などで綴じ合わせながら使用され続けたものと考えた。このような漢鏡の伝世について歴史的な意義を検討したのは小林行雄である。小林は鶴尾神社4号墳出土方格規矩鏡に加え、大阪府茨木市紫金山古墳や福岡県糸島市一貴山銚子塚古墳において後漢鏡が他の三角縁神獣鏡や仿製鏡とは副葬位置を異にする（頭部付近に副葬）ことから、長期にわたって伝世した後漢鏡は伝世を必要とする祭祀的なもので、伝世の中絶は首長の地位の外的承認と男系世襲制の発生のために起こったことであり、これは貴族の権威の革新によるものであるとした（小林1955）。近年は漢墓出土資料にも伝世が認められることが指摘されている（程林泉他 2002）。

　すでに述べたように、伝世鏡の扱いによっては、日本列島の弥生時代後期から古墳時代前期の社会像が大きく異なってくる。前章では前期古墳出土の後漢鏡とされてきた大和天神山古墳出土鏡が三国時代に近い時期の製作であることを明らかにした。前期古墳出土鏡、特に文様が鮮明な鏡は、同じような時期に製作されたものと考えられる。しかし弥生時代終末から古墳時代前期の墓から出土する漢鏡の中には、鶴尾神社4号墳のようにきわめて文様が不鮮明なものが存在する。それらは鋳造された段階では鮮明であった文様が、長期間の使用・メンテナンスなどによって擦れることによって、不鮮明になってしまったと解釈されてきた。この場合は、弥生時代後期においてすでに列島の瀬戸内以東に完形の漢鏡が流通していたと考えられることになる。本節ではこのようなきわめて文様が不鮮明な銅鏡について検討し、そのような表面状態の要因を明らかにし、銅鏡拡散の議論に備えたい。

2．文様不鮮明な銅鏡のこれまでの理解

　伝世鏡が提起された際、文様が不鮮明になった要因は「手磨れ」と表現された（梅原1933、小林1955・1961）。これに対しては当初から批判的な見解が

出されていた。後藤守一は文様が不鮮明になった要因を鋳造不良とすべき見解を示し（後藤守1933）、その後文様不鮮明な銅鏡に対して日本での伝世、中国での伝世、踏み返しが存在したことを指摘している（後藤守1958）。踏み返しとは、まず鋳型に文様を彫り込んで銅鏡を鋳造し（原型）、原型に真土などの可塑性のある材質を押しつけて文様を転写し鋳造をおこなうことを指す。このようにして製作された銅鏡を「踏み返し鏡」と呼ぶ。踏み返し鏡は、押しつけ不足や押しつけの際のズレが生じた場合、完成した製品の文様が不鮮明になると考えられている。また原田大六は銅鏡の鋳上がりの状態から、文様の不鮮明さが金属の凝固時における湯冷えによるものであることを指摘し、これまで磨滅と考えられていた鏡縁の丸みについては仕上げの際の面取りであるとした（原田1960・1962）。一方、柳田は弥生時代の北部九州出土鏡にも文様不鮮明なものや、縁の角に丸みがあるものがあることを指摘し、これを磨滅とした（柳田1982）。

　1990年代以降は文様の不鮮明さの要因として踏み返し鏡が再び提起されるようになった。笠野毅は製作から副葬までの長い年月の解釈として、第一に梅原や小林の伝世鏡論をあげ、第二に踏み返しをあげている（笠野1993）。笠野は踏み返し鏡の認定基準を示し、古墳時代中期の同型鏡群の中からその具体例を提示した。一方、立木修は楽浪郡出土鏡や3世紀の銅鏡生産の検討に際し、中国における後漢末期の混乱や人口の減少から従前どおり鏡生産がおこなわれ続けたとは考えにくいとし、踏み返しによる生産がおこなわれたことを指摘した。そして前期古墳出土の後漢鏡は大部分は踏み返し鏡であった可能性を指摘している（立木1994a・b）。また藤丸は弥生・古墳時代に出土する虺龍文鏡の表面状態を検討し、弥生時代出土鏡と弥生時代終末から古墳時代出土鏡では文様の鋳出に差異があることを指摘している（藤丸1994）。西川寿勝は出現期古墳にみられる文様不鮮明の鏡を踏み返し鏡とし、日本列島出土鏡と楽浪郡出土鏡に踏み返しによる同型鏡があることから、楽浪郡での踏み返しを想定している（西川1996）。一方、清水康二や三船温尚は踏み返しによる鏡の鋳造実験をおこない、文様が不鮮明になる状況や収縮率を明らかにした（清水康他1998）。

近年は銅鏡の表面状態の観察から、磨滅・踏み返しの検討が進められている。柳田は自身の観察にもとづき「マメツ」鏡と踏み返し鏡の区分をおこない、それぞれに該当する鏡を示した。「マメツ」鏡についてはその伝世期間も想定している（柳田 1997・2002a・2015）。また福永は文様の不鮮明な鏡の観察をおこない、内区と外区の境に配される櫛歯文が段差に近い部分（外区側）は文様がよく残存しており、内区にいくにつれて鋸歯状に変化していくことから、このような特徴がみられる銅鏡を磨滅したものとした（福永 2001a・2007・2008）。一方で、清水克朗らはデジタルマイクロスコープによって鶴尾神社4号墳出土方格規矩四神鏡を観察し、文様が朦朧であるにもかかわらず文様上面は良好な鋳造状態（鋳造後の鋳肌を残す）であることから、踏み返し鏡の可能性が高いことを指摘した（清水克他 2002）。中井一夫らは同様の方法で弥生時代小形仿製鏡の同笵鏡をデジタルマイクロスコープで観察し、製作時期と副葬時期に差が大きいものには磨滅痕跡が看守されることを明らかにした（中井他 2002）。筆者もデジタルマイクロスコープによる表面状態の観察から、前期古墳出土の文様不鮮明な異体字銘帯鏡が磨滅していないことを確認した（南 2012b・2016a）。また高倍率による表面状態の観察は徳富によってもおこなわれており、文様不鮮明な銅鏡について磨滅の進行が低調な資料があることを指摘している（徳富 2017a）。このような方法に対し、杉下潤二は摩耗実験をおこない、手ずれによる文様の摩耗の可能性を否定している（杉下 2009）。實盛良彦は乳の頂部などに光沢がみられる現象を「摩耗」とし、斜縁神獣鏡の伝世について論じた（實盛 2013）。

　文様が不鮮明な要因は観察方法や着目点によって、異なる見解が出されている。ここではより客観的な検討をするために実体顕微鏡やデジタルマイクロスコープを使用して銅鏡の「ミクロ」な観察をおこなう。そして文様が不鮮明になった要因と、それらの製作時期を技術的視点から明らかにする。

3．踏み返し鏡の抽出

（1）踏み返し鏡の認定基準

　まず文様の不鮮明さの要因としてこれまでたびたび取り上げられてきた踏み返し鏡について検討する。踏み返し鏡の認定基準は笠野、立木、柳田、中井、寺沢、筆者らによって示されている。

　a．文様の二度押しや鏡背面に他の部分より不鮮明な部分が2カ所以上あること（笠野 1993）
　b．鏡背面の突線が踏み返しを繰り返すことにより丸くなること（笠野 1993）
　c．笵傷が拡大しないこと（笠野 1993）
　d．原鏡に真土が付着したために銘文や文様の一部に潰れがみられること（立木 1994a）
　e．磨滅していないこと（柳田 2002a）
　f．通常小刀状の工具（キサゲ）で削られる方格規矩鏡のTLVの溝に、キサゲの外形線のみが確認される場合（中井 2003・2005、南 2010a）
　g．原鏡の仕上げ削り痕跡や研磨痕、内区などの鋳造時の鋳肌の荒れを拾っていること（寺沢 2005a、南 2010a）

　a～dについては肉眼観察でも検討が可能だが、e～gは実態顕微鏡やデジタルマイクロスコープでの観察が効果的である。

　磨滅の有無を判断する際に重要となるのが鋳造直後の青銅器の表面に形成される鋳肌である。鋳肌とは鋳造後の青銅器表面に形成される細かな凹凸のことで、鋳型表面の凹凸を写し取ったものである。文様不鮮明な漢鏡については鋳肌の残存状況を確認することによって、表面が磨滅しているか否かを判断することができる。また上記のfについては、キサゲ外形の内側に本来残存するはずのキサゲ削りによる線状痕ではなく、鋳肌が確認される場合は踏み返しであると考えられる（図26）。ここではこのようなキサゲの外形とその内部に鋳肌

が残存している状態を「キサゲ削り痕跡」と呼ぶ。

筆者はこのような表面状態の観察をデジタルマイクロスコープで観察しているが、柳田はこのような凹凸を金属イオンが土中に放出された結果生じた肌荒れであると述べている（柳田 2015）。しかしこのような凹凸は銅鏡の全面に形成されているわけではなく、特に鏡面はまったくみられない状態である。このことからは凹凸の形成・残存が鋳造後の研磨や磨滅に左右されていたと考えられ、土中における状態変化によるものではないということができる。本書ではこのような視点に立ち鋳肌の観察を進めていく。

ここでの観察は肉眼および実体顕微鏡下でおこなった。実体顕微鏡はNikon製実体顕微鏡ファーブルを使用した。倍率は20倍（固定）である。

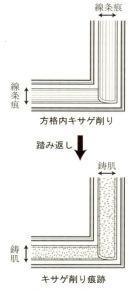

図26　踏み返し鏡の痕跡

（2）踏み返し鏡の諸例

①佐賀県杵島郡白石町湯崎東遺跡出土異体字銘帯鏡（図27-1：佐賀県教育委員会編 1989）

異体字銘帯鏡A類の破片である。文様は全体がかなり不鮮明で、文様の立ち上がりもはっきりした角を呈しない。いかし文様上面には鋳肌が確認されることから、磨滅したものではないと考えられる。踏み返し鏡の可能性が高い資料といえる。

②佐賀県武雄市みやこ遺跡出土虺龍文鏡（図27-2：武雄市教育委員会編 1986）

虺龍文鏡B類である。文様は立ち上がりが不鮮明で、上面は丸みを帯びている。本来は細線で描かれる櫛歯文は扁平で幅の広い太線状になっている。櫛歯文の上面には鋳肌が残存していることから、不鮮明な文様の要因が磨滅では

 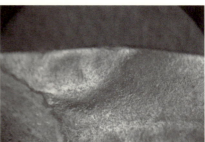

1　湯崎東遺跡

2　みやこ遺跡

3　午戻遺跡

4　茶ノ木ノ本遺跡

図27　踏み返し鏡の諸例①

第1章 漢代の銅鏡と日本列島への拡散 55

ないことがわかる。湯崎東遺跡出土鏡と同様に踏み返しの可能性が高い。
③佐賀県伊万里市午戻遺跡出土細線式獣帯鏡（図27-3：伊万里市教育委員会編2000）

　製作の上限を後漢前期とすることができる細線式獣帯鏡である。文様の立ち上がりは不鮮明であり、平頂素圏帯や乳座の角にも鋭さがない。この部分には鋳肌が残存しており、平頂素圏帯の外側に配されている櫛歯文で文様が不鮮明になっている部分にも鋳肌が残存している。踏み返しの可能性が考えられる。
④福岡県八女市茶ノ木ノ本遺跡出土方格規矩鏡（図27-4：八女市教育委員会編1994）

　縁は前漢後期からみられる凹帯に複線波文を配するもので、瑞獣が四像配されるものもこの時期にみられる。しかし銘帯の擬銘帯化、不整形なTやL、鈕座が四葉座から変形している点を根拠に、後漢中期～後期に製作時期が下ることが指摘されている（寺沢 2004）。方格にはキサゲ削り痕跡が残存していることから、踏み返し鏡であると認定される。
⑤福岡県久留米市良積遺跡14号甕棺出土方格規矩鏡（図28-1：北野町教育委員会編 1998）

　三角縁の方格規矩鏡で、LVが省略され、Tの両側に向き合うように8対の鳥を配する。方格規矩鏡B類だが、縁が三角縁をなすことから後漢末から三国期まで製作時期は下ると考えられる。当鏡については寺沢が文様不鮮明な箇所が湯口方向以外にみられることから、湯口方向が鋳引けによって不鮮明だった原型を踏み返した可能性を述べている（寺沢 2005a）。方格にキサゲ削り痕跡がみられ、文様上にも鋳肌を多く残す。このことから当鏡は踏み返し鏡であるといえる。
⑥高知県南国市田村遺跡出土方格規矩鏡（図28-2：森田他 1983）

　方格規矩鏡A類であると考えられる。文様の上面や縁の角は丸みを帯びているが、文様上面には鋳肌が残存している。またTLVのうちT・Vは欠損しているが、Lにはキサゲ削り痕跡が確認される。このような点から当鏡も踏み返し鏡であるといえる。

56

1 良積遺跡

2 田村遺跡

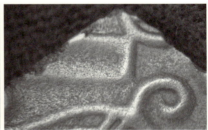
3 芥川遺跡

4 土壇原遺跡

図28 踏み返し鏡の諸例②

⑦大阪府高槻市芥川遺跡出土方格規矩鏡（図28-3：高槻市教育委員会編 1995）

　縁の文様は獣形文＋鋸歯文だが、鋸歯文間には斜線が加えられており、特殊な方格規矩鏡である。四神と瑞獣の８像が配されていたと考えられ、文様構成からは後漢前期以前まで製作時期が上がる可能性もある。全体的に文様の上面は丸みを帯びており、縁の角もシャープさがない。Ｔ・Ｌの内部にキサゲ削り痕跡が残存しており、当鏡も踏み返し鏡としてよい。また文様上面には鋳肌が残存しており、文様等の丸みが磨滅のみによるものではないことがわかる。

⑧愛媛県松山市土壇原北遺跡出土方格規矩鏡（図28-4：名本 2007）

　文様の簡略化が著しい方格規矩鏡Ｃ類で、その製作は後漢末であると考えられる。当鏡は文様の立ち上がりが不鮮明で、文様上面も丸みを帯びている。方格にはキサゲ削り痕跡が残存しており、踏み返しによる製作であると考えられる。

（３）踏み返し鏡の製作時期

　ここまでみてきた踏み返し鏡のうち、甕棺出土鏡に着目してその製作時期について検討してみよう。茶ノ木ノ本鏡が出土した甕棺は北部九州の甕棺型式でいうとＫⅣｃ式であり（橋口 1977）、弥生時代後期中葉にあたる。すでに述べたように縁の型式は前漢末までさかのぼる可能性があるが、他の要素からすると後漢中期まで製作時期が下る可能性のある資料である。踏み返し鏡の製作は原型さえあればいつでもどこでも製作することができる。このため原型となる鏡の製作時期よりも大きく遅れた時期に製作することも可能である。しかし茶ノ木ノ本鏡は出土した甕棺型式と製作年代の間に大きな時間的な隔たりがない。また同じく甕棺から出土した良積遺跡14号鏡は、出土した甕棺が弥生時代終末のもので、製作時期が後漢末〜三国期と考えられる。こちらも製作時期と出土時期の差はほとんどない。これらのことから踏み返し鏡の製作は原鏡の製作時期とほぼ同時期におこなわれていたと考えられる。また異体字銘帯鏡や虺龍文鏡に踏み返し鏡の可能性のある資料があることから、踏み返し技法は前漢代までさかのぼる可能性がある。また（伝）平壌出土の星雲文鏡も踏み返し鏡

であることが指摘されている（李陽洙 2004・2006b）。列島出土異体字銘帯鏡には2種4面の同型鏡（一つの原型から複数の鋳型を作りだして、同文様の鋳造する方法）が確認されており、同文様の銅鏡が製作されていたことは確実である（福岡県教育委員会編 1985、柳田 1983）。

このように踏み返し鏡の生産は少なくとも後漢中期にはおこなわれており、前漢代までさかのぼる可能性を示した。本章第1節でみたように漢墓副葬鏡には製作時期の上限よりも出土時期が新しくなる資料が一定数確認される。これらの生産が踏み返しによっておこなわれたことも考えておく必要があるだろう。

4．文様不鮮明な漢鏡の検討

(1) 表面状態の観察

では次に銅鏡の表面状態の観察から磨滅した鏡、つまり伝世した鏡の有無について検討しよう。ここでは鏡背面における鋳肌の残存状況を観察し、磨滅状況を明らかにする。観察にはデジタルマイクロスコープ（サンコー社製 Dino-Lite Pro）を用いた。

鋳肌の残存状態の観察では、文様凸部と凹部・基部の間にどのような差異がみられるかに着目する。一例をあげると、異体字銘帯鏡の銘文は文字の線になるところは最も厚みがあり、線に囲まれたスペースは厚さが薄くなる（図29）。両者の鋳肌の残存状況の差によって、どれほど磨滅を被っているのかを判断することができる。

このような視点で鋳肌の残存状況を観察すると、表面状態は以下の3パターンに分けることができる。

表面状態①：凸部と基部ともに鋳肌の残存が同程度であるもの

図29　文様の凹部・凸部

第1章　漢代の銅鏡と日本列島への拡散　59

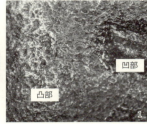

図30　表面状態◎の鋳肌残存状況（中出勝負峠8号墳）

　ほとんど磨滅を被っていない状態といえる。広島県中出勝負峠8号墳出土異体字銘帯鏡を例に表面状態をみてみよう（図30：広島県埋蔵文化財調査センター 1986）。当鏡は文様が全体的にきわめて不鮮明であり、特に銘帯は字形がわからないものがほとんどである。当鏡については岡村・柳田は磨滅鏡と位置づけている（岡村 1989、柳田 2002a）。しかし銘帯で凸部・凹部の観察が可能な「内」をみると、凸部と凹部で鋳肌の残存状況はほとんど変わらない。このことは文様が不鮮明であるにもかかわらず最も凸になる部分は磨滅していないということを示している。また鏡縁の角は一般的にシャープに鋳出されるが、当鏡は丸みが顕著である。このような状態はシャープであった角が磨滅によって丸みをもつに至ったと考えられてきた。しかし角部にも鋳肌は良好に残存している。このように本鏡はこれまで磨滅鏡の典型例とされてきたが、内区（銘帯、縁の内側の鋸歯文状の櫛歯文）・外区ともにほとんど磨滅を被っていないと判断することができる。

　同様な表面状態を呈するものとして山口県国森古墳出土異体字銘帯鏡（田布施町教育委員会編 1988）がある。またやや時期が下るが、鳥取県面影山74号墳出土内行花文鏡（鳥取市教育委員会編 1987）や福井県花野谷1号墳出土異体字銘帯鏡（福井市文化財保護センター編 2012、南 2012b）も内区・外区とも良好に鋳肌が残存している。

表面状態②：凸部の鋳肌は基部に比べ残存状況が良好ではないが、鋳肌は明瞭
　　　　　に残存しているもの

図31 表面状態②の鋳肌残存状況（三川丸山古墳）

　文様不鮮明な漢鏡はこのような状態を示すものが多い。一定の磨滅を受けているが、鋳肌が観察できる程度であるといえる。鋳肌の残存状況は各鏡で一定ではなく、この中で残存状況の良し悪しがある。しかし今回使用した機器は鋳肌の残存状況を数値化できないため、上記の①と次に挙げる鋳肌がほとんど残存しない③との中間的な様相を示すものとする。

　典型的な例として滋賀県長浜市三川丸山古墳出土四乳鏡をみてみよう（図31：丸山他 1988）。内区は乳と櫛歯文以外明瞭ではなく、外区は鋸歯文・唐草文がわずかに確認される程度である。福永は当鏡を磨滅鏡と評価している（福永 2007・2008）。鋳肌の残存状況をみると、乳の頂部は鋳肌があまり残存していない。しかし鋭さがまったくなくなっている鏡縁の角には、鋳肌の凹凸が明瞭に確認される。このような状態は清水らが調査をおこなった鶴尾神社4号墳出土鏡の表面状態と同様であり（清水他 2002）、滋賀県長浜市小松古墳出土方格規矩鏡・内行花文鏡（高月町教育委員会編 2001）、岡山県岡山市矢藤治山弥生墳丘墓出土鏡（近藤編 1995）、岡山県総社市鋳物師谷1号墳出土鏡（春成他 1969）でも確認できる。

表面状態③：凸部の鋳肌はほとんど残存せず、基部と著しい差があるもの

　磨滅が著しく進行したものということができる。岡山県赤磐市用木2号墳第1主体部出土方格規矩鏡（図32：山陽町教育委員会編 1975）についてみていく。文様はきわめて不鮮明で、方格やTLVの文様以外は詳細に確認できない。表面状態をみると、凸部は凹部に比べて鋳肌が滑らかで、著しく減じてい

図32 表面状態③の鋳肌残存状況（用木2号墳）

るといえる。このような状況は中出勝負峠8号墳出土異体字銘帯鏡とは大きく異なっている。さらに鈕の欠損が注目される。当鏡は欠損後の鈕の残存部分に最低3度にわたる穿孔が施されている。穿孔の内部には明瞭な回転擦痕が残存しており、意図的に開けられたことがわかる。これは鈕の欠損後懸垂状態での使用が繰り返しおこなわれたことを示している。このように鋳肌の残存状況と鈕欠損後の穿孔を合わせて考えると磨滅の結果文様が不鮮明になったと判断される。

このような表面状態のものとしては、愛媛県今治市唐子台14丘墓出土異体字銘帯鏡（今治市教育委員会編 1974）、兵庫県神戸市天王山4号墳出土八禽鏡（喜谷 1983）、京都府福知山市狸谷17号墳出土四乳鏡（京都府埋蔵文化財調査研究センター編 1983）、千葉県木更津市鳥越古墳出土方格規矩鏡（椙山 1980）が挙げられる。またやや時期は下るが高知県宿毛市高岡山2号墳出土異体字銘帯鏡（高知県教育委員会編 1985）、兵庫県西脇市滝ノ上20号墳出土内行花文鏡（西脇市教育委員会編 2003）も同様な状況にある。

（2）文様の不鮮明さの要因

文様不鮮明な銅鏡の表面状態が一様ではないことを示したが、ここではその要因について考えてみたい。表面状態①は文様が不鮮明だが鋳肌の残りは良好であることから、文様の不鮮明さの要因は磨滅以外のところにあるといえる。そこで考えられるのが踏み返し鏡の可能性である。踏み返し鏡については後漢

1　面影山74号墳

2　壬生西谷遺跡

図33　踏み返しの痕跡

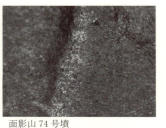

1　面影山74号墳

2　三川丸山古墳

図34　変形した櫛歯文の表面状態

後半以前には存在しないとされてきたが（柳田2002a）、すでに述べたように後漢中期には踏み返し鏡が存在し、前漢代までさかのぼる可能性を示した。文様不鮮明な銅鏡には先に挙げた踏み返し鏡の認定基準に合致する資料がみられる。面影山74号墳出土内行花文鏡は全体的に文様が不鮮明で、特に雲雷文帯はほとんど文様がみえなくなってしまっている。鏡背面の表面状態は①である。ここで四葉座をみると、この部分にはわずかな線状の凹凸があることが観察される（図33-1）。表面状態①は磨滅していないことを示していることから、四葉座の凹凸は鋳型の段階ですでに形成されていたものと思われる。四葉座の内行花文鏡には広島県北広島町壬生西谷遺跡出土鏡（広島県埋蔵文化財調査センター編1989）のように、この部分

に著しい研磨痕を残すものが確認されている（図33‐2）。面影山74号墳出土鏡の四葉座の凹凸は、このような研磨痕跡の顕著な鏡を原鏡として踏み返されたために形成されたと考えられる。

また面影山74号墳出土内行花文鏡で注目されるのは鋸歯文状に変形した櫛歯文である（図34‐1）。文様不鮮明な漢鏡の櫛歯文はほとんどがこのような状態を呈している（図34‐2）。これらの変形した櫛歯文の表面をみると、鋳肌が良好に残存していることがわかる。これまでの研究では櫛歯文の変形は直線状の櫛歯文が磨滅した結果と考えられてきた（福永 2007・2008）が、変形を引き起こした要因は磨滅に限らないことを示している。磨滅の進行がそれほど進行していない表面状態①や②にも櫛歯文の変形がみられるということは、櫛歯文の変形は鋳造された段階で生じていたものと考えられるだろう。すでに踏み返し鏡として検討した土壇原遺跡出土方格規矩鏡（名本 2007）も同様な櫛歯文の変形がみられる。このように文様不鮮明な銅鏡の要因は踏み返し鏡であることに求めることができるだろう。

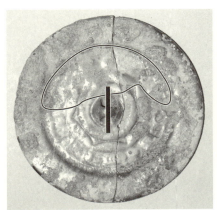
1 　唐子台14丘墓

2 　鋳物師谷1号墓

━━ 鈕孔方向　　☐ 文様が不鮮明な範囲

図35　鈕孔方向と鋳引けの範囲

(3) 技術的な視点からみた製作時期の検討

次にこれらの製作時期を製作技術の面から考えてみよう。注目するのは第2章で時期的な変遷を明らかにした湯口の設置位置である。鋳引けの範囲や鈕孔の変形から検討してみよう。

①鋳引けの範囲

　唐子台14丘墓出土異体字銘帯鏡（表面状態③）、鋳物師谷1号墳出土虺龍文鏡（表面状態②）は鋳引けの範囲が明瞭であるため、これらから湯口の設置位置を考えてみよう。唐子台14丘墓出土異体字銘帯鏡は鈕孔の延長線上において特に文様の厚みが減じており、銘帯・内行花文帯・櫛歯文帯はほとんどその形状がわからなくなっている（図35-1）。このことから鈕孔の延長線上に湯口が設置されていたと考えられ、これは大陸における後漢前期の漢鏡の特徴である。当鏡は弥生時代終末期から古墳時代初頭に副葬されたもので、すでに検討した用木2号墳出土方格規矩鏡と同様に、著しい磨滅を被っている。このことから後漢前期の製作であったと考えられる。一方、鋳物師谷1号墳出土虺龍文鏡は、鈕孔方向に直交する位置の逆S字文が他に比べて不鮮明になっており、この方向に湯口が設置されていたと想定される（図35-2）。このような位置関係は後漢中期以降の特徴である。鋳物師

1　国森古墳

2　寺ノ段2号墳

図36　鈕孔の変形と鋳肌の残存状況

谷1号墳は弥生時代終末期の墳墓であり、文様は表面状態②を呈しており、鋳肌がまったくなくなるほどは磨滅していない。このことから鋳物師谷1号墳出土虺龍文鏡は後漢後期並行期（弥生時代後期後葉前後）に生産・入手されたものであると考えられる。

②鈕・鈕孔の変形

　国森古墳出土鏡は鈕孔の拡張が著しいが、その広がり方は左右対称ではなく、鈕の頂部は片方に傾きの強い状態を呈している。鈕孔の角は明確な鋭角をなしており、磨滅した様子はほとんどない（図36-1）。また寺ノ段2号墳出土方格規矩鏡（福知山市教育委員会編 1989）は文様不鮮明な破鏡ではあるが、鈕孔が大きく拡張した資料である。鈕孔の拡張部分には鋳肌が残存しており、磨滅の影響で変形したとは考え難い（図36-2）。このような表面状態を示すことから、鈕孔の変形は磨滅によるものではなく、その要因もやはり湯口の設置位置の影響であると考えられる。両鏡は鋳肌が良好に残存しており、先に示した中出勝負峠出土鏡と同様な状態である。湯口の設置位置が鈕孔の拡張方向であったと考えると、湯口の位置と鈕孔方向の関係は縦－横型、または縦－斜型であり、これらは後漢中期以降に製作されたものといえる。

　以上のように湯口の位置から製作時期を考えると、鋳肌の残存状況の検討で磨滅の進行が著しかった③は後漢前半、①・②は後漢後半以降ということができる。①・②については製作時期を絞り込むのが難しいが、①には三角縁神獣鏡との共伴（花野谷1号墳）もみられるため、製作時期をより新しく考えることができるだろう。

5．文様不鮮明な漢鏡の伝世について

　以上検討してきたように、文様不鮮明な漢鏡には著しく磨滅しているものとそうでないものが含まれている。製作時期の上限が後漢前期以前の漢鏡が古墳時代開始期前後に副葬される場合、表面状態①の資料は副葬時期にきわめて近い時期に受容されたものであると考えることができる。古墳時代開始期前後に

副葬された表面状態③の資料、つまり後漢前期に製作されたと考えられる銅鏡は用木2号墳出土方格規矩鏡や唐子台14丘墓出土異体字銘帯鏡など少数に留まる。このことから弥生時代後期の受容後に古墳時前期まで長期間保有された銅鏡は少数であったと結論づけることができる。

第4節　平原遺跡1号墓出土鏡の評価

1．平原遺跡1号墓の銅鏡

　平原遺跡は福岡県糸島市有田に位置する。この地は『魏志倭人伝』に記載された国のひとつである「伊都国」の所在地に比定されている。それを示すかのように福岡県糸島市三雲南小路1・2号甕棺や同井原鑓溝遺跡では他地域の墓を圧倒する内容の副葬品が出土しており、弥生時代の北部九州をリードした地域の一つと考えて相違ない。近年は硯や楽浪系をはじめとした外来系土器の出土によってさらに注目度が増している（糸島市教育委員会編 2013、武末・平尾 2016）。大陸から列島へと到達した人びとがこの地で重要な交渉にあたっていた可能性が考えられるようになってきた。このように当地は弥生時代の対外関係を考える上で欠かすことのできない地域であり、平原遺跡1号墓は三雲南小路1・2号甕棺、井原鑓溝遺跡に後続する「王墓」として重要な位置を占める。

　平原遺跡1号墓は東西14m、南北11mの墳丘を有し、周囲には周溝が巡らされている。墳丘中央には東西4.6m、南北3.5mの墓壙が穿たれ、割竹形木棺が納められていた。特筆されるのは豊富な副葬品で、列島の同時期の墓ではみられないほど多様な副葬品が出土した。特に銅鏡は40面という圧倒的な数量を誇っている。まずその概要を示そう。なお、平原遺跡1号墓は原田がまとめた報告書（原田 1991）と、前原市教育委員会が刊行した報告書がある（前原市教育委員会編 2000：以下、『報告』と記す）。各鏡の番号は『報告』のものを

用いる。

超大型内行花文鏡（図37：『報告』10〜14号鏡）　面径46.4〜46.5cmを測る超大型鏡で、5面が出土している。46.5cmは列島の古墳出土鏡を含めても最大で、大陸を見渡してもここまで大型の漢鏡は出土していない。さらに5面はいずれも同型鏡である。単位文様・文様構成も特殊で中央から、鈕－八葉座－円圏－内行花文－多重円圏－平縁となる。八葉座と多重円圏が配される文様構成はきわめて異例である。

内行花文鏡（『報告』15・16号鏡）　15号鏡は最大径27.06cmで、上記の超大型内行花文鏡ほどではないが、漢鏡の中では大型である（図38-1）。鈕座の四葉

図37　平原遺跡1号墓出土超大型内行花文鏡（縮尺1/5）

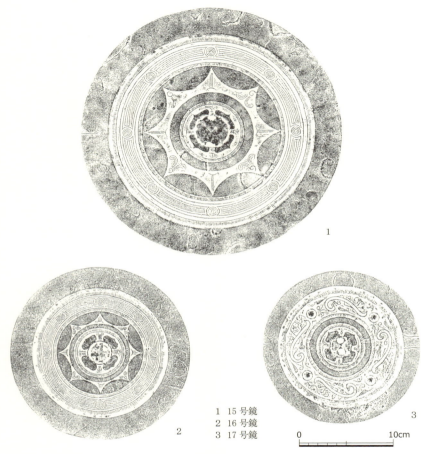

1　15号鏡
2　16号鏡
3　17号鏡

図38　平原遺跡1号墓出土内行花文鏡・虺龍文鏡（縮尺1/4）

座間に「大宜子孫」の銘文を配する。内行花文間には結目状文と山形文が配されているが、両者ともその形態はあまり目にしない。

　16号鏡は最大径18.75cmである（図38-2）。四葉座間には「□宜子孫」の銘を確認することができ（図中の「長」は復元）、内行花文間には結目状文と山形文が配される。

　虺龍文鏡（図38-3：『報告』17号鏡）　面径は最大径16.6cmで、列島出土の虺

第1章　漢代の銅鏡と日本列島への拡散　69

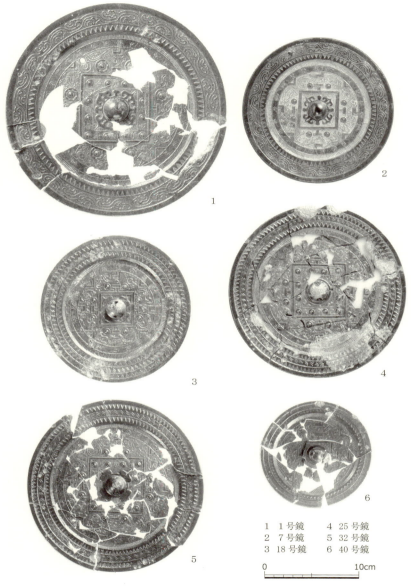

1	1号鏡	4	25号鏡
2	7号鏡	5	32号鏡
3	18号鏡	6	40号鏡

図39　平原遺跡1号墓出土方格規矩鏡（縮尺1/4）

龍文鏡の中では大型である。文様構成は逆Ｓ字形の虺龍文に鳥文などが付随する虺龍文鏡Ａ類である。

　方格規矩四神鏡（図39：『報告』１～９・18～40号鏡）　最も多く出土した鏡式で、32面に達する。32面の中では６組の同型関係が確認されており、その確率が非常に高いことが注目される。外区の文様で分けると、流雲文が９面（１～９号鏡：１群と記す）、鋸歯文＋複線波文＋鋸歯文が22面（18～39号鏡：２群と記す）、複線波文＋鋸歯文が１面（40号鏡：３群と記す）である。このうち前２者は内区に四神と瑞獣等を組み合わせた８体が配され、３群は四神のみである。鈕座の種類もバラエティに富んでおり、岡村の鈕座分類（岡村 1984・1993c）に該当しないものも含まれている。面径は１群が16.1～23.4cm、２群が15.9～20.8cm、40号鏡が他と比べて小さく11.7cmである。

　２．平原遺跡出土鏡のこれまでの評価と課題

　40面の銅鏡の評価は、出土から50年以上を経た現在でも定まっていない部分が多い。論点は多岐にわたるが、重要なのは製作地と製作時期である。これらについて岡村と柳田の検討を軸にみてみよう。

（１）製作地
　「□宜子孫」内行花文鏡（16号鏡）と虺龍文鏡（17号鏡）については大陸で製作されたものという見解で一致している。しかし他の鏡については、大陸で製作された漢鏡とする見解と、列島、特に伊都国で製作された仿製鏡とする見解が示されており、両者の議論は平行線をたどっている。
　まず超大型内行花文鏡については岡村は大陸に類例がないことから、これを仿製とした（岡村 1993a）。また柳田は超大型であり、八葉文・九重の同心円文が中国で確認されていないこと、湯口の位置が鈕孔方向に対して直交することは中国における銅鏡製作技術とは異なっていることを主な根拠として仿製鏡と評価した（柳田 1996・2000・2002a・b）。菅谷は八咫鏡、漢代の大型鏡多量

副葬、伊都国の歴史性、列島における銅資源の確保の面から、これを仿製鏡と考えていることを示した（菅谷 2006）。これに対し清水康二は鈕孔の貫通位置が漢鏡と共通することから、大陸で製作された可能性を指摘している（清水 2000）。また福永は河北省北庄漢墓出土内行花文鏡が36cm、30cmである（図41-1：河北省文物工作隊 1964、河北省文物研究所編 1996）ことから、必ずしも大陸に超大型鏡を製作する素地がないというわけではないことを指摘する（福永 2008）。

「大宜子孫」内行花文鏡については、岡村が斜角雲雷文や内行花文間の文様が反転していること、通有の「長宜子孫」ではないこと、字形が中国鏡にない、稀にみる大きさという点を根拠に仿製鏡と判断している（岡村 1993a）。柳田はさらに湯口の位置が銘文を逆さまにした逆方向にあること、鋳型の補修方法が超大型内行花文鏡や柳田が仿製鏡とする福岡県野多目前田遺跡出土鏡と同様であること、中国鏡にはない「着色」が施されていることを根拠に加え、仿製鏡であることを指摘している（柳田 1996・2000・2002a・b）。一方で、寺沢は先に挙げたように30cm以上の大型鏡が大陸で出土していること、文様の反転は漢鏡にも存在することなどから大陸で製作されたことを指摘している（寺沢 2004）。

方格規矩四神鏡は最も評価が分かれている。岡村は単位文様の分類からすべて漢鏡の中に含める（岡村 1993a）。一方、柳田はすべてを仿製鏡とする（柳田 1996・2000・2002a・b）。仿製鏡の根拠としては「着色」、銘文「陶氏作鏡」の大陸での不在、主文・流雲文のすべてが反転、四神の一部の欠如や重複・省略、同型鏡の集中、「陶氏作鏡」・「尚方作鏡」の双方に中国鏡に例のない魚文が付加されている、漢鏡にみられない鈕座形態、新旧単位文様の混在、鏡縁の断面形態は岡村分類Ⅳ式、銘文の混乱、「浮渺天下敖四海」の「四」が中国鏡にはみられない漢数字、書体、銘文の開始位置が下や左側、流雲文の線幅が不規則、湯口の設置位置は主文様の配置を無視、巣の発生や鋳引けなどの鋳造技術の稚拙さが顕著、などが挙げられている。着色についてはその技法が明瞭ではない点から他鏡との比較が困難であるが、他の点については一考を要

する。柳田も検討の際に指摘しているが、たとえば銘文の開始位置の乱れは後漢末から三国期の模倣鏡や復古鏡にもみられるものであり、四神の配置の乱れや省略も三国期前後の漢鏡にみられるものである。また魚文の使用が漢鏡にも認められることが寺沢によって指摘されている（寺沢 2004）。柳田が挙げた根拠は列島出土漢鏡にはみられない特徴であり、型式学的にも後漢前期に製作時期の上限がある各型式の漢鏡とは異なる点が目立つ。これらの製作地を明らかにするためには大陸出土鏡を視野に入れた精査が必要だろう。また近年は方格規矩鏡の鋳型を再利用して古相の三角縁神獣鏡が製作された可能性が高いことが指摘されている（清水他 2018）。三角物神獣鏡の製作地については諸説あり、方格規矩鏡の製作地は三角縁神獣鏡の製作地論争にも関連する問題に発展している。

（2）製作時期

　製作時期について岡村は内行花文鏡と方格規矩四神鏡を漢鏡5期、すなわち後漢前期におく。これに対して柳田は製作技術的特徴、磨滅していないことを根拠にこれよりも新しい時期の仿製鏡と考えている。岡村が比定した後漢前期の方格規矩四神鏡との差異は上記の柳田の指摘から明らかであり、高橋は四神の乱れなどの特徴は、後漢末から三国時代においてみられることを指摘している（高橋徹 1994）。また徳富の流雲文の検討からも平原鏡は製作時期が後漢前期よりも新しくなることが示されている（徳富 2016）。以上のことから考えると製作時期は後漢後期併行期以降に下る可能性が高い。

　また虺龍文鏡は前漢末の製作とされている。しかし列島出土の虺龍文鏡には弥生時代後期までに副葬されるものと、古墳時代前期を中心に副葬されるものの間に表面状態の差があることが指摘されており（藤丸 1994）、平原遺跡出土鏡は文様が不鮮明で、鈕孔は片側に向かって広がっている様相を呈する。表面状態からは藤丸が指摘する後者に含まれるが、柳田はこれを磨滅したものと捉えている（柳田 2000・2002a・b）。文様不鮮明な銅鏡が列島の弥生時代後期後半以降みられるようになることはすでに指摘したが、平原遺跡出土虺龍文鏡に

ついても検討が必要である。

　製作地、製作時期のいずれにもいえることだが、「中国にない」という点がたびたび根拠とされてきた。しかし大陸出土鏡との比較はさらに深める必要がある。やはり大陸出土鏡に平原遺跡出土鏡の類例が存在するのかどうかを検討することが必要であろう。

　平原遺跡 1 号墓出土鏡は、列島への銅鏡の流入と拡散、列島での銅鏡生産を考える上で非常に大きな意味をもつ。その製作地、製作時期をいかに考えるかによって、描かれる歴史像は大きくかわってくる。本章では大陸出土鏡に着目し、平原遺跡出土鏡の製作時期や製作地について検討していく。

3．虺龍文鏡の製作時期

　まず虺龍文鏡の製作時期について考えてみよう。本鏡は型式学的には虺龍文鏡 A 類であり、大陸では前漢末の北京市大葆台 M1 などに類例がある（中国社会科学院考古研究所編 1989）。ただし虺龍文鏡 A 類は大陸での出土数が少なく、現状では虺龍文鏡全体の中で議論する必要がある。虺龍文鏡の副葬はこの時期に限定されるわけではなく、後漢中期以降にも出土例が散見される。中原地域の西安では後漢中期とされる雅荷智能家園 M12 で出土していることはすでに本章第 1 節で指摘した。雅荷智能家園 M12 では方格や TLV 字に歪みが確認される方格規矩四神鏡とともに出土している（西安市文物保護研究所編 2009）。

　このような方格規矩鏡の特徴は後漢末以降によくみられるものであることから、後漢中期でも新しい時期に置くことができるかもしれない。周辺地域では湖北省鄂州での出土が注目される。鄂州では三国時代の呉から西晋、東晋期の墓に銅鏡の副葬が多くみられるが、その中には前漢末から後漢代の文様構成の銅鏡も含まれている。虺龍文鏡は三国時代中期の鄂城六朝墓 M3018（図 40 - 1：中国社会科学院考古研究所編 2007）や三国時代晩期の鄂州市鄂鋼 544 第 85 号墓（図 40 - 2：鄂州市博物館 2002）、さらに西晋前期の鄂州市鄂鋼 544 工

1　湖北省鄂城六朝墓　2　湖北省鄂鋼544M85　3　湖北省鄂鋼544M46
図40　三国西晋期の虺龍文鏡（縮尺1／4）

地第46号墓（図40-3：鄂州市博物館 2002）でも出土している。これらの資料は、平原遺跡1号墓出土虺龍文鏡が必ずしも列島で伝世したと考える必要がないことを示すものである。

4．超大型内行花文鏡の検討

　46.5cm という面径、八葉座という特殊な鈕座文様、九重の円圏などの要素が大陸での類例に乏しいことが仿製鏡の根拠として挙げられている。
　文様構成について、福永は北庄漢墓出土鏡のように内行花文帯の外側の空間を広くとる構成が超大型内行花文鏡に通じる要素として、製作時期を1世紀後半としている（福永 2008）。ここで問題となるのは平原遺跡1号墓の築造年代である。周溝出土の土器については寺沢は後期後葉、久住は終末期に位置づけている（寺沢 2004、久住 2015・2016）。いずれにせよ北庄漢墓よりもかなり新しく位置づけられるため、直接的に比較するには同時期の大陸出土鏡を見出す必要がある。近年は後漢後期の墓から北庄漢墓に匹敵する面径の内行花文鏡が出土している。広西壮族自治区貴港市馬鞍嶺梁君洞 M15からは30.4cm の内行花文鏡が出土した（図41-2：広西文物保護与考古研究所他 2014）。斜角雲雷文は細線が省略されており、渦文は二重の円文となる。断面形に注目すると北庄漢墓の36cm の内行花文鏡は鈕の高さが異様に高く、縁の厚さがきわめて薄いという特徴をもっており、漢鏡の中でもきわめて特殊である。これに対し

第1章　漢代の銅鏡と日本列島への拡散　75

1　河北省北庄漢墓
2　広西壮族自治区梁君垌M15

図41　漢墓出土の大型内行花文鏡（縮尺1/4）

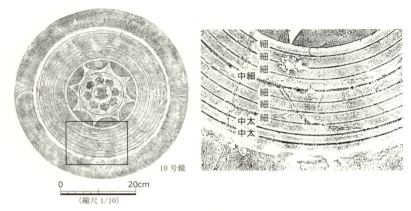

図42 超大型内行花文鏡の九重円圏

　超大型内行花文鏡と馬鞍嶺梁君洞 M15は同様な断面形態を示す。鈕孔の位置は鈕座よりも高い位置にあるようで、超大型内行花文鏡と共通する。このように大陸でも30cmを超える内行花文鏡はわずかながら確認例があり、鋳型への鈕や縁の彫り込み方に関しても大差ないといえる。

　次に内区文様をみてみよう。九重の円弧で凹帯を埋めるという構成は大陸で未だ確認されていないが、超大型内行花文鏡の円弧はすべてが同じように鋳出されているわけではない。柳田は外側から2本を中太突線、その内側の7本を中細突線、他を細突線とする。つまり内側から数えると、1～3：細突線→4：中細突線→5～7細突線→8・9中太突線となる（図42）。細突線は3条で一単位として描かれているようである。最外周は通有の内行花文鏡でも2本の円圏が配されることから、それを表現したものと考えられる。斜角雲雷文帯が平行する突線のみで表現されるものは内行花文鏡B類によくみられるものである。たしかに九重のものはみられないが、それは3条1単位を2度繰り返すことによって創出された可能性が考えられる。

　このように超大型内行花文鏡とまったく同様の文様構成の鏡は確認されていないが、大陸出土鏡の中にこれに類する要素を見出すことは技術的にも、文様構成の面からも可能であると考えられる。

5.「大宜子孫」内行花文鏡の検討

(1) 銘文について

　一般的に内行花文鏡の四葉座間に配される語句は「長宜子孫」である。柳田は「大宜子孫」は漢鏡にないとするが（柳田 2000）、寺沢は「大宜子孫」も意味の通じる語句であるとしている（寺沢 2004）。ここで「宜子孫」という語句について考えてみると、「長宜子孫」のように先頭に一字を入れることは必ずしも必要であったわけではない。たとえば、獣帯鏡の鈕座には「宜子孫」のみを配するものがあり、これだけでも十分意味のある言葉である。このように「宜子孫」が意味をなす言葉であったことは明確で、先頭に「大」をいれた「大宜子孫」という語句も漢鏡の銘文にないということで、その存在を否定することはできない。清水は1959年に新疆ウイグル自治区ニヤ遺跡で出土した繊維製品に「延年益寿大宜子孫」という銘文をもったものが確認されることを指摘している（清水 2000）。「延年益寿」は吉祥句であり、前漢代から漢鏡の銘文にも登場する。本例をもって「大宜子孫」は大陸に類例を求めることが可能であるといえる。ニヤ遺跡ではこの他にも95MN1号墓地 M3で「王候合婚千秋万歳宜子孫」銘錦、M8で「五星出東方利中国」および「討南羌」銘錦が出土している（日中共同ニヤ遺跡学術調査隊編 1999）。これらは官営工房からニヤ遺跡に葬られたチャドータ州の王族に対して下賜されたものであることが指摘されている（兪 2007）。「延年益寿大宜子孫」銘錦も同様な性格が考えられるだろう。このように「大宜子孫」銘は大陸に類例があり、仿製鏡の根拠にはなり得ないといえる。

(2) 内区文様について

　ここで視点を「大宜子孫」銘から内区文様にうつしてみよう。注目したいのは四葉座の各突起の両側に配された珠点である。「大宜子孫」銘内行花文鏡には計8個の珠点が配されている（図43-1）が、通常は内行花文鏡にこのよう

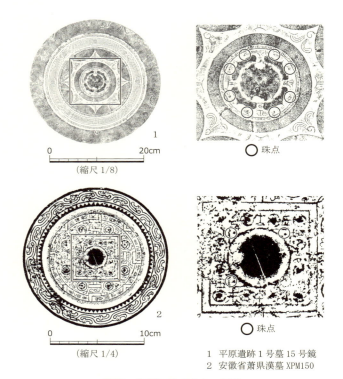

1 平原遺跡1号墓15号鏡
2 安徽省蕭県漢墓 XPM150

図43 鈕座に珠点をもつ銅鏡

な珠点は配されない。ここにも「大宜子孫」銘内行花文鏡の特殊性を垣間見ることができるが、このような珠点を配する漢鏡も少数だが確認することができる。安徽省蕭県漢墓 XPM150 出土方格規矩鏡は鈕を囲む方格の四隅に珠点が1つずつ配されている（図43-2：安徽省文物考古研究所他 2008）。また同じ安徽省の六安市寿県愛国公社槐店農中出土方格規矩鏡は鈕座や主文様帯に多くの珠点がみられる（図44-3：安徽省文物考古研究所他 2008）。安徽省出土の両鏡は後述する方格規矩四神鏡とも共通点があり、重要な意味をもつ。

　以上のことを総合すると「大宜子孫」内行花文鏡が大陸で生産されたことを否定することはできず、特殊な珠点を配する点からすると、漢鏡との共通性が高いことを示唆している。

第1章 漢代の銅鏡と日本列島への拡散　79

1　平原遺跡1号墓22号鏡
2　平原遺跡1号墓37号鏡
3　安徽省寿県愛国公社槐店農中

図44　魚文を有する銅鏡

6．方格規矩四神鏡の検討

（1）魚文について

　平原遺跡1号墓出土鏡では22・36・37号鏡にみられる（図44‐1・2：36号鏡と37号鏡は同型鏡）。魚文はいずれも玄武方向のTとLの間の狭いスペースに1体が横向きに描かれている。注目すべきは22号鏡が「尚方作鏡」銘、36・37号鏡が「陶氏作鏡」銘という点である。異なる作鏡者銘であることは工房の違いを示していると考えられるが、同じような魚文が描かれていることは、両者の距離感が近いことを想起させる。寺沢は江蘇省徐州市韓山M11出土浮彫式獣帯鏡の外区文様に魚文が配されていることを指摘した（寺沢 2004）。韓山M11は後漢中晩期の墓で、平原遺跡1号墓の年代と大きな隔たりはなく、魚文の使用が大陸でもおこなわれていたことを示す好例といえる（徐州博物館 1990）。また大陸ではこの他にも魚文がみられる。「大宜子孫」内行花文鏡の検討でも取り上げた安徽省寿県愛国公社槐店農中出土の浮彫式獣帯鏡には、内区に多くの魚文が配されている（図44‐3）。主文様は乳に挟まれた空間に描かれた四神や神人、動物であり、魚文はそれらの文様間の空いたスペースに巧みに描かれている。また鈕座にも魚文が配されている。限られたスペースに魚文を入れ込む状況は平原鏡と同様である。さらに故宮博物院所蔵鏡を収録した『故宮蔵鏡』にも5面の魚文をもつ後漢鏡が掲載されている（郭 1996）。魚文をもつ鏡は方格規矩鏡、盤龍鏡、細線式獣帯鏡、画像鏡、である。方格規矩鏡は細線で文様が描かれるが、基本的な構図は狩猟に関するものである（図45‐1）。鈕座は四葉座だが、岡村、柳田の分類には該当するものがない。内区文様の構図は独特なもので、魚文は3匹が並んだ状態で描かれている。他のものは韓山M11と同様に外区文様帯に魚文を配する。盤龍鏡（図45‐2）と獣帯鏡は1匹、画像鏡2面は2匹が描かれている（図45‐3・4）。このように魚文の使用は平原遺跡1号墓出土鏡に限られたものではなく、大陸でも確認することができる。

第1章 漢代の銅鏡と日本列島への拡散 81

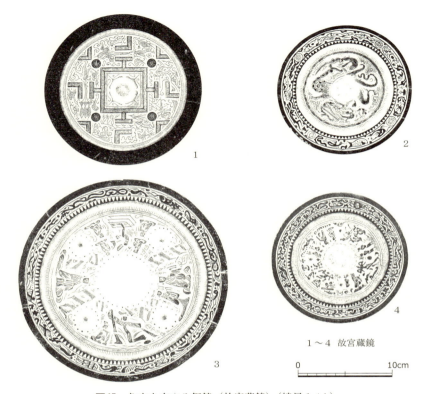

図45 魚文を有する銅鏡（故宮蔵鏡）（縮尺1/4）

（2）銘文における漢数字「四」の使用について

　平原1・3・6・20・21号鏡は銘文中の「浮游天下敖四海」の「四」に漢数字が使用されており（図46-1）、柳田はそのような類例が中国出土鏡にあるのかと疑問を呈している。「浮游天下敖四海」の銘文をもつ漢鏡は、ほとんどの場合「四」が「二」を二段重ねて表現される。漢鏡では「浮游天下敖四海」以外の銘文、たとえば盤龍鏡などにみられる「王氏作鏡四夷服」などでは漢数字の「四」の使用が一般的である。しかし平原遺跡1号墓出土鏡との直接的な関係性はほとんどないことから比較は難しい。しかし、「浮游天下敖四海」の銘文をもつ漢鏡の中にも漢数字の「四」を使用したものを見出すことができる。

82

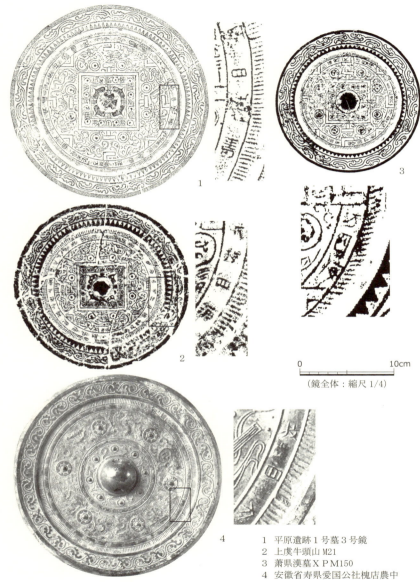

1　平原遺跡1号墓3号鏡
2　上虞牛頭山 M21
3　蕭県漢墓ⅩPM150
4　安徽省寿県愛国公社槐店農中

図46　銘文に漢数字「四」を用いる銅鏡

浙江省上虞牛頭山古墓 M21 では 3 面の方格規矩四神鏡が出土しているが、このうちの 1 面に「尚方作鏡真大巧上有仙人不知老浮游天下敖四海□□□□□□」という銘文があり、「四」は漢数字で表現されている（図46-2：浙江省文物考古研究所編 2002）。報告書では後漢前中期とされているが、銘文の開始位置が鈕座・銘帯ともに朱雀方向にあることからは、後漢中期に下る可能性がある。内区主文間に渦文を多用している点も注意される。さらに「大宜子孫」内行花文鏡とのつながりを指摘した安徽省蕭県漢墓 XPM150 出土方格規矩鏡も注目される。本鏡の銘文は「来言作鏡□□□凍冶銅易大華章長葆二亲利□子孫留天下敖四海」で、「四」には漢数字が用いられている（図46-3）。蕭県漢墓 XPM150 は壺の形態からは後漢中～後期に位置づけられ、平原鏡と大きな年代の開きはない。本鏡は文様構成が特徴的で、四神や瑞獣が配される TLV 字間に乳を配し、空いたスペースは渦文などで埋められている。また L・V 字文は通常銘帯の内側から派生するが、本鏡では銘帯の外側の柄櫛歯文帯から派生している。このような L・V 字文の配置は類例が乏しいが、三国期でも前期に位置づけられている湖北省鄂州市中心汽車駅工地第 1 号墓では同様な配置の方格規矩鏡が出土している（鄂州市博物館編 2002）。この鏡は TLV 字間に乳を置き、渦文などで空間を埋めるという点も蕭県漢墓 XPM150 と共通しており、両鏡の間の高い緊密性を読み取ることができる。さらにすでに内区に珠点を有するという点が「大宜子孫」銘内行花文鏡と共通することを指摘した六安市寿県愛国公社槐店農中出土方格規矩鏡でも漢数字の「四」が使用されている（図46-4）。

　このように平原遺跡 1 号墓出土方格規矩四神鏡は、類例を大陸出土鏡に見出すことが可能である。また銘文にある作鏡者名である「陶氏」については、岡村が『史記』貨殖列伝の「陶朱公」や、『列仙伝』に記述のある六安の鋳冶師「陶安公」とつながりがある可能性を示している（岡村 2011・2013a）。安徽省の蕭県や六安で出土した鏡と平原遺跡 1 号墓出土鏡とのつながりはすでに示したところであり、それらが文献に記されている「陶氏」やそれに関連した工人の手によって製作された可能性が考えられる。

7. 平原遺跡1号墓出土鏡の製作地・製作時期

これまでの研究で製作地・製作時期について議論がおこなわれてきた超大型内行花文鏡、「大宜子孫」内行花文鏡、方格規矩四神鏡について、大陸での類例を中心に検討をおこなった。その結果、仿製鏡の根拠とされてきた、「中国にない」という特徴をもつ漢鏡を大陸出土鏡の中に見出すことができた。「大宜子孫」内行花文鏡、方格規矩四神鏡は特に安徽省南部の蕭県や六安、湖北省東部の鄂州で出土した鏡とのつながりがあることを指摘した。また製作時期については、①後漢後期から三国期に類鏡がある、②遺構の時期は弥生時代終末、③柳田がいうように磨滅していない、ことから考えて後漢後期から末であると考えられる。

第5節　日本列島における漢鏡拡散の展開

1．弥生時代の漢鏡

本書ではここまで漢・三国・西晋期における副葬鏡の展開、製作技術の変遷、伝世の問題、平原遺跡1号鏡などの検討によって、漢代から三国・西晋期に至る銅鏡生産の動向を明らかにしてきた。本節ではそれにもとづいて、列島にどのような鏡が拡散したのかを整理し、弥生時代における漢鏡拡散の展開とその背景について考えていく。

検討にあたって、対象とする資料を明確にしておきたい。これまでの研究では銅鏡から弥生時代の歴史像を描き出す際に大きな課題が2つあった。それは平原1号墓出土鏡と伝世鏡をいかに評価するかという点である。前者については、他に類をみない超大型鏡を含む40面の銅鏡の製作地・製作時期をどのように考えるかによって、銅鏡拡散の実像が大きく左右されるという問題があっ

た。これについては前節の検討によって、後漢後期〜末に大陸で製作された鏡であることを示した。後者は前期古墳に副葬される後漢鏡の拡散時期をめぐる問題であり、それらが製作時期の上限である弥生時代後期にもたらされ長期間保有されたものか、もしくは副葬時期に近い時期にもたらされたものなのかという点が議論の的となってきた。本書では漢鏡の存続期間において大きく出土時期が下る資料については、製作時期自体が下る資料と長期間保有されたものがあり、後者はかなり少ないということも示した。第2節では23面の漢鏡が出土した大和天神山古墳出土鏡が三国期に近い時期に製作されたものであることを明らかにし、第3節では文様不鮮明な鏡群の多くが踏み返し鏡であり弥生時代後期後葉以降にもたらされたものであることを指摘した。これらのことから前期古墳出土漢鏡の多くは副葬時期に近い時期に入手されたものであると考えられる。

　このような検討結果から、ここでの検討対象とする資料を①弥生時代の遺構から出土した漢鏡、②古墳出土漢鏡のうち伝世の痕跡のあるものとする。そしてこれらを弥生時代に列島に拡散した漢鏡とし、地域的、時期的な動態を明らかにしていく。

２．漢鏡拡散に関するこれまでの研究と課題

（1）これまでの研究

　すでに述べてきたように、漢鏡の拡散から描かれる弥生時代社会像は、その製作・拡散時期についての見解の相違によって大きく分かれている。特に伝世鏡の評価は大きな影響を与えている。岡村らのように漢鏡の製作・拡散を各時期の様式ごとに検討した場合、後漢前期の漢鏡が弥生時代後期前半のうちに北部九州から近畿地方にかけて広がったと解釈される（岡村 1986・1999、岸本直 2004・2014・2015）。一方、出土時期や出土傾向に着目した場合、細部は異なる点もあるが、瀬戸内以東の完形漢鏡の多くは弥生時代終末以降に拡散したと理解されている（寺沢 1985・2005a・b、森 1987、森岡 1990・1993、田崎

1993・1995、辻田 2001・2007など)。また伝世鏡の分布パターンが古墳時代前期を中心として畿内から各地に広がったと考えられる画文帯神獣鏡・三角縁神獣鏡・前期中葉以降の倭製鏡と共通することから、中四国以東への拡散を弥生時代終末期後半以降とする考えも示されている (下垣 2013)。このような見解に対して、柳田は弥生時代終末～古墳時代初頭に出土する文様不鮮明な銅鏡を磨滅が進行したものとし、弥生時代後期にも一定量の鏡が瀬戸内以東に拡散していたことを指摘した (柳田 2002a)。また柳田が弥生時代後期中頃におく比較的文様が鮮明な岐阜県瑞龍寺山山頂遺跡出土鏡に、少マメツが認められることを指摘しており (柳田 2012)、後期中頃には東海地域まで完形漢鏡が広がっていたことを示している。このように漢鏡拡散をめぐっては列島への拡散時期、そして瀬戸内以東への広がり方をいかに捉えるのかが重要である。

　また漢鏡がどのようなメカニズムで拡散していたのかという点もこれまで論じられており、特に面径や数量に着目されている。柳田は福岡県春日市須玖岡本遺跡 D 地点墓や三雲南小路 1 号甕棺には15cm を超える大・中型の異体字銘帯鏡に混じって前漢中期の鏡が含まれ、異体字銘帯鏡などの前漢後期鏡群の出土量が楽浪郡や朝鮮半島に比べ異常なまでに突出することから、中国を出る際に列島向けの文物として決定されていたとしている。そして列島内における配布する権利も両墓が所在する地域が握っていたとしている (柳田 1983)。それを裏付けるように三雲南小路 1・2 号甕棺出土異体字銘帯鏡には他遺跡と同じ文様の鏡 (同型鏡) が保有されていることを明らかにした (福岡県教育委員会編 1985)。高倉洋彰は弥生時代中期末の甕棺墓に副葬される鏡群について、副葬面数とそれらの面径が首長層の序列を反映させているとみる (高倉 1993a・1995b)。特に三雲南小路 1 号甕棺と須玖岡本遺跡 D 地点墓のみが、先行形式の鏡と大型鏡をあわせもっており、銅鏡を権威の象徴とする習俗を完成させたとした。また岡村は須玖岡本遺跡 D 地点墓出土の大型草葉文鏡が中国では王候貴族のために特別に製作されたものである点や、須玖岡本 D 地点墓と三雲南小路遺跡 1 号甕棺から出土したガラス壁や三雲南小路 1 号甕棺で出土した金銅製四葉座金具の存在から、これらが楽浪郡を介して漢王朝から政治的・儀礼

的に贈与されたものとした（岡村 1994・1999）。そしてこの段階において漢鏡の大小が身分的な上下関係をあらわした可能性があり、これが鉄製武器類の数と相関することを示し、須玖岡本D地点墓や三雲南小路遺跡1号甕棺墓以外の墓の被葬者はこれらの墓に葬られた人物を介して間接的に配分されたものとした。また宮本一夫は前漢初期に漢王朝によって確立された鏡による階層秩序が、列島における階層秩序の原型となったと指摘している（宮本 2000）。上野祥史は数量と形態という視点から北部九州を中心とした分配システムの実態について検討している。数量については、多量副葬が漢鏡3期から5期までみられることを指摘した。また形態の違いについては、漢鏡3期における面径の違いによる序列が、大型鏡を欠く漢鏡4期の段階で小形仿製鏡や破鏡を創出することによって変容し、それが弥生時代後期を通じて継続するとした。そして漢鏡6期の段階で北部九州には中核的な存在が不在になり、分配システムは終焉するとした（上野 2014）。また近畿地方を中心とした分配相ステムについては、漢鏡7期では大きさが強く意識され、近畿地方には隣接する地域社会において漢鏡が集積することが指摘された。

（2）本章の課題

　このように漢鏡の拡散状況を検討するためには、まず漢鏡の製作・拡散時期を示すことが重要であり、伝世鏡をどのように扱うかが課題となる。本書で検討してきた漢鏡の製作時期はこれまで諸氏によって構築されてきた編年的位置とは異なるものであり、それによって分布がどのように推移するのかを示す必要がある。このため本節では列島出土鏡についてあらためて製作時期の検討を加え、拡散のメカニズムについて検討する。拡散のメカニズムについては面径、面数、鏡式に着目する。これらの点はこれまでの研究でも議論されてきたが、ここでは地域間比較という視点からあらためてこれらの点を見直したい。特に漢鏡拡散の中心と周辺でこれらの点にどのような差異がみられるのかという点から、弥生時代の銅鏡拡散の特質を見出していきたい。
　なおここでは甕棺や土器を伴った墓から出土した資料を中心に検討を進め

る。なぜなら、これらの墓から出土した資料は甕棺や土器から受容時期の下限を押さえることができ、表面状態や製作技術によって拡散時期を絞り込むことができるためである。時期区分については、橋口達也の甕棺編年を軸とし（橋口1977）、久住が示した各地域の土器の併行関係に従う（久住2015・2016）。本書ではKⅢb・c式を中期末、KⅣa式を中期末～後期初頭、KⅣb式を後期前葉、KⅣc式を後期中葉とする。それ以降は久住の庄内式土器編年ⅠA期（久住1999）までを後期後葉、久住ⅠA・ⅠB期を終末期とする。漢鏡の分類は本章第1節による。

3．漢鏡の受容と副葬時期の検討

（1）異体字銘帯鏡

　列島で漢鏡副葬が本格的に開始される弥生時代中期末の大多数を占める。中期末はA類に限られており、中期末～後期初頭まで出土が認められる（図47-1）。佐賀県二塚山遺跡15号甕棺出土鏡（佐賀県教育委員会編1979）はA類の清白鏡の中で唯一中期末～後期初頭に副葬されたもので、他に比べ出土時期が新しい（図47-2）。柳田はこのような状況を佐賀平野での伝世と解釈し（柳田1982）、寺沢は入手時期の遅れであることを指摘している（寺沢2004）。本鏡は面径が15cmを超えることが特徴的である。中原地域ではこのような異体字銘帯鏡の副葬は前漢後期までで終焉することをすでに指摘した（第1章第1節）。また縁の角は他の墓で出土したA類に比べ丸みを帯びており、保有期間が他よりも長かったと考えられる。このことから、二塚山遺跡15号甕棺出土鏡の拡散は他のA類と同時期であり、保有期間が他よりも長かったものと考えておきたい。

　これ以降、中期末～後期初頭にはA類、後期前葉にはB類が副葬されている（図47-3）。このような状況は中原地域の後漢前期までの様相と共通しており、日本列島への流入は副葬時期に近い時期であったと考えられる。後期中葉から後期末は出土時期が明瞭な資料を欠くが、古墳時代前期前葉になると、再

第 1 章　漢代の銅鏡と日本列島への拡散　89

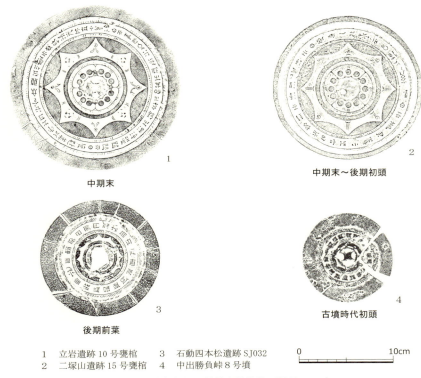

1　中期末
2　中期末〜後期初頭
3　後期前葉
4　古墳時代初頭

1　立岩遺跡 10 号甕棺　　3　石動四本松遺跡 SJ032
2　二塚山遺跡 15 号甕棺　4　中出勝負峠 8 号墳

図47　日本列島出土の異体字銘帯鏡（縮尺 1/4）

び異体字銘帯鏡の副葬がみられるようになる。第 1 章第 3 節でみたように中出勝負峠 8 号墳出土鏡（図47-4）、国森古墳出土鏡はほとんど磨滅していない状況であり、花野谷 1 号墳出土鏡についても同様のことがいえる。これらは入手時期と副葬時期にほとんど隔たりがなかったことを示しており、これらの拡散は古墳時代開始期前後であることがわかる。中原地域でも後漢後期には一旦副葬が途切れるが、三国期から西晋期にかけて再び異体字銘帯鏡の副葬がみられるようになる。この点も中原地域と日本列島の様相は整合的である。

　　　後期前葉　　　　　　　後期終末　　　　　　　　　　　　　後期終末

　　1　三津永田遺跡105号甕棺
　　2　鋳物師谷1号墳
　　3　平原遺跡1号墓

図48　日本列島出土の虺龍文鏡（縮尺1/4）

（2）虺龍文鏡

　時期の明らかな資料は少ないが、後期前葉から副葬が始まる（図48-1）。後期中葉・後葉は明瞭ではなく、後期末に平原遺跡1号墓（図48-3：前原市教育委員会編 2000）と鋳物師谷1号墳（図48-2：春成他 1969）で副葬がみられる。すでに検討したように後者は製作時期が後漢中期以降に下る資料であり、入手後短い保有期間を経て副葬されていることから、後期後葉に拡散したものであろう。大陸でも三国・西晋期に下る資料が確認されていることから、平原遺跡1号墓出土鏡も副葬時期に近い時期に入手されたものと考えておきたい。

（3）方格規矩鏡・細線式獣帯鏡

　後期前葉～中葉、後期末、古墳時代前期で出土時期が明らかな資料が確認される。後期前葉の桜馬場遺跡宝器内蔵甕棺では2面の方格規矩鏡が出土している（図49-1・2）。このうち縁に流雲文、内区に四神が配されたものについては柳田が銘文に漢数字の「四」が使われていることから後漢中期の製作であったことが指摘されていたが（柳田 2002a）、近年は前漢末の製作としている（柳田 2015）。第1章第4節でみたように、大陸では「四」の使用が後漢前期～漢

第1章　漢代の銅鏡と日本列島への拡散　91

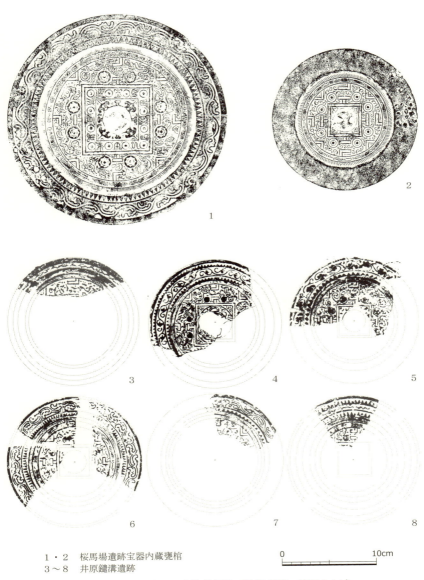

1・2　桜馬場遺跡宝器内蔵甕棺
3〜8　井原鑓溝遺跡

図49　日本列島出土の方格規矩鏡（後期前葉、縮尺1/4）

末まで継続的にみられ、関連鏡群には三国期に下るものもある。本鏡が副葬された甕棺は後期前葉であることから、後漢前期の製作・拡散とみてよいだろう。一方、福岡県井原鑓溝遺跡では江戸時代に21面以上の方格規矩鏡が出土したことが知られている（図49 - 3〜8：梅原 1931a など）。これらについては現物が不明で拓本や模写が残されているのみであるため、その詳細を明らかにすることはできない。製作年代については、岡村は紀元前後から王莽期（岡村1999・2013）、高橋徹は1世紀前半〜中頃（高橋徹 1994）、柳田は後漢中期としている（柳田 1986）。井原鑓溝遺跡出土鏡のような縁に唐草文や流雲文を有する方格規矩鏡は中原地域では前漢末〜後漢中期においてみられることから、その中のどの段階で製作されたものかを限定することは難しい。ただしともに出土した巴形銅器は脚の裏面綾杉文を有するものであり、田尻義了の研究では桜馬場遺跡宝器内蔵甕棺出土例に併行するものとされている（田尻 2008）。ここでは田尻の指摘に従い、井原鑓溝遺跡を桜馬場遺跡宝器内蔵甕棺と同時期においておきたい。

後期中葉には尼寺一本松遺跡で方格規矩鏡C類が出土しているが、内区文様には四神が配されておらず、踏み返し鏡であることも指摘されている（図50 - 1：佐賀市教育委員会編 2013）。すでに踏み返し鏡であることを示した茶ノ木ノ本遺跡出土方格規矩鏡も同時期であり、この時期には踏み返し鏡が確実に存在したと考えられる。一方で弥生時代終末期の中原遺跡ST13415出土鏡（佐賀県教育委員会編 2012）は、第1章第2節でみたように鈕孔方向と湯口の関係が縦－斜型で、製作時期は後漢後期以降と考えられる。四神が配された方格規矩鏡C類であるが、洛陽・西安でも後漢後期に本型式が出土していることから、列島への流入はこの時期まで続いていたものと考えられる。また良積遺跡（図50 - 2）や矢藤治山遺跡（図50 - 3）出土の方格規矩鏡も踏み返し鏡であり、弥生時代後期中葉以降、踏み返し鏡の流通も引き続きおこなわれていたと考えられる。

弥生時代終末期にはすでに述べた平原遺跡1号墓出土鏡が量的に突出している（図50 - 4〜6）。型式的なばらつきはあるものの、いずれも後漢後期〜末に

第1章　漢代の銅鏡と日本列島への拡散　93

1　尼寺一本松遺跡 SJ7026 甕棺　　4〜6　平原遺跡1号墓
2　良積遺跡 14 号甕棺　　　　　　7　　鶴尾神社4号墳
3　矢藤治山弥生墳丘墓

図50　日本列島出土の方格規矩鏡（後期中葉以降、縮尺1/4）

製作されたものと考えられ、一括してもたらされたものと考えられる。
　古墳時代初頭には鶴尾神社4号墳で踏み返し鏡と考えられる文様不鮮な方格規矩鏡が出土している（図50-7：高松市教育委員会編 1983）。磨滅している様子もみられることから（清水他 2002）、入手時期は弥生時代後期後葉から終末であると考えられる。

（4）内行花文鏡

　弥生時代後期前葉から古墳時代前期まで継続して副葬がみられる。これまでの研究で内行花文鏡の最古の副葬例とされてきたのは福岡県飯氏遺跡群3次調査Ⅱ区7号甕棺である（図51-1：福岡市教育委員会編 1994）。飯氏鏡は雲雷

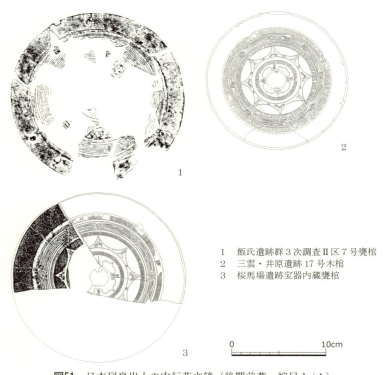

1　飯氏遺跡群3次調査Ⅱ区7号甕棺
2　三雲・井原遺跡 17 号木棺
3　桜馬場遺跡宝器内蔵甕棺

図51　日本列島出土の内行花文鏡（後期前葉、縮尺1/4）

第1章 漢代の銅鏡と日本列島への拡散 95

文帯の斜角線文が密であり、渦文も整っていることから、A類の中でも最も古いタイプのものである。甕棺は後期中葉に位置づけられ、後述する方格規矩鏡よりも副葬開始が遅れるとされてきた（柳田1982、高倉1995、寺沢2004など）。しかし近年、久住によって甕棺の再検討がなされ、後期前葉の古相であることが確認された（久住 2015）。このことから内行花文鏡の列島への流入開

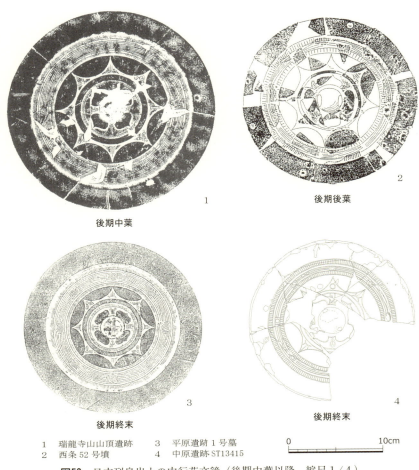

1 後期中葉
2 後期後葉
3 後期終末
4 後期終末

1 瑞龍寺山山頂遺跡　3 平原遺跡1号墓
2 西条52号墳　　　4 中原遺跡 ST13415

0　　　　　　10cm

図52　日本列島出土の内行花文鏡（後期中葉以降、縮尺1/4）

始時期もこの時期に置くことができる。また久住は福岡県三雲・井原遺跡で内行花文鏡A類が副葬された木棺墓も飯氏鏡と同時期の副葬であることを指摘している（図50－2：糸島市教育委員会編 2010）。また近年の注目される調査成果として、佐賀県桜馬場遺跡宝器内蔵甕棺が挙げられる。方格規矩鏡2面、内行花文鏡1面、巴形銅器3点、有鉤銅釧26点などが確認されていたが、甕棺は出土後に敷地に埋められて、詳細がわからなかった（佐賀県教育委員会編 1949）。しかし平成19年度以降の調査で甕棺が確認され、すでに出土していた鏡と同一個体の破片も出土し、甕棺や副葬品の詳細が明らかになった（唐津市教育委員会編 2011）。甕棺は後期前葉のものであるが、飯氏鏡出土甕棺よりもやや新しい。内行花文鏡はA類である（図50－3）。方格規矩鏡と同様後漢前期に製作され、列島へ流入したと考えられる。

　中原地域では後漢後期までA・B類の出土が確認されることを指摘したが、日本列島でも後期中葉以降副葬が継続する。後期中葉の岐阜県瑞龍寺山山頂遺跡（図52－1：楢崎他 1967、赤塚 1992）や後期後葉の兵庫県西条52号墳（図52－2：西条古墳群発掘調査団編 1964・2009）、後期末の平原遺跡1号墓（図52－3）ではA類が出土している。また後期末の佐賀県中原遺跡ST13415では内行花文鏡B類が2面出土している（図52－4：佐賀県教育委員会編 2012）。このうち1号鏡は鈕孔方向が内行花文の軸とずれており、鋳引けや巣の分布は鈕孔の延長線上と一致しない。このことから製作時期は後漢後半以降の可能性が高く、内行花文鏡B類の生産は後漢代を通じて継続していたと考えられる。列島への拡散は出土時期に近接した時期と考えてよかろう。

（5）上方作系浮彫式獣帯鏡・飛禽鏡・画文帯神獣鏡
　後期末に位置づけられる中原遺跡ST13231から上方作系浮彫式獣帯鏡が出土しており（図53－1：佐賀県教育委員会編 2012）、最古段階の資料として注目される。飛禽鏡は岡山県宮山墳墓群（高橋他 1986）、福岡県汐井掛遺跡28号木棺墓（福岡県教育委員会編 1979）、若水A－11号墳（図53－2：兵庫県教育委員会編 2009）から出土しており、ほぼ同時期であると考えられる。また画文

上方作系浮彫式獣帯鏡　　飛禽鏡　　　　　　　　　　　　　　　　画文帯神獣鏡

1　中原遺跡 SP13231　2　若水 A11 号墳　3　萩原 1 号墳

図53　日本列島出土の後漢末鏡群（後期終末、縮尺1/4）

帯神獣鏡も後期末に位置づけられる徳島県萩原1号墓から出土している（図53-3：徳島県教育委員会編 1983）。これらについては上方作系浮彫式獣帯鏡・飛禽鏡→画文帯神獣鏡の順に流入（岡村 1990）、飛禽鏡→上方作系浮彫式獣帯鏡・画文帯神獣鏡の順に流入（村瀬 2014b）、同時期に流入（福永 2001b・c・2005、實盛 2015・2016）という立場が存在する。また上野はこれらの製作年代の細分が難しいことを指摘している（上野 2014）。土器型式からみると、画文帯神獣鏡が若干先行する可能性があるが（久住 2016）、明瞭な差異は見出し難い。このためここではほぼ同時期に流入したものとしておく。上記の墓では入手から副葬までの期間がきわめて短かったと考えられる。

4．漢鏡拡散のメカニズム

　漢鏡の拡散状況は地域・時期によって異なっており、北部九州の中でも各地域で特徴的な面がみられる。このため時期ごとに各地域でどのような漢鏡が受容されていたのかを検討し、授受のメカニズムや地域間関係の展開についてまとめてみよう。

(1) 弥生時代中期末

　弥生時代中期末においては、面径の大小による鏡の保有状況が特徴的であり、階層序列が存在したことが指摘されていることをすでに述べた。本時期においては、有力者ほど大型の漢鏡を多く保有しており、それらが権威の象徴としての価値を有していたと考えられている。面径については大型の草葉文鏡が漢代の王侯クラスに限って保有され、それが須玖岡本 D 地点墓に複数面副葬されていたことが指摘されている（岡村 1994・1999）。また三雲南小路 1 号甕棺出土彩画鏡も前漢前半期における漢王朝の外臣である王に与えられた鏡であることされている（宮本 2000）。つまり両者とも前漢前半期における王侯・外臣クラスの人びとが保有した鏡を有していたということになる。ここで面径別に各遺跡の出土鏡を整理してみよう。興味深いのは三雲南小路 1・2 号甕棺（福岡県教育委員会編 1985）と須玖岡本遺跡 D 地点墓（梅原 1930）の面径構成に違いがみられることである（高倉 1995b、柳田 2015）。両者を詳しくみると、前者は15cm 以上の鏡が 1 号墓に、10cm 前後以下の鏡が 2 号墓に副葬されており、これらが混在することはない。一方、須玖岡本遺跡 D 地点墓では20cm を上回る大型の草葉文鏡から10cm 以下の異体字銘帯鏡までが一括で出土している。この点を他遺跡についてもみてみよう。嘉穂地域、佐賀平野では大型鏡と小型鏡で副葬された墓が異なっている。嘉穂地域の立岩遺跡では中細型銅矛が副葬された10号甕棺で15cm 以上の鏡が 6 面副葬されているのに対して、最も小型の鏡は貝輪が14点出土した34号甕棺から出土している（福岡県飯塚市立岩遺蹟調査委員会編 1977）。同様に佐賀平野では大型鏡が二塚山遺跡で出土しており、小型鏡は吉野ヶ里遺跡で貝輪36点とともに副葬されていた（佐賀県教育委員会編 2016）。貝輪着装者は政治的な権力者とは別の呪術者的な性格を有していたと考えられており（木下尚 2011）、小型鏡であることもそのような思想的背景が影響していたものと思われる。そのように考えると、三雲南小路 2 号甕棺の被葬者も同様の性格を有していた可能性がある。一方、二日市地狭帯東部に位置する東小田峰遺跡10号甕棺では、須玖岡本遺跡 D 地点墓と同じように、大小の漢鏡がともに副葬されている（17.2cm・6.6cm：福岡市博

物館編 2015)。副葬品は鉄戈、鉄剣、鉄鏃子、ガラス壁再加工円盤で、貝輪のような呪術者的な要素は見出せない。このように考えると、糸島地域・嘉穂地域・佐賀平野では面径の大小が被葬者の階層・職種によって明確に規定されているのに対して、福岡平野・二日市地狭帯ではそのような状況になかったとみることができる。ここに北部九州における地域間関係が表れていると考えられる。

(2) 弥生時代中期末～後期前葉

　弥生時代中期末～後期初頭の甕棺に副葬された漢鏡はいずれも10cm前後以下の小型鏡である。福岡平野や佐賀平野など前段階の分布を踏襲しているが、唐津地域にも異体字銘帯鏡が拡散していることは注目される。

　後期前葉では糸島地域での漢鏡の出土が際立っている。井原鑓溝遺跡で21面以上の方格規矩鏡が出土しており、飯氏遺跡群（福岡市教育委員会編 1994）や井原ヤリミゾ遺跡（糸島市教育委員会編 2013）で内行花文鏡も複数面が出土している。さらに未確認ではあるが、57年に「漢倭奴国王」金印を授かった人物は糸島地域に所在した伊都国の王であったとの指摘もある（柳田 1986）。この未確認の墓に多量の銅鏡が副葬されているかどうかはわからないが、それを差し引いても糸島地域での漢鏡の充実ぶりは顕著である。一方、他地域では後期初頭までに漢鏡を入手した佐賀平野、唐津地域が注目される。佐賀平野では小型の異体字銘帯鏡B類が集中して出土しており、同様の鏡は糸島市平原遺跡5号墓でも2面出土している。糸島平野と佐賀平野は弥生時代中期末の段階で密接な地域間関係を有していたと考えられ、そのような関係が後期前葉も継続していたことを示している。また唐津地域では桜馬場遺跡から方格規矩鏡2面、内行花文鏡1面が出土している。桜馬場遺跡では井原鑓溝遺跡と同時期に製作されたと考えられる巴形銅器も出土しており、両者のつながりが想定される。この時期、唐津地域と糸島地域でも強い地域間関係が構築されたと考えられる。このような状況に対し、福岡平野ではこの時期の漢鏡が少なく、中期末に漢鏡の保有スタイルを共有していた二日市地狭帯でも出土例を欠いてい

る。糸島地域・佐賀平野・唐津地域といった密接な関係性を構築した地域によって、漢鏡がほぼ独占的に保有されていたと想定される。

　また本時期は瀬戸内以東への拡散も注目される。愛媛県、岡山県、兵庫県では磨滅が著しい完形鏡が古墳時代開始期前後に副葬されており、用木2号墳や唐子台14丘墓の例から、後期前葉に拡散したものと考えられる。これらは出土量がきわめて限られていることから、独自に大陸から入手したと考えるよりも、北部九州からの拡散を考えるべきだろう。用木2号墳からは北部九州製小形仿製鏡が出土していることも示唆的である。

　このように後期前葉において銅鏡拡散は転換期を迎えるが、中期末に確立された面径重視の拡散メカニズムはどうだろうか。糸島地域の井原鑓溝遺跡ではこの時期最多の銅鏡が出土しているが、面径は同じ糸島地域の飯氏遺跡群Ⅱ区7号甕棺出土内行花文鏡より小さい。また桜馬場遺跡出土方格規矩四神鏡はこの時期最大の23.2cmを測り、このサイズは中原地域でも稀である。井原鑓溝遺跡がこの時期における階層関係の頂点ではなかったとも考えられるが、糸島地域と同等かそれ以上の鏡が他地域に拡散する状況は大きな変化と捉えられる。ただし、佐賀平野に多く拡散している異体字銘帯鏡B類は小型であることから、面径における糸島地域の優位性は依然保たれてはいたと考えられる。

（3）弥生時代後期中葉

　後期中葉はそれまで漢鏡保有の中心であった糸島地域での出土が不透明で、甕棺出土鏡や土器を伴う土壙墓や箱式石棺墓も少ない。土壙墓や箱式石棺墓は時期を特定するのが難しく、これらの中に本時期に属するものが含まれている可能性もある。このことから九州における漢鏡の流通状況は資料の増加をまってから検討する必要がある。瀬戸内以東では瑞龍寺山遺跡で20cmを超える内行花文鏡が出土している。糸島地域以外で大型鏡が出土する傾向が後期前葉から継続しているが、それが北部九州の枠を大きく超えた地域まで広がっていることはこの時期の特色といえる。糸島地域や唐津地域でほぼ独占されていた大型鏡が広く拡散し始めているという点から、面径重視の拡散メカニズムが徐々

に変容していると考えられる。

（4）弥生時代後期後葉

　後期後葉も前段階と同様に時期を特定できる墓からの漢鏡の出土が限られており、流通形態や地域間関係を示す資料が少ない。後期後葉の土器が共伴した墓としては福岡県原田遺跡1号石棺の単夔鏡（11.0cm）、兵庫県西条52号墳の内行花文鏡（18.4cm）がある。また表面状態の検討から、瀬戸内以東の矢藤治山弥生墳丘墓の方格規矩鏡（16.4cm）、鋳物師谷1号墳の虺龍文鏡（9.5cm）鶴尾神社4号墳の方格規矩鏡（18.2cm）、小松古墳の方格規矩鏡（21.1cm）と内行花文鏡（13.8cm）などもこの時期に拡散したものと考えられる。後期中葉と同様に20cmを超える鏡が瀬戸内以東まで広がっている状況が継続しており、瀬戸内以東での出土量は増している。特に備讃瀬戸で複数の鏡が出土していることは興味深い。この時期は備讃瀬戸を含む東部瀬戸内から東日本に至る弧帯文の広がり（北島 2004）などから、広域なネットワークが形成されていたと考えられている。一方でこの時期は北部九州中心の銅鏡分配システムが衰退したことも指摘されている（上野 2014）。そのような状況から備讃瀬戸や近江で銅鏡が複数出土することは、これらの地域が瀬戸内以東への分配を主導する立場にあったと考えられる。土器研究からは楽浪郡や半島との対外交渉は北部九州にその中心があるとされていることから（久住 2007）、漢鏡の入手も北部九州を経由したものと理解される。さらに辻田は北部九州諸集団が水先案内人となり、中四国以東の諸集団とともに渡海した可能性も指摘している（辻田 2014）。いずれにしても本時期は北部九州も含めたネットワークによって銅鏡が東方へと広がったものと考えられる。

（5）弥生時代終末

　後期中葉以降、漢鏡の保有状況が明瞭ではなかった糸島地域に漢鏡が再び集中する。平原遺跡1号墓は超大型内行花文鏡、方格規矩など40面の銅鏡が副葬されており、面径・面数において他の地域を圧倒している。これらは棺外に破

砕して副葬される点も特徴的である。平原遺跡1号墓の影響は他地域にも波及
しており、唐津地域では中原遺跡ST13415で内行花文鏡2面、方格規矩鏡1
面が出土しており、平原遺跡1号墓と同様に破砕して棺外に副葬されている。
さらに嘉穂地域の宮原遺跡3号石棺でも内行花文鏡が2面出土しており
(19.5cm・12.3cm：原口信 1954)、大小の内行花文鏡が副葬されている点は平
原遺跡の保有構成に通じるものがある。このような状況は糸島地域を中心とし
た地域間関係が再び強められたことを示している。一方、この時期にはすでに
後漢末に位置づけられる漢鏡7期鏡群がすでに流入していた段階である。福岡
県小長川遺跡の三角縁鳥文鏡（久住 2015・2016）、宮山墳丘墓の飛禽鏡、萩原
1号墓の画文帯同向式神獣鏡などがそれにあたる。また出土時期はわずかに新
しくなるが、中原遺跡ST13231でも上方作系浮彫式獣帯鏡が出土している。
これらの鏡式は分布の核が形成されておらず、副葬された墓に畿内的要素がみ
られないことから、各地域が独自に大陸から入手していたことも指摘されてい
る（岡村 1990・1999、上野 2014、村瀬 2014b）。ただし、平原遺跡1号墓と
中原遺跡は銅鏡の破砕副葬や埋葬方式の面で非常に密接な関係をもっていたと
考えられ、上方作系浮彫式獣帯鏡の拡散に糸島地域が関与した可能性も考えら
れる。弥生時代後期後葉において瀬戸内以東への漢鏡の拡散ルートは確立され
ていることから、本時期の銅鏡拡散に糸島地域が介在していた可能性も残して
おく必要があるだろう。また山陰や北近畿には他地域ではほとんど出土しない
広漢系や華西系鏡群が複数出土しており、大陸との独自のルートを有していた
可能性も指摘されている（岩本 2014）。いずれにしてもこの段階においては北
部九州では伝統的な方格規矩鏡や内行花文鏡が卓越する一方で、瀬戸内以東で
は画文帯神獣鏡などの新式の鏡群が目立つ。この時期が漢鏡拡散の大きな画期
であったことは間違いない。

　以上みてきたように弥生時代の漢鏡拡散メカニズムは時期によって変動して
おり、大筋では中期末に成立した面径の大小にもとづいた拡散規制が緩やかに
なっていくが、後期末においてそれがまた一気に高まるという方向性が見出さ

れる。その背景として、後期末の段階に漢鏡受容のチャンネルが北部九州以外にも成立したことの影響が考えられ、北部九州中枢部の対外交渉を含めた社会的優位性を銅鏡保有の面から他地域に誇示するかのようである。この次の段階には前方後円墳の築造、三角縁神獣鏡の副葬といった畿内、特に大和盆地東南部からの文化的な波及が列島内の多くの地域に及ぶようになる。前方後円墳にみる銅鏡の多量副葬や船底状刳抜式木棺の採用は北部九州の影響であるとされており（柳田 2013）、弥生時代終末期の状況は北部九州中枢部の隆盛の末期の姿を示していると考えられる。

第2章　仿製鏡生産と破鏡利用の展開

第1節　小形仿製鏡の分類と編年

1．小形仿製鏡とは何か

　漢鏡は前漢中期以降の東アジア各地に波及する。列島の様相については第1章第5節で検討したが、半島では前漢中期以降にもたらされた、48面の漢鏡（破鏡を含む）が出土している（李在賢2000、李陽洙2007、李2009、福泉博物館編2009、村松2013）。半島では東南部を中心に出土しているが、韓国慶尚北道慶州市漁隠洞遺跡（梅原他編1947）や同慶尚南道大邱市坪里洞遺跡（尹容鎮1981）では異体字銘帯鏡や虺龍文鏡とともに、5cmに満たない小型の銅鏡が出土している（図54）。このような小型の銅鏡は異体字銘帯鏡にもみられるが、これらの鏡は文様構成や単位文様・銘文などが異体字銘帯鏡に似てはいるものの、両者を比較すると大きなヒアタスを感じずにはいられない。
　梅原はこれらの鏡を漢鏡を模倣して製作されたものという見解を示し、面径が10cmに満たないことから、小形仿製鏡と呼んだ（梅原1959）。仿製鏡の「仿」には、まねる、模倣するという意味がある。漢鏡を模倣して製作された鏡には倭鏡、倭製鏡と呼ばれるものもある。しかし倭製という言葉は列島での製作に限定する意味合いが強い。漢鏡の模倣は列島以外でもおこなわれていることから、本書では仿製鏡という呼称を用いる。

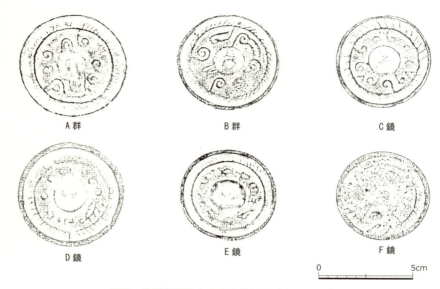

図54 漁隠洞遺跡出土小形仿製鏡（縮尺1/2）

　本節ではまず小形仿製鏡の生産の変遷を追うために、各鏡の時間的な位置づけについて検討する。

　2. 型式学的研究と編年の課題

（1）既往の研究
　小形仿製鏡が初めて学会で注目されたのは、中山平次郎による須玖岡本遺跡B地点採集資料やカラカミ遺跡出土鏡の紹介による（中山 1928・1929）。中山はすでにこの時に、銅鏡の質や内行花文の表現方法が漢鏡とは異なることを指摘し、鉾や剣とともにすでに弥生時代において仿製鏡が生産されていたことを想定した。その後梅原が資料を集成し、原鏡は前漢の異体字銘帯鏡であり、古式古墳に先立つ時期に製作されたとした。製作地については韓半島東南部を起源とし、その後北部九州に伝わったとした（梅原1959）。

第2章　仿製鏡生産と破鏡利用の展開　107

　小形仿製鏡はその後も出土例を増し、遺構から出土する資料も確認されるようになった。高倉は小形仿製鏡を縁の形態、主文様の構成から分類し、共伴遺物の年代から生産の展開を明らかにした（図55：高倉 1972・1981a・1985）。そこでは模倣の対象となった原鏡を異体字銘帯鏡の中でも小型の内行花文日光

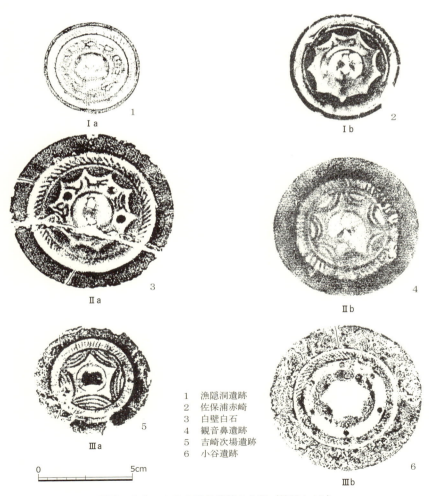

1　漁隠洞遺跡
2　佐保浦赤崎
3　白壁白石
4　観音鼻遺跡
5　吉崎次場遺跡
6　小谷遺跡

図55　高倉による小形仿製鏡の分類（縮尺1/2）

鏡、重圏文日光鏡とし、それぞれから生み出されたものに分けて検討がなされた。高倉の分類では縁の幅によって狭縁と広縁に分けられ、後者のほうが新しくなるという変化の方向性が示された。また内行花文を有するものについては、内行花文が配される位置、表現方法によって区別された。内行花文日光鏡系は、狭縁で鈕の周囲に浮彫の内行花文を配するもの（内行花文日光鏡系Ⅰa）→狭縁で縁の内側に浮彫の内行花文を配するもの（同Ⅰb）→広縁で縁の内側に浮彫の内行花文を配するもの（同Ⅱa）→広縁で縁の内側に二重弧線の内行花文を配するもの（同Ⅱb）、広縁で縁の内側に多重弧線の内行花文を配するもの（同Ⅲ）という変遷を示した。また重圏文日光鏡系も同じような基準によって分類されている。時期的には内行花文日光鏡系Ⅰaを後期初頭、Ⅰbを後期前半、Ⅱaを後期中頃、Ⅱbを後期後半に置いた。

　近年は田尻によって高倉の分類・編年が見直されている（田尻2003・2004・2005・2007）。田尻は面径→文様構成→単位文様の順序でどのような鏡を製作するかが決定されたと考え、文様構成による分類をおこなった。そこでは高倉が狭縁としてまとめたもののうち、内行花文が鈕の周囲に配されるもの（高倉Ⅰa）と縁の内側に配されるもの（高倉Ⅰb）を別型式に区分し、前者を第1型、後者を第2型とした。また浮彫の内行花文から二重弧線の内行花文に転換する過渡的段階を示す単線の内行花文や浮彫の内行花文の内側に線刻の内行花文を配するものも第2型に含めている。そして第3型を二重弧線、複数弧線で内行花文を表現するものとした。また広縁で浮彫の内行花文を鋳の周囲に配するものを第4型とし、基本的にはそれ以外を第5型としている。また内行花文を有しないものについては内行花文系から内行花文が欠落したものと評価し、原鏡を重圏文日光鏡とはしなかった。重圏文系では特に高倉Ⅰ型を文様構成によって4類に細分している。時期的な位置づけについては鋳型の出土時期や甕棺出土鏡の検討から内行花文系第1型・重圏文系第1型を後期初頭、内行花文系第2型を後期前半から中頃、内行花文系3・4型と重圏文系第2型を後期後半から終末にあてた。

　これに対し、松本佳子は小型から大型へという変遷観をベースとして、内区

文様の種類によって分類した（松本 2008）。内行花文系は、内行花文帯の内側の文様の有無、内行花文帯を鈕の外側に配することを基準に3種に分け、各種の文様の変化を示した。松本は内行花文帯を弧線で表現するものについて、高倉・田尻が広縁で内行花文帯が縁の内側に配される型式からの変化を想定したのに対して、単線の内行花文から複線の内行花文への変化であることを指摘している。また重圏文系については銘帯の有無、文様帯の表現によって3種に分類し、文様帯の相違によって細分した。時期的な位置づけは明示されていないが、高倉・田尻分類とは異なる変遷課程を示したことは評価される。

　また林正憲は、原鏡を小型で内行花文帯を有する異体字銘帯鏡とし、そこから内行花文型と銘帯型が派生したとし、原鏡との乖離度合いに着目した分類をおこなった（林正 2010）。狭縁から広縁への変化を認め、それぞれを内区文様の種類によって分類した。その結果、狭縁にみられた諸形式が広縁にも系譜的につながっていくことを指摘した。さらに初期段階のものについては、半島で多く出土しているものよりも、列島で出土しているもののほうが型式的に原鏡に近く、最古層のものが列島に存在することを強調している。また時期的にも列島のもののほうが古い時期に出土することを指摘し、小形仿製鏡の生産が北部九州で開始されたとした。また内行花文が弧線で表現されるものについては、松本と同様に単線で表現されるものからの変化を想定している。

（2）課　題

　各氏の分類・編年において、原鏡となるのが前漢後期を中心に生産された内行花文を有する異体字銘帯鏡である点は共通している。そしてそれに最も文様構成、文様帯の表現が近いものが最古型式に置かれ、縁の幅が狭いものから広いものへと変化することが示されている。この点については筆者も異論はない。しかし、そこからの型式変化にはやや疑問が残る点がある。

　内行花文系については田尻は文様構成の相違に着目して、最古段階の狭縁で内行花文を鈕の外側に配するものをひとつにまとめたが、林はその中に鈕座状のものがあるものが含まれていることを指摘した。この点は文様構成の面から

みても細分すべきだろう。また複線弧線で内行花文を表現するものへの変化については、田尻は浮彫で内行花文帯を表現することからの省力化、松本・林は単線弧線からの内行花文の強調という異なる過程を提示している。この問題については時期的な前後関係の検討がなされていない後者の立場に検討の余地がある。また松本・林が提示した単線の内行花文は出土数が少なく、イレギュラーなものであった可能性も考慮しなければならない。この点は内行花文系生産の展開を考える上で重要であり、再検討が必要である。また近年出土した資料には出土時期が明確な資料もあることから、製作時期についても見直さなければならない。

　重圏文系については最古段階に置かれる田尻分類第1型の細分が問題となる。高倉、田尻、松本、林はいずれも内行花文帯を有さないもので、異体字銘帯鏡の銘文の字体に最も近いものを最古型式とし、そこから文様を構成する要素の欠落と擬銘帯が退化していく変化の方向性を考えている。しかし、田尻が4類に分けた重圏文系第1型は漁隠洞遺跡や坪里洞遺跡で複数類型が共伴しており、これらを退化していくという時間的な前後関係で理解しようとした場合、きわめて短期間のうちに文様が退化したと考えなければならない。田尻分類重圏文系第2型は銘帯の字体や文様構成が第1型い〜え類よりも異体字銘帯鏡に近く、これでは第1型と第2型の変化の方向性が逆転する。重圏文系で狭縁の資料の展開について再検討が必要だろう。また田尻は重圏文系の創出に内行花文帯が欠落したことを指摘するが、そのような現象は小形仿製鏡の大半が内行花文系で占められていることと相反するように思われる。内行花文系第1型から内行花文帯が欠落して重圏文系第1型が成立すると考えた場合、内行花文系第2型との関係なども問題となる。

　本節ではこのような小形仿製鏡の分類・編年上の課題を念頭に置き、再検討していく。

3．小形仿製鏡の分類

　小形仿製鏡の変化ついては、これまでの研究で明らかなように、原鏡から文様構成や単位文様が変容していく方向性で考えていく。しかし各氏が指摘するように、変化の過程で他の漢鏡の文様要素を取り入れることや、複数の漢鏡を原鏡として製作されるものもあると考えられる。その点で、すでに検討した列島への漢鏡の流入状況も考慮する必要がある。

（1）内行花文系の分類

　まず模倣の対象となった原鏡については、前漢後期の異体字銘帯鏡と考えてよかろう。小型（ここでは10cm以下とする）の異体字銘帯鏡は半島・列島の両地で出土している。林は立岩遺跡34号甕棺出土鏡（4.9cm）を挙げており（林正 2010）、筆者もこのような異体字銘帯鏡が原鏡になったと考えている。

　小形仿製鏡でこれに最も近い文様構成を示すものは各氏が指摘するように福岡県みやこ町続命院遺跡出土鏡（高倉 1985、熊本県熊本市五丁中原遺跡出土鏡（熊本市教育委員会編 1997）と同文様）である。狭縁で内行花文帯を鈕の外側に配するもので、これを第Ⅰ型とする（図56‐1）。異体字銘帯鏡との類似度から本鏡を最古型式に置くことは各氏共通する。しかし漁隠洞遺跡出土鏡は内行花文帯の外側の櫛歯文が描かれておらず、続命院・五丁中原鏡とは文様構成が異なっている。また内行花文数は続命院・五丁中原鏡が六花文であるのに対し、漁隠洞鏡は五花文である。さらに異体字銘帯鏡の模倣で最も特徴的な銘帯については、続命院・五丁中原鏡が字形を忠実に模倣しているのに対して、漁隠洞鏡は異体字銘帯鏡の字形が崩れすぎている。後出する内行花文帯が縁の内側に配されるものには異体字銘帯鏡の銘文の模倣と変化が継続的に確認されることから、それらの系譜関係からも外れる資料であるといえる。このためここでは続命院・五丁中原鏡と漁隠洞鏡を分けて、後者を第Ⅱ型とする（図56‐2）。

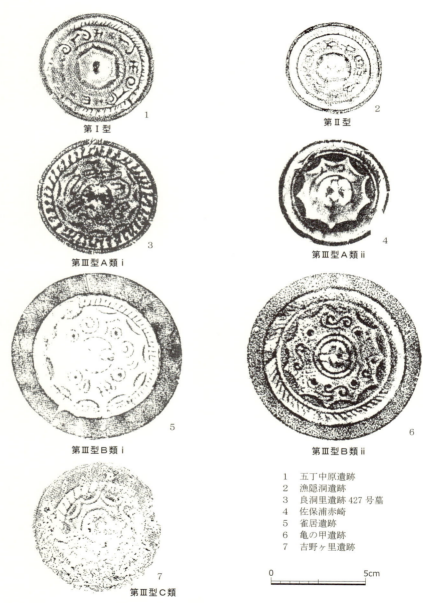

図56　内行花文系小形仿製鏡の分類①（縮尺1/2）

第Ⅰ型
第Ⅱ型
第Ⅲ型A類ⅰ
第Ⅲ型A類ⅱ
第Ⅲ型B類ⅰ
第Ⅲ型B類ⅱ
第Ⅲ型C類

1　五丁中原遺跡
2　漁隠洞遺跡
3　良洞里遺跡427号墓
4　佐保浦赤崎
5　雀居遺跡
6　亀の甲遺跡
7　吉野ヶ里遺跡

第Ⅲ型は浮彫の内行花文帯を縁の内側に配するものとする。田尻は狭縁のものを第2型 a 類、平縁のものを第2型 b 類とし、林は両者に文様帯の連続性が認められることを指摘している。縁の幅の変化は時期差を示すと考えられるため、狭縁のものを第Ⅲ型 A 類、平縁のものを第Ⅲ型 B 類とする（図56 - 3～6）。第Ⅲ型 B 類に類似する資料として、浮彫の内行花文の内側に単線の内行花文を配するものがある。ここではこれを第Ⅲ型 C 類とする（図56 - 7）。本型式は文様構成の上でさらに細分することが可能である。内行花文帯と櫛歯文帯の間は円圏で画されているが、円圏が1本のものと2本のものが存在する。このため前者を i、後者を ii とする。

　第Ⅳ型は線刻の内行花文を縁の内側に配するものとする。林の指摘によって狭縁で単線の内行花文から、広縁で複線の内行花文への系譜が示されたため、ここでは前者を第Ⅳ型 A 類、後者を第Ⅳ型 B 類とする（図57 - 1～3）。両者の系譜関係については後で検討する。また文様構成からは第Ⅲ型と同様に櫛歯文帯の内側の円圏の数によって細分でき、1本のものを i、2本のものを ii とする。

　第Ⅴ型は広縁で鈕の外側に内行花文帯を配するものとする。田尻分類第4型にあたるもので、文様構成は第Ⅰ型に類似するが、平縁である点は第Ⅲ型 B 類と共通する。文様帯には銘文状のものが配されていない点も第Ⅰ型とは異なっている。本型式には内行花文を浮彫で表現するものと線刻で表現するものがある。前者を第Ⅴ型 A 類、後者については単線のものを第Ⅴ型 B 類、複線のものを第Ⅴ型 C 類とする（図57 - 4～6）。

　第Ⅵ型は田尻が細線の櫛歯文をもつことで上記の型式から独立させたものである。田尻はさらに内区文様によって4つに細分している。ここでは内行花文が鈕の外側に配され、文様帯を有するものを A 類、内行花文帯だけのものを B 類とする（図58）。

（2）重圏文系の分類

　重圏文系の分類については、最古段階の資料の細分をどのようにおこなうか

114

図57 内行花文系小形仿製鏡の分類② (縮尺1/2)

と、狭縁から広縁への展開をどのように理解すべきかという点が問題である。田尻分類重圏文系第1型（図59）は明瞭な擬銘帯をもつものからの内区文様の省略という方向性が示されているが、櫛歯文と蕨手文でほぼ全体が構成される第1型え類から第2型への変化の想定はできない。田尻は第2型の成立を氏の内行花文系第4型（本書第Ⅴ型A類）からの内行花文帯の欠落と説明し、第1型との系譜的なつながりとは理解されていない。これに対し松本、林は田尻分類重圏文系第1型あ類から第2型への変化を想定している。ただし、松本や林も漁隠洞遺跡や坪里洞遺跡で出土している狭縁で銘帯が著しく退化している資料を最も異体字銘帯鏡の姿を残すものからの系譜上に位置づけている点は田尻と共通する。問題は田尻

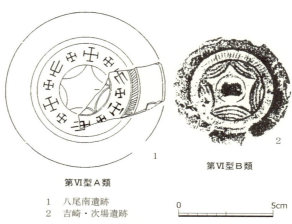

第Ⅵ型A類

1　八尾南遺跡
2　吉崎・次場遺跡

第Ⅵ型B類

図58　内行花文系小形仿製鏡の分類③（縮尺1/2）

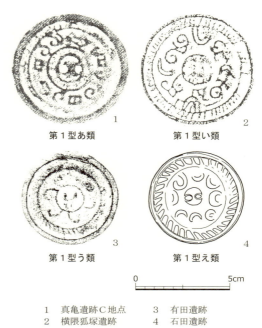

第1型あ類　　　第1型い類

第1型う類　　　第1型え類

1　真亀遺跡C地点　　3　有田遺跡
2　横隈狐塚遺跡　　　4　石田遺跡

図59　田尻による重圏文系第1型の細分（縮尺1/2）

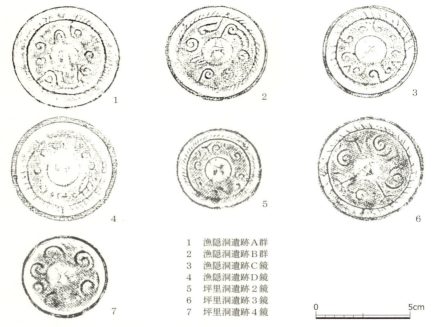

         1　漁隠洞遺跡A群
         2　漁隠洞遺跡B群
         3　漁隠洞遺跡C鏡
         4　漁隠洞遺跡D鏡
         5　坪里洞遺跡2鏡
         6　坪里洞遺跡3鏡
         7　坪里洞遺跡4鏡

図60　漁隠洞遺跡・坪里洞遺跡出土重圏文系小形仿製鏡（縮尺1／2）

分類第1型い・う・え類を、あ類からの変化で理解できるのかという点にある。

　ここであらためて漁隠洞遺跡、坪里洞遺跡で出土している重圏文系の小形仿製鏡をみてみよう（図60）。まず擬銘帯についてみると、いずれも文字と認識できるようなものはほとんどないといえる。異体字銘帯鏡との共通点は本来字間に置かれる渦状の文様のみであり、この文様が独立的に用いられることが特徴である。この渦状文様であるが、その構造は3つに分けることができる。1つめは鈕の外側の円圏、または縁の内側の円圏から直線状に派生して、先端が渦状になるもの（①：図60-2・3・7）、2つめは単独で存在し、渦状をなすもの（②：図60-4・6）、3つめは単独で存在し、線の端が渦状をなすもの（③：図60-1・5）である。①は異体字銘帯鏡の銘帯に配される渦文を模倣し

第2章 仿製鏡生産と破鏡利用の展開 117

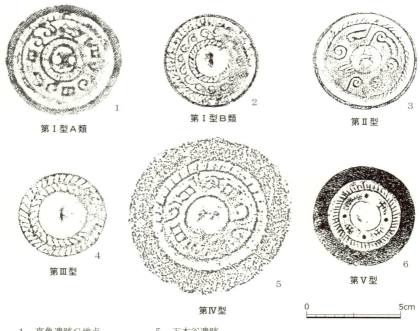

1	真亀遺跡C地点	5	五本谷遺跡
2・4	舎羅里遺跡130号墓	6	亀井遺跡
3	漁隠洞遺跡		

図61 重圏文系小形仿製鏡の分類（縮尺1/2）

たものと考えられ、②についても内行花文間に単独で用いられる場合があり、いずれも異体字銘帯鏡とのつながりを示している。しかし③については異体字銘帯鏡の銘帯に同じような形態のものはなく、むしろ虺龍文鏡の逆S字状文に近い。さらに坪里洞遺跡で出土したものにはY字状文がみられ、これを十字に配することで4区の区画を作り出しているものもある（図60-6）。Y字の表現は異体字銘帯鏡や虺龍文鏡の連珠文座の区画文様や、異体字銘帯鏡の内行花文間に配される山形文が変化したものと考えられる。このような表現は田尻分類第1型あ類にはみられないものであり、虺龍文鏡の影響も受けている可能性があることから、そもそも原鏡が異なる可能性すらある。また田尻分類第1

型い類にみられる櫛歯文が直接鈕につながる文様構成は内行花文系も含めてきわめて異例である。先に挙げたY字文で4区を作り出しているものについては鈕の外側の櫛歯文と文様帯を区画する円圏がみられず、これも他にはみられない特徴である。このように田尻分類重圏文系第1型はあ類とい〜え類の差があまりにも大きく、一つの型式としてまとめるのは困難であるといわざるを得ない。李在賢はこれらの小形仿製鏡の文様に漢鏡と漢代の瓦当文様のデザインが組み込まれたことを指摘し（李在賢 2004）、李陽洙も渦状文様を中心とする一群と漢鏡を模倣した一群を別系譜と捉えている（李陽洙 2007、李 2009）。後に述べるように両者には製作技術的な違いもある。

そこであらためて狭縁の重圏文系の分類を整理したい。ここでは第Ⅰ型を狭縁で異体字銘帯鏡の銘帯を忠実に模倣したものとし、第Ⅱ型を狭縁で銘文の字形をとどめていないものとする（図61-1〜3）。さらに重圏文系で狭縁の小形仿製鏡には虺龍文鏡のS字状文を模倣した一群が存在する。これらは単位文様の忠実な模倣という方向性が重圏文系第Ⅰ型と共通している。このため異体字銘帯鏡を模倣したものを第Ⅰ型A類、虺龍文鏡を模倣したものを第Ⅰ型B類とする。またこれらとは別に異体字銘帯鏡などの漢鏡の影響が看守されない綾杉文を主文にするものがある。漢鏡がベースとなった上記の2種とは異なる系統であると考えられるため、これを第Ⅲ型とする（図61-4）。李は第Ⅲ型を多鈕鏡系とするが（李陽洙 2007、李 2009）、文様帯の区画に共通点はみられるものの、単位文様に共通性はほとんどみられないため、半島の多鈕鏡生産とは別系譜であると考えられる。

そして広縁で銘帯が異体字銘帯鏡に近いものを第Ⅳ型とする（図61-5）。第Ⅳ型は文様構成が第Ⅰ型A類とほぼ共通しており、広縁化と櫛歯文帯の省略ということで説明できる。

重圏文系にも内行花文系第Ⅵ型と同様に櫛歯文を細線で表現するものがあり、これらを第Ⅴ型とする（図61-6）。

4. 小形仿製鏡の系譜関係と製作時期

(1) 各型式の系譜関係

内行花文系第Ⅰ型・第Ⅱ型、重圏文系第Ⅰ型・第Ⅱ型・第Ⅲ型 まず内行花文系についてみると、第Ⅰ型と第Ⅱ型では、①内行花文帯の外側の櫛歯文の有無、②内行花文の花文数が第Ⅰ型が六花文で第Ⅱ型が五花文、③異体字銘帯鏡の銘文との距離感、という相違点がある。特に第Ⅱ型は異体字銘帯鏡とはほとんど共通点がみられないほど銘帯の字形が変形している。両者は異体字銘帯鏡を模倣してはいるが、第Ⅰ型は忠実な模倣を目指しているのに対し、第Ⅱ型は全体的なイメージの模倣に留まっている。第Ⅰ型から第Ⅱ型への変化を想定して、退化や省略と捉えられなくもないが、後に続く第Ⅲ型に銘帯の字形を模倣していくものがあることから、第Ⅱ型を間に置くことはできない（図62）。重圏文系第Ⅰ型と第Ⅱ型の関係についても同じことがいえ、原鏡の違いも想定される。このようにこれらを一つの系譜関係で考えることは難しいと思われ、異なる系

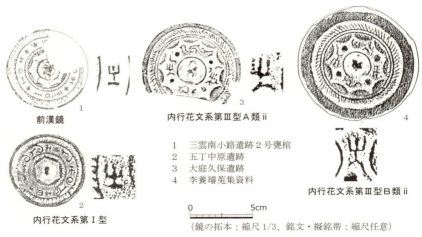

1　三雲南小路遺跡2号甕棺
2　五丁中原遺跡
3　大庭久保遺跡
4　李養璿蒐集資料

（鏡の拓本：縮尺1/3、銘文・擬銘帯：縮尺任意）

図62 前漢鏡の銘文と小形仿製鏡の擬銘帯

譜と考えることができるだろう。また重圏文系第Ⅲ型は、主文様が漢鏡の模倣ではない点で上記とはさらに異なる系譜上に位置づけられる。

内行花文系第Ⅲ型・第Ⅳ型・第Ⅴ型、重圏文系第Ⅳ型　内行花文系第Ⅲ型は内行花文帯が縁の内側に配されるものである。この点は狭縁の鏡群とは大きく異なる。内行花文系第Ⅰ型の検討でも指摘したように、第Ⅰ型→第Ⅲ型A類→第Ⅲ型B類は一つの系譜関係を示していると考えられ、異体字銘帯鏡からの変化に大きな断絶がなかったことを示している。一方で第Ⅰ型と第Ⅲ型A類では内行花文数が異なる。第Ⅰ型は六弧文であるのに対し、第Ⅲ型A類は八弧文以上が配される。漢鏡の内行花文数は八弧文が原則であるため、これを模倣する、もしくはさらに花文数を増すためには、スペースを広げる必要がある。藤丸は内行花文帯の変化に放射状文鏡（図64-1）の文様構成を取り入れた可能性を指摘する（藤丸 2003）。ただし小形仿製鏡は内行花文帯の外側に円圏や櫛歯文が配されており、放射状の直線もない。小形仿製鏡の生産には漢鏡の要素を取り込むことと、多くの内向花文を配することに意識が向いているように思われる。このため、内行花文帯の配置の変化は、系譜関係の相違ではなく、時期的な差異を表していると考えられる。一方で、第Ⅲ型には内区にS字状文と乳状突起を配するものや、文様帯を有さないものもあるが（高倉 1981a、田尻 2004・2012）、これらも内行花文帯の位置関係や広縁化、櫛歯文の内側の円圏の本数に2種があること、といった方向性は同様であるため、内区主文の相違は一つの系譜上における原鏡の違いに起因したものと考えられる。

　次に第Ⅳ型についてみてみよう。第Ⅳ型は線刻で内行花文を表現するものであるが、松本や林は本型式を第Ⅲ型から分離して一つの系譜を示すものと考えている（松本 2008、林 2010）。そこで内行花文帯が単線で表現される第Ⅳ型A類についてみてみよう。林は狭縁で単線の内行花文の例として佐賀県松原遺跡出土鏡を挙げる（図63-1：佐賀県教育委員会編 1998）。松原鏡が内行花文系Ⅰ型A類からの系譜で捉えられるかが問題だが、文様構成の上では内行花文帯の配置変更と単線化で理解できそうではある。しかし松原鏡で最も特徴的なのは鏡面側の形態にある。一般的に小形仿製鏡の鏡面は平坦であり、鋳造

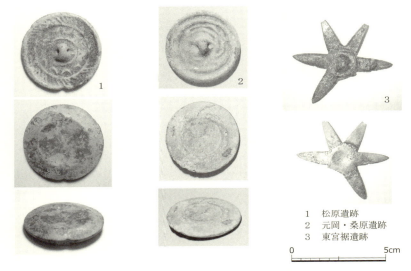

図63 鏡面が窪む小形仿製鏡と星形銅器（縮尺1/2）

1 松原遺跡
2 元岡・桑原遺跡
3 東宮裾遺跡

不良や意図的な破壊行為以外では凹凸が形成されたりすることはない。しかし松原鏡の鏡面側は中央が円形に窪む特殊な形態をしており、他の小形仿製鏡とは一線を画す。鏡面側が円形に窪む小形仿製鏡としては福岡県福岡市元岡・桑原遺跡42・52次調査出土鏡が挙げられる（図63-2：福岡市教育委員会編2014b）。ここでは2面が出土しており、文様が完全に一致することから同范鏡であると考えられる。文様は重圏文系だが、櫛歯文や文様などは配されず、円圏のみで構成されるきわめて特殊なものである。さらに注目される資料として佐賀県東宮裾遺跡出土星形銅器がある（図63-3：柴元 1970）。小形仿製鏡と同様の鈕と円圏を有する座から6本の直線状の突起が伸びるもので、2点が出土している。その裏面は、1点は平坦であるが、もう1点は松原鏡や元岡・桑原鏡と同様に中央に円形の窪みをもつ特殊な形態である。東宮裾遺跡では小形仿製鏡の起源とも考えられる巴形銅器が出土している（田尻 2008）。これに共伴した星形銅器と同様の特徴を有する松原鏡や元岡・桑原鏡も内行花文系・重圏文系第Ⅰ型のプロトタイプであったと考えられ、松原鏡を内行花文系第Ⅰ

型からの変化の系譜上に置くことは難しいだろう。

　一方、田尻や松本は第Ⅲ型B類から第Ⅳ型への変化過程に単線で内行花文を表現するもの（第Ⅳ型A類）を置くが、これは縁幅が典型的な第Ⅲ型B類よりも狭いことが注意される。縁幅は面径に対する割合によって数値が変わるため、一概に狭縁と広縁を区分できないが、田尻が二重弧線で内行花文帯を表現する過渡期の資料として挙げた浮彫の内行花文の内側に単線の内行花文を配する吉野ヶ里遺跡（佐賀県教育委員会編 2003）、小野崎遺跡（菊池市教育委員会編 2006）出土鏡などに比べると、やはり幅が狭い。このため、第Ⅳ型A類については第Ⅲ型A類の浮彫の内行花文がイレギュラーな形で線刻で表現されたものと考えておきたい。ただし内行花文系第Ⅴ型では内行花文帯の浮彫から二重弧線への変化を広縁の資料の中で追うことができる。佐賀県二塚山遺跡出土鏡（佐賀県教育委員会編 1979）は鈕の外側の内行花文帯を浮彫で、同松ノ内A遺跡出土鏡（東脊振村教育委員会編 1997）は単線弧線で、福岡県三代貝塚出土鏡（新宮町教育委員会編 1994）は二重弧線で表現している。このことは将来的に広縁の内側に単線弧線の内行花文帯を配する資料が出土する可能性を示しており、内行花文系第Ⅲ型B類は第Ⅱ型B類からの連続的な変化の中で創出されたものと考えられる。

　それでは内行花文系第Ⅴ型は第Ⅰ型からの系譜で理解できるだろうか。現在のところ内行花文系第Ⅴ型は出土例が少ないためはっきりしたことはいえないが、二塚山鏡や松ノ内A鏡、福岡県長野フンデ遺跡出土鏡（北九州市芸術文化振興財団埋蔵文化財調査室編 2003）は、文様帯に擬銘帯が採用されておらず、獣帯鏡や方格規矩鏡にみられる獣像のような文様が主体となっている。このことから第Ⅴ型については異体字銘帯鏡と他の鏡式の漢鏡がモデルとして存在していたものと考えられる。その意味で内行花文系第Ⅰ型とは直接的な系譜関係に置くことはできないと判断される。

　一方で重圏文系第Ⅳ型はすでにのべたように重圏文系第Ⅰ型A類と文様構成が類似しており、系譜関係上に置くことができるだろう。逆に擬銘帯を有さない第Ⅴ型A類とは趣向が異なっており、創出の要因は田尻が想定した内行

花文帯の欠落とは異なり、継続的な重圏文系の製作の中で理解すべきだろう。

（2）製作時期

　まずこれまでの研究で最古段階に位置づけられてきた内行花文系第Ⅰ型・第Ⅱ型、重圏文系第Ⅰ型・第Ⅱ型・第Ⅲ型について検討してみよう。文様構成や製作の方向性からは内行花文系第Ⅰ型と重圏文系第Ⅰ型（漢鏡模倣系）、内行花文系第Ⅱ型と重圏文系第Ⅱ型（漢鏡導入系）、重圏文系第Ⅲ型（綾杉文系）に分けることができる。これらについては製作時期を示す遺物が伴った鋳型が出土していない。製品も五丁中原遺跡で土器を伴っているが、弥生時代後期中葉〜後葉であり、後続型式との前後関係を考えると、製作時期を示しているとは言い難い。これまでの研究では内行花文系第Ⅲ型B類とされる井尻B遺跡出土鋳型が後期中葉〜後葉の土器とともに出土しており（福岡市教育委員会編 1997b）、狭縁の鏡群はそれよりも古いと考えられることから、後期初頭から前葉ごろにおかれた（田尻 2004）。ここで注目したいのは、漢鏡模倣系の擬銘帯に円圏から派生する渦文が配されていることである。このような特徴をもつのは異体字銘帯鏡A類であり、本書第1章第5節で検討したように、列島への流入・副葬は後期初頭まででいったん収束する。このことから考えて漢鏡模倣系については後期初頭ごろから生産が開始されたと考えてよいと思われる。漢鏡導入系については漁隠洞遺跡で虺龍文鏡と共伴することから、漢鏡模倣系よりも出土時期が遅れることが指摘されている（林正 2010）。しかし虺龍文鏡は日本列島では異体字銘帯鏡A類よりも後出するものの、大陸では両者が前漢後期において出土することから、両者の製作時期に大きな隔たりはなかったと考えられる。このため漢鏡模倣系と漢鏡導入系の製作時期は重複していても問題ないと考えられる。ここで漁隠洞遺跡・坪里洞遺跡で漢鏡導入系とともに出土した放射状文鏡について考えてみたい。放射状文鏡は縁の内側に内行花文を配し、鈕を中心として八方向に直線が伸びるもので、両者ともに14.9cmを測る（図64-1：小田 1982）。本鏡と同様な文様構成で、6.1cmの小型鏡の例が徳島県鳴門市カネガ谷遺跡で出土している（図64-2：徳島県埋蔵文化財セ

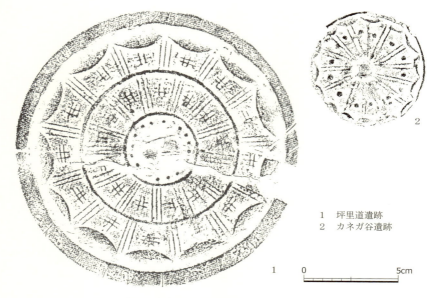

1　坪里道遺跡
2　カネガ谷遺跡

図64　放射状文鏡の諸例（縮尺1／2）

ンター編 2005)。カネガ谷鏡の出土時期は弥生時代後期初頭であり、列島での拡散・保有期間を考えると、製作時期はこれよりもさかのぼると思われる。このため漁隠洞鏡・坪里洞鏡の製作時期は列島の弥生時代中期末に置かれる可能性が高いと考えられる。列島での異体字銘帯鏡の出土時期を半島でも適用してよければ、漁隠洞遺跡で出土した異体字銘帯鏡の副葬下限時期も列島の後期初頭併行期までであるため、漢鏡導入系もこの時期までに製作・副葬された可能性が高い。このように考えると、漢鏡導入系のほうが漢鏡模倣系よりも早く製作された可能性も考えられる。また綾杉文系については、鋳型が福岡県久留米市寺徳遺跡（田主丸町教育委員会編 2001）で出土しており、列島で生産されたものと考えられる。韓国慶尚北道慶州市舎羅里遺跡130号墓（嶺南文化財研究院編 2001）では重圏文系第Ⅰ型Ｂ類と共伴しており、これと製作時期が近接していると考え、製作時期を弥生時代後期初頭から前葉に置いておきたい。

　次に内行花文系第Ⅲ型Ａ類であるが、これについては製作時期を限定でき

る資料が少ない。藤丸は長崎県対馬市タカマツノダン遺跡、同佐保赤崎遺跡出土鏡の出土時期から製作時期を後期前半とした（藤丸 2003）。このため少なくとも後期前半のうちには製作されていたと考えられるだろう。また良洞里遺跡427号墓で内行花文系第Ⅲ型A類と共伴した変形細形銅剣が、長崎県対馬市シゲノダン遺跡で貨泉や中広形銅矛と共伴した銅剣にきわめて類似することが指摘されている（橋口 2003）。貨泉は列島では後期前葉までの土器に伴うことから、第Ⅲ型A類を後期前葉に位置づけることができる。内行花文系第Ⅲ型B類については、佐賀県佐賀市礫石B遺跡で後期中葉（KⅣc式甕棺）から出土しており、井尻B遺跡でも鋳型が後期中葉〜後葉の土器群とともに出土している。このことから内行花文系第Ⅲ型B類を後期中葉に置くことができる。また井尻B遺跡の鋳型を田尻は第Ⅲ型B類（田尻分類第2型B類）とするが、鈕の外側にも浮彫の内行花文帯が配されている。これは内行花文系第Ⅴ型A類の特徴であり、井尻B遺跡の鋳型は両型式の特徴が混在したものと考えることができる。井尻B遺跡の鋳型を介すると内行花文系第Ⅲ型B類と内行花文系第Ⅴ型A類は同時期の所産と考えることができ、いずれも後期中葉に製作されたものと考えることができる。

　内行花文系第Ⅳ型A類は内行花文系第Ⅲ型A類の変形と捉えられることから、後者にやや遅れる時期と考えられ、まもなく第Ⅳ型B類が成立したものと考えられる。これまでのところ内行花文系第Ⅳ型B類で後期中葉以前にさかのぼるものは出土していない。良積遺跡では後期後葉から末の甕棺から出土しており（北野町教育委員会編 1998）、時期的な矛盾はなく、内行花文系第Ⅳ型B類は後期後葉に置くことができる。

　重圏文系第Ⅳ型については製作時期を考えるための資料を欠くが、異体字銘帯鏡の副葬はひとまず後期中葉で収束する状況から考えると、後期後葉まで製作時期を下げることは難しい。広縁で、銘文の字形が維持されていることからすると、異体字銘帯鏡が北部九州でに存在した後期中葉の製作と考えたほうがよいだろう。

　内行花文系第Ⅵ型・重圏文系第Ⅴ型については、文様構成が異体字銘帯鏡に

非常に近い兵庫県神戸市青谷遺跡出土鏡の位置づけが問題である。本鏡は銘帯に特徴的な「十」状文を配するもので、森岡秀人、寺沢、田尻の研究がある（森岡1987、寺沢1992・2010、田尻2005・2012）。これらの研究では本鏡を最古段階に置き、その製作を後期前葉とする。一方で山本三郎は後期後半としている（山本2008）。青谷鏡の文様構成は森岡が述べるように異体字銘帯鏡に近く、これを原鏡として製作されたことをうかがわせる。近畿地方では数回の分割を経た異体字銘帯鏡の破鏡が出土しているので（南2010b）、これを原鏡としていることには問題はない。北部九州では後期初頭までに副葬が終焉しており、近畿地方にもほぼ同時期に拡散していた可能性は高い。中期末から後期初頭にかけては奈良県磯城郡田原本町唐古鍵遺跡において土製鋳型の外側を包む外枠が出土している（田原本町教育委員会編1997・2009）。鋳型外枠は必ずしもその製品の形状を示すとは限らないが、小形仿製鏡の製作に適した形状のものも出土している（藤田2009・2013）。青谷遺跡出土鏡は文様が抜け勾配になっておらず、石製鋳型で製作された場合は型から外すことが困難であるため、土製鋳型で製作されたと考えられる。後期初頭までに土製鋳型で小形仿製鏡が製作された可能性は高くなる。また同様な「十」状文をもつ大阪府亀井遺跡出土鏡は弥生時代終末期の資料だが、鈕孔にほぼ「マメツ」がみられないことから、製作時期は鏡の出土時期を大きく遡らないものと考えられる。このほかの資料については概ね後期後葉〜終末の時期のものと考えられる。

　以上検討してきたように、小形仿製鏡を分類し、その系譜関係と製作時期を明らかにした。これまでに示された編年観とは異なるところもあるが、本節では内行花文帯の配置変更を後期前葉、内行花文帯の複線弧線化を後期後葉、とした点は田尻の編年観と大きく変わるところではない。ただし初期小形仿製鏡の製作時期については漢鏡導入系が漢鏡模倣系よりも古くなる可能性を示した。また内行花文系第V型B類を内行花文系第Ⅲ型B類と並行する時期に製作されたものであると考えた。これらの点は製作地や製品の拡散状況にも波及する問題である。それらの点は次節以降で検討する。

第2節　製作技法からみた小形仿製鏡の製作地

1．小形仿製鏡の製作地問題

　前節では小形仿製鏡の分類・編年をおこない、時期的な変遷について明らかにした。本節では、小形仿製鏡の拡散から地域間関係を読み取るために、それぞれの製作地を検討する。製作地をどのように考えるかは、仿製鏡生産の目的、拡散の背景やメカニズム、といった小形仿製鏡の意義を考える上で重要である。
　製作地を示す直接的な根拠は鋳型の出土である。鋳造後の鋳型の移動も考えられるため、鋳型の出土地を製作地と即断はできないが、その可能性は非常に高まる。しかしこれまで出土した小形仿製鏡の鋳型は未製品も含めて12点しかなく、内区文様の明らかなものはその中でも6点と非常に限られている。また初期の製品については、特殊な綾杉文鏡が彫り込まれた寺徳遺跡出土鋳型のみという状況である。このため、鋳型のみから製作地を考えていくことは難しい。
　そこで本節では鋳型・製品の観察から製作技術について検討し、小形仿製鏡の製作地について考えていきたい。

2．製作地に関するこれまでの議論と課題

（1）製作地についての議論と焦点
　製作地については先行研究において意見が大きく分かれている。小形仿製鏡が発見された当初は弥生時代の仿製、つまり列島の北部九州での製作と考えられていたようだが（中山 1928・1929）、漁隠洞遺跡で初期の製品がまとまって出土したことにより、梅原は半島東南部で生産が開始され、その後列島で製作

されるようになったとした(梅原1959)。小形仿製鏡の分類・編年を構築した高倉は、梅原の見解を踏襲し、韓半島東南部から北部九州へという方向性を確認し、その後近畿でも生産されるようになり(高倉1993b)、最終的に儀器化していくことを示した(高倉1995a・1999)。高倉はその後、韓半島における銅鏡使用習俗の欠如から製作地を半島東南部にしてよいのかという問題点をあげている(高倉2002)。小田富士雄は杉原荘介が指摘した漁隠洞遺跡の同笵鏡(杉原1978)に着目し、同笵鏡群に残存する笵傷の進行や文様の不鮮明さの検討から、同笵鏡の鋳造順序を明らかにした(小田1982)。列島で出土している同笵鏡は半島で出土したものに挟まれた順序で生産されたことを明らかにし、これらを半島製とした。また小田は鉛同位体比法の成果を援用して、半島製説という意見を強めている(小田1983)。

　近年は田尻義了が製作地について検討している(田尻2003・2007・2012・2014)。田尻は初期の製品が列島でも多く出土するようになったことから、分布の面から製作地を比定することができないことを指摘した。そして①文様の鋳出状態が半島で生産された多鈕細文鏡と大きく異なること、②小形仿製鏡は湯口が一貫して鈕孔の延長線上に設置されること、③初期段階の鋳型が北部九州で出土していること、④半島では小形仿製鏡が社会的身分を示すようなものではないこと、などを根拠として、小形仿製鏡はすべてが列島で生産されたものであるとしている。後藤直は田尻の分類を援用し、文様構成の変遷課程において最古の資料は内行花文系、重圏文系のいずれも列島にあることから、すべて列島で生産されたとしている(後藤直2009)。後藤は半島で小形仿製鏡と共伴する放射状文鏡についても言及しており、列島において異体字銘帯鏡の特徴を組み合わせて作られたことを指摘している。また林も最古段階のものが列島に存在すること、列島のほうが出土時期が早いこと、製作技術が半島の技術とは異なること、半島は鏡を必要とする社会ではなかったことを挙げて、製作地を北部九州としている(林正2010)。

　このように製作地については初期の製品が半島と列島のどちらで製作されたかという議論がなされているが、さらに列島内でも複数の製作地が想定されて

いる。高倉は筆者分類内行花文系第Ⅵ型について北部九州以外の地で生産された可能性を指摘していた（高倉 1985）。田尻はそれらについて北部九州製品とは鈕・鈕孔のサイズや櫛歯文の本数に違いがあることを明らかにした（田尻 2005・2012）。その要因としては、北部九州では石製鋳型が用いられていたのに対して、これらは土製鋳型で生産されたものであるとし、近畿地方で製作されたものであるとした。柳田も上述の亀井遺跡出土「十」状文小形仿製鏡を土製鋳型での製作としている（柳田 2009）。また、松本は櫛歯文の向きに着目し、右傾する櫛歯文を配する小形仿製鏡の製作地を瀬戸内西部や佐賀平野としている（松本 2008）。

（２）課題と方法

　まず初期の製品の製作地については、筆者も分布の多寡からの議論は避けるべきと考えている。青銅器は製作地から遠く離れた地で出土することが頻繁にみられ、それは当然半島と列島間でも起こり得ることである。また田尻は同笵鏡が1カ所でまとまって出土することが半島の特徴であり、北部九州では同笵鏡が遠く離れた遺跡で出土するという点を指摘して、半島と列島での取り扱いの差としている（田尻 2012）。しかし、これも北部九州からもたらされたものが集積したという解釈以外に、周辺で製作されたために集積したという解釈も可能で、製作地を示す根拠にはなり難い。これは松本が西部瀬戸内製とする一群についてもいえることである。

　また技術的な面についても課題がある。田尻は多鈕細文鏡と小形仿製鏡の文様の鋳出状態が異なること、林は半島製品にみられる精緻な凹線文と小形仿製鏡の差異があることを強調する（田尻 2007・2012、林正 2010）。半島製品は土製鋳型での製作によって細線や凹線文（凹線技法）といった細やかな文様を非常に鮮明に鋳出している。たしかにこの点は小形仿製鏡とは大きく異なっており、技術的な差異とも考えられる。ただし、半島での青銅器生産がこのような技術集団のみによっておこなわれていたのかというと、必ずしもそうではないといえる。たとえば前節でも挙げた漁隠洞遺跡や坪里洞遺跡で出土している放

射状文鏡や韓国朝陽洞遺跡で出土している多鈕無文鏡（国立慶州博物館編 2003）についてはどのように考えるべきだろうか。多鈕細文鏡と小形仿製鏡は製作時期に差があり、分布も前者のほとんどが半島西部で出土しているのに対し、初期の小形仿製鏡は半島東南部で出土している。多鈕細文鏡や凹線技法以外の青銅器製作技術についても検討するべきだろう。

　本節ではこのような課題を念頭に置き、鋳型・製品から復元される鋳造技術についての検討をおこなう。検討にあたっては半島と北部九州で製作されたと考えられる資料の技術的な特徴と、製作地について議論がなされている初期の仿製鏡、西部瀬戸内や近畿地方での生産が考えられている資料を比較する。そのことによって製作地を明らかにする。

　製作技術の検討にあたっては湯口の設置位置と鈕孔製作技法に着目する。第１章第２節では漢鏡の湯口の設置位置について検討し、時期的な技術変遷を明らかにした。小形仿製鏡については田尻が技術の一貫性の根拠としており、製作者集団の特徴を捉えることができる可能性ももっている。また鈕孔製作技法については、鈕孔を作り出すための中子をどのように鋳型に設置するかに着目する。これらの２点から小形仿製鏡の製作技術を検討し、製作地について考えていきたい。

3．湯口の設置位置の検討

　湯口の設置位置の特定方法は第１章第２節にすでに示している。小形仿製鏡は特に鋳引けが顕著なものが多く、製品の観察による湯口の設置位置の特定は比較的容易である。ここでは半島で製作されたと考えられる多鈕鏡と放射状文鏡、北部九州で出土している鋳型、小形仿製鏡についてみていく。

（１）多鈕鏡

　多鈕鏡については中国吉林省大架山（張英 1990）や北朝鮮平安南道（梅原他編 1947、岡内 1990）などで多鈕粗文鏡の鋳型が出土しており、これらは鈕

第2章　仿製鏡生産と破鏡利用の展開　*131*

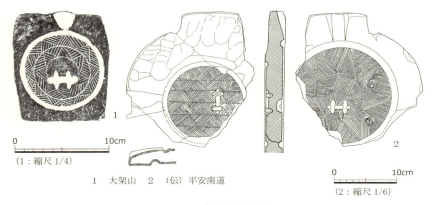

1　大桀山　2　(伝) 平安南道

図65　多鈕鏡の鋳型

孔に直行する方向に湯口が設置されている（図65）。また多鈕細文鏡については製品の巣の分布から多鈕細文鏡についても鈕孔に直行する方向に湯口があったことが指摘されている（柳田 2005）。これらのことから多鈕粗文鏡と多鈕細文鏡はいずれも鈕孔方向と湯口の設置位置との関係が縦－横型であるといえる。

　ただし多鈕鏡の中にはこれらと系譜を異にすると考えられるものがある。それが朝陽洞遺跡5号墓から出土した多鈕無文鏡である（図66-1）。多鈕無文鏡は多鈕鏡の中でも最も新しい段階のもので（宮里 2008）、朝陽洞遺跡で異体字銘帯鏡が副葬される紀元前1世紀後半まで下る資料である。多鈕細文鏡はすでにこの時期には生産が終焉しており、分布域も異なることから、製作者集団の直接的なつながりを想定することは困難である。当鏡は鈕孔の延長線上の一部のみに縁の厚さが薄くなっている部分が確認され、この方向は縁の立ち上がりが他の箇所に比べて明瞭ではない。このため湯口はこれらの鋳造不良のみられる方向にあった可能性が高く、縦－縦型であったと考えられる。このような状況から多鈕粗文鏡・多鈕細文鏡とは湯口の設置位置が異なっており、前漢鏡拡散段階にそれまでとは異なる技術によって製作されたと思われる。

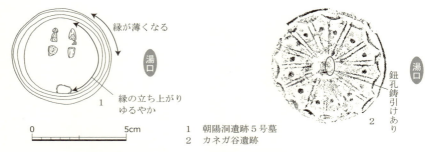

1　朝陽洞遺跡5号墓
2　カネガ谷遺跡

図66　多鈕鏡・放射状文鏡の湯口設置位置（縮尺1／2）

（2）放射状文鏡

　放射状文鏡はこれまでのところ鋳型は出土していない。製品は漁隠洞遺跡、坪里洞遺跡、カネガ谷遺跡で出土している。韓国では前漢後期〜末の異体字銘帯鏡や虺龍文鏡と共伴しており、この時期の漢鏡の流入が放射線状文鏡の生産に影響を与えたものと思われる。近年は韓国慶尚北道慶州市塔洞遺跡で放射状文鏡に特徴的な「王」字状の文様を有する銅鏡が異体字銘帯鏡とともに出土している（韓国文化財保護財団編 2011）。塔洞遺跡出土鏡は内行花文帯の内部を鈕から放射状に延びる直線で7区画に区分し、そこに「王」字状文を配している。文様構成は異体字銘帯鏡に酷似していることから、放射状文鏡でも最古段階である可能性が指摘されている（村松 2013）。

　湯口の位置については縁の厚みが薄くなっている部分があることや文様が不鮮明な範囲から検討することができる。漁隠洞遺跡出土鏡は鈕孔の延長線上に縁が薄くなった部分があり、カネガ谷鏡も同様に鈕孔の延長線上の縁が変形している（図66‐2）。このことから放射状文鏡の湯口の位置と鈕孔方向の関係は縦－縦型であったと考えられる。

（3）小形仿製鏡の鋳型

　北部九州では11点（鏡面笵も含む）の銅鏡鋳型が出土しており、湯口の位置と鈕孔方向がわかる資料は6点である（図67）。型式としては最古段階に位置

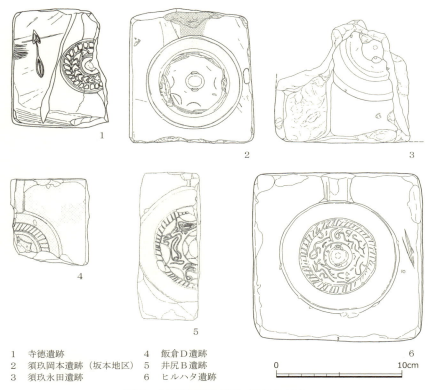

1　寺徳遺跡　　　　　　　4　飯倉D遺跡
2　須玖岡本遺跡（坂本地区）　5　井尻B遺跡
3　須玖永田遺跡　　　　　6　ヒルハタ遺跡

図67 小形仿製鏡の鋳型（縮尺1/3）

づけられている狭縁のものから、最新段階の内行花文を複線で表現するものまであるが、湯口はすべて鈕孔方向の延長線上に設置されている。注目すべきは漢鏡の受容がみられ、青銅器生産が盛んである春日丘陵だけではなく、その周辺地域でも湯口の位置と鈕孔方向の関係が一致していることである。北部九州の各製作地間でこのような一致がみられる現象は技術伝播を考える上でも重要である。鋳型出土地の中には漢鏡の受容が低調な地域もあり、春日丘陵からの技術的な影響を考える必要があるだろう。

（4）小形仿製鏡

　柳田や田尻が指摘するように、小形仿製鏡は生産の初期から最終段階に至るまで、基本的に鈕孔方向の延長線上に湯口が設置されたと考えられる（田尻2003・2012、柳田2005）。このことは北部九州で出土した鋳型の状況と矛盾しない。しかし製作地が半島と北部九州で意見が分かれている内行花文系第Ⅰ型と重圏文系第Ⅰ型・第Ⅱ型については、湯口の設置位置付近に特殊な状況がみられるものがあるため、ここで詳しく検討しておこう。また、小形仿製鏡生産の中心地であったと考えられる福岡県春日丘陵や福岡平野で鋳型が出土している製品とは系譜の異なる内行花文系第Ⅴ型・重圏文系第Ⅳ型や近畿地方出土の素文鏡についても、北部九州との技術系譜という側面を含めて、検討しておく。

①内行花文系第Ⅰ型・第Ⅱ型、重圏文系第Ⅰ型・第Ⅱ型・第Ⅲ型

　これらは第2章第1節でそれぞれ系譜関係が異なることを示したが、湯口の設置位置については鈕孔の延長線上で共通している。しかしこれらには縁の変形という点で違いがみられる。漢鏡模倣系は鈕孔の延長線上に顕著な鋳引けが生じているが、それが縁にまでは達しておらず、縁は全体的に均一な状態である。一方、漢鏡導入系は縁が変形してしまっているものが目立つ。柳田は福岡県福岡市有田遺跡出土鏡（重圏文系第Ⅱ型）について縁の厚さが薄くなっている状況を指摘したが（柳田2005）、このような変形が漢鏡導入系には頻繁にみ

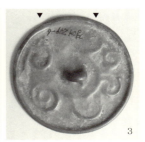

　1　有田遺跡　2　漁隠洞遺跡　3　坪里洞遺跡　　　　　　　　　※▽の間が窪む部分

図68　小形仿製鏡にみられる縁の変形

られる（図68）。これは鋳造の際の湯量不足が原因とされており、技術的な水準は高くないものと思われる。また漢鏡導入系には縁幅や縁の断面形が1つの鏡の中で一致しないものもみられ、均整のとれた漢鏡模倣系とは一線を画している。両者の技術水準が同程度とは想定し難い。

②内行花文系第Ⅲ型・第Ⅳ型

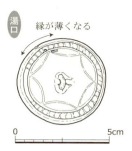

図69　表山遺跡出土鏡の湯口設置位置（縮尺1／2）

　すでに述べたように北部九州で鋳型が出土する型式は鈕孔の延長線上に湯口が設置されるが、特殊な状況を示すものもある。兵庫県表山遺跡出土鏡（図69：兵庫県教育委員会編 2000）は鈕孔の延長線に対して斜め方向に鋳引けによるものと考えられる穴があいてしまっており、この部分は縁の厚さが薄く、扁平な状態になっている。このことは湯口の設置位置が鈕孔方向に対して斜め方向にあったことを示している。表山鏡は内区に内行花文帯のみが配されているが、ほぼ線刻に近い状態であり、この段階は花文数が大きく増加する段階であるのに対して本鏡は六弧文しか配されていない。文様構成の面からも他の内行花文系第Ⅲ型A類とは一線を画す資料である。この評価は後でおこないたい。

③内行花文系第Ⅴ型・重圏文系第Ⅳ型

　ここでは異体字銘帯鏡がモデルになったと考えられる「十」字小形仿製鏡についてみてみよう。製作開始時期は後期後半とする意見もあるが（山本2008）、筆者はモデルとなる前漢鏡がすでに弥生時代中期末において近畿地方へ波及していること、型式学的に下る八尾南遺跡出土鏡が破鏡として使用されていることから後期前半には生産が開始されていたと考えている。文様構成が前漢の異体字銘帯鏡に最も近い兵庫県神戸市青谷遺跡で採集されたものは状態が悪く湯口の方向を明確にできないため、型式学的にこれに続く岡山県岡山市足守川加茂B遺跡出土鏡（図70-1：岡山県古代吉備文化財センター編 1994）についてみてみよう。足守川加茂B鏡は鈕孔の延長線上の片側に鋳引けが顕

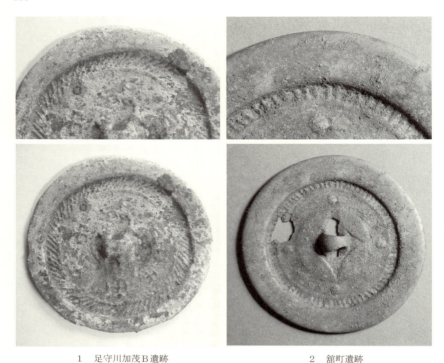

1　足守川加茂B遺跡　　　　　　　　2　舘町遺跡
図70　「十」字状文小形仿製鏡

著にみられ、4カ所確認される「十」字文のうち1カ所はほとんど形がわからない。また鋳引けが広がる方向の縁は立ち上がりが明瞭ではなく、他のところよりも幅が広がり、うすくなっている。このことから鈕孔の延長線上に湯口があったと考えられる。さらにこれよりも新しく位置づけられる東京都八王子市舘町遺跡出土鏡（図70-2：黒尾1989）は、鈕孔の延長線上の鏡縁上面に巣が集中しており、鏡縁も薄くなっている。大阪府八尾市亀井遺跡出土鏡（大阪文化財センター編1982）や大阪府豊中市山ノ上出土鏡（豊中市教育委員会編1986）も鈕孔の延長線上に縁の立ち上がりが低い部分や鋳引けがみられ、鈕孔と湯口の関係は縦－縦型である。以上のことから「十」字小形仿製鏡の生産においては湯口の位置と鈕孔方向の関係は縦－縦型であることが一般的であった

と考えられる。

④無文鏡

木津城山遺跡出土鏡（京都府埋蔵文化財調査研究センター編1998）はこれまで近畿地方で最も古い段階（弥生時代後期前葉）の小型鏡と評価され、

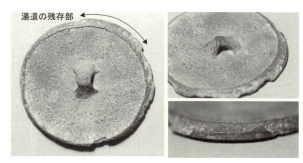

図71　木津遺跡出土鏡の湯口設置位置

近畿地方における銅鏡生産の開始を考える上で重要な資料とされている（図71：林正 2005）。木津城山鏡は文様がなく、縁の境も明瞭ではない。通常弥生時代から古墳時代の鏡は縁が他よりも厚くなり、内区との間に少なからず段ができる。しかし木津城山鏡にはこのような段すらない。これは木津城山鏡以外には認められない特徴である。

木津城山鏡の外周は欠損している部分があるが、一部分だけ外側に張り出しているところがあり、縁の外形は円形にはなっていない。この外側に張り出した部分は他のところよりも縁の端部への傾斜が緩く、最も厚みのある部分から平坦に傾斜し、そこからほぼ垂直な面を形成し鏡面との境に至る。傾斜面は鋳肌がそのまま残存しているが、垂直な面には右斜め上がりの研磨が施されている。他の部分の外縁は最も厚いところから斜めに傾斜面を有し鏡面との境につながる。この部分は湯道の切断面であると考えられ、湯口の設置位置と鈕孔方向の関係は縦－斜型となる。これはここまで述べた諸鏡とは異なっている。また切断面の幅は、現状2.7cmで、全周に占める割合は16.3％である。この割合は北部九州の鋳型と比較すると非常に高い。木津城山鏡は上述の湯口の位置のみならず、鋳型に彫り込まれた湯道の幅も北部九州の鋳型とはかなり異なっていたということができる。

さらに木津城山鏡の鈕は半球形ではなく頂部が細まる帯状になっている。また鈕孔は幅0.4cm、高さ0.2cmの扁平な隅丸三角形状になっている。鈕孔のサ

イズは北部九州製小形仿製鏡に近似するが、鈕や鈕孔の形状は北部九州製小形仿製鏡には少ない。一方、木津城山鏡の鏡背面には鋳肌が残存しているが、表面は細かい凹凸が顕著である。石製鋳型で製作された鏡にはこのような顕著な凹凸はみられず、当鏡は土製鋳型で製作された可能性も考えられる。

⑤重圏文鏡

　弥生時代後期末の包含層から出土した大阪府枚方市鷹塚山遺跡出土鏡（鷹塚山遺跡発掘調査団編 1968）が文様構成から最古段階に位置づけられている（林正 2005）が、この他にも兵庫県神戸市長田神社境内遺跡第10次調査で後期後半〜終末の土器群に伴って住居跡から（神戸市教育委員会編 1997）、大阪府豊中市利倉南遺跡で古墳時代前期の遺構面のベースとなる層（弥生時代終末以降）から（豊中市教育委員会編 1999）それぞれ出土している。鷹塚山鏡は重圏文と鈕の間に櫛歯文が配されるのに対して、長田神社境内鏡と利倉南鏡は突

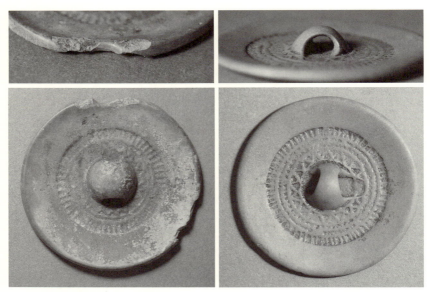

1　長田神社境内遺跡　　　　2　利倉南遺跡
図72　重圏文鏡の湯口設置位置

線の鋸歯文が配される。

　湯口の位置については、長田神社境内鏡の鏡縁に一部変形がみられる点が注目される（図72-1）。鈕孔の延長線上の鏡縁が内側に窪むような形になっており、研磨痕跡などはみられない。またこの方向は文様が不鮮明になっている。このことからこの方向に湯口が存在したものと考えられ、湯口と鈕孔方向の関係は縦－縦型となる。鏡縁の変形は湯量不足に起因すると考えられる。一方、利倉南鏡は文様が不鮮明な範囲が鈕孔方向に直交する位置で最も顕著である（図72-2）。また鏡縁は鈕孔に直交する方向に薄い部分がみられる。鋳引けの範囲と鏡縁の変形から考えると、利倉南鏡については湯口と鈕孔方向の関係は縦－横型とすることができる。

⑥内行花文鏡

　内行花文鏡は北部九州系小形仿製鏡に多いが、他地域でも近畿地方をはじめいくつか出土例がある。これらは文様の独自性が高く、いくつかの製作地があったことが想定される。それらの中で兵庫県南あわじ市鋲田遺跡出土鏡は弥生時代終末以前に鋳造された可能性が高く注目される（図73：兵庫県教育委員

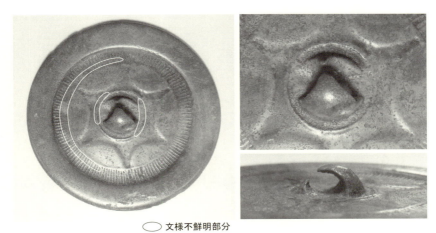

◯ 文様不鮮明部分

図73　内行花文鏡の湯口設置位置

会編 1990)。文様の状態をみると、各所に不鮮明な部分が確認される。円圏は片方が鈕孔の延長線上、もう一方は鈕孔の延長線上からずれた位置が不鮮明になっており、後者の延長線上は櫛歯文も不鮮明になっている。このことから鈕孔方向からややずれた位置に湯口があったと考えられ、湯口の位置と鈕孔方向の関係は縦 − 斜型であった可能性を示している。

　ここまでみてきたように、湯口の設置位置には鏡式や型式によって違いがみられる。半島東南部で製作されたと考えられる多鈕無文鏡と放射状文鏡、北部九州の鋳型や小形仿製鏡のうち内行花文系第Ⅰ型〜第Ⅳ型、重圏文系第Ⅰ型〜第Ⅲ型、内行花文系第Ⅴ型・重圏文系第Ⅳ型の異体字銘帯鏡をモデルとしたものは湯口が鈕孔の延長線上に配され、近畿地方出土の無文鏡、重圏文鏡、内行花文鏡は湯口が鈕孔の延長線上以外に配されている。さらに内行花文系第Ⅲ型の中でも表山遺跡出土鏡は鈕孔方向に対して斜め方向に湯口が設置されていることを示した。また鈕孔の延長線上に湯口が配されるものでも内行花文系第Ⅰ型・第Ⅱ型、重圏文系第Ⅰ型・第Ⅱ型は漢鏡模倣系と漢鏡導入系で縁の変形度合いが異なっていることも指摘した。

4．鈕孔製作技法の検討

(1) 中子設置痕跡の分類

　銅鏡鋳造において、鈕孔製作は重要である。銅鏡の使用方法としては鈕孔に帯や紐を通し、手持ちもしくは懸垂して使用される場合があったと考えられるため、製作者はいかに鈕孔を作り出すかを工夫したと思われる。鈕孔を作り出すためには、鋳型の鈕の彫り込みの内部に棒状の中子を設置しなければならない。ここではそのような中子の設置方法に着目する（図74）。小形仿製鏡の鋳型には中子を設置するための彫り込みがなされている。この彫り込みをここでは中子設置施設と呼ぶ。ここに中子を設置して溶銅を流し込むのだが、中子と中子設置施設との間に空間ができてしまっていた場合にはそこに溶銅が流れ込み、それが固まったものが鈕孔の側に鋳出されることになる。この空間に流れ

第 2 章　仿製鏡生産と破鏡利用の展開　141

込んで固まった部分を中子設置痕跡と呼ぶ。鈕孔製作技法の検討においてはこの中子設置痕跡に着目し、製作者集団の特徴について考えていきたい。

　まず中子設置痕跡を分類する（図75）。中子設置痕跡は残存状態によって大きく2つに分けられる。中子設置施設の形の全形がわからないものをA類、全形がわかるものをB類とする。A類には中子設置痕跡がほとんど確認できないものと、部分的に確認できるものがあるため、前者をA1類、後者をA2類とする。またB類には中子設置痕跡が鈕の外側の円圏から独立しているものと、円圏と一連のものになっているものがある。前者をB1類、後者をB2類とする。またB2類と同様の特徴をもつものには、中子設置施設の形は残存するが、その内部がフラットな面になっているものがある。そのようなものをB3類とする。

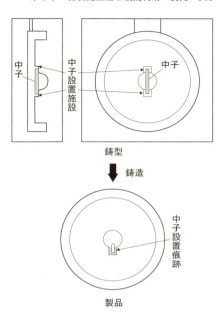

図74　中子設置施設と中子設置痕跡

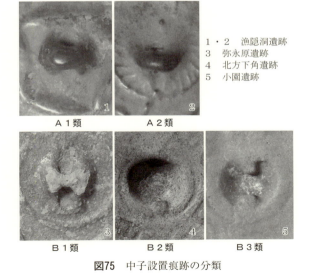

1・2　漁隠洞遺跡
3　弥永原遺跡
4　北方下角遺跡
5　小園遺跡

図75　中子設置痕跡の分類

（2）中子設置痕跡の諸例

内行花文系第Ⅰ型・第Ⅱ型、重圏文系第Ⅰ型・第Ⅱ型・第Ⅲ型　すでに述べてきたように、漢鏡模倣系（内行花文系第Ⅰ型・重圏文系第Ⅰ型）と漢鏡導入系（内行花文系第Ⅱ型・重圏文系第Ⅱ型）では、系譜が異なると考えられる。また綾杉文系の重圏文系Ⅲ型も別系譜と捉えられる。綾杉文系は出土数が少ないため、ここでは前２者についてみてみよう。漢鏡模倣系は中子設置痕跡の全形が明瞭に確認できるものが多い。内行花文系第Ⅰ型の続命院鏡・五丁中原鏡は同范鏡だが、いずれもＢ１類である（図76－1）。同様に舍羅里130号墓出土鏡も４面中２面が同范鏡であり、両者ともＢ１類である（図76－2・3）。これに対し、漢鏡導入系は中子設置痕跡の残存状態が不安定である。内行花文系第Ⅱ型の漁隠同鏡は中子設置痕跡がほとんど確認されないＡ１類である（図75－1）。重圏文系第Ⅱ型は非常に多様な中子設置痕跡が確認できる。記述を整理するためにまず同范鏡を多く有する漁隠洞遺跡を軸にみてみよう。漁隠洞Ａ群は漁隠洞遺跡出土鏡中の４面、坪里洞遺跡出土鏡中の１面、二塚山遺跡46号甕棺出土鏡（佐賀県教育委員会編 1979）に同范関係がみられる。これらのうち漁隠洞遺跡ではＢ１類、坪里洞遺跡ではＡ２類、二塚山鏡ではＡ１類の痕跡がみられ、同范鏡間で一致していない（図76－4～6）。漁隠洞Ｂ群は漁隠洞遺跡出土鏡中の３面、大分県石井入口遺跡出土鏡（竹田市教育委員会編 1992）が同范関係にある。中子設置痕跡は漁隠洞遺跡ではＡ２類、Ｂ１類が、石井入口鏡ではＢ１類が確認される（図75－2、図76－7・8）。このように漢鏡模倣系と漢鏡導入系では中子設置痕跡に違いがみられることを指摘することができる。

内行花文系第Ⅲ型・第Ⅳ型・第Ⅴ型、重圏文系第Ⅳ型　内行花文系第Ⅲ型Ａ類ではＡ１類・Ａ２類・Ｂ１類・Ｂ２類がみられるが、さまざまな内区文様のものがあるにもかかわらず、Ｂ１類が圧倒的多数を占める。小形仿製鏡鋳造における中子の設置方法が画一化しているともいえる。内行花文系第Ⅲ型Ｂ類でも同種の痕跡が確認されるが、やはりＢ１類が最も多い。ただし、Ｂ２類も一定数がみられるようになり、中子設置施設の彫り込み方法が多様化したものと考えられる。同時期の製作と考えられる第Ⅴ型Ｂ類はいずれもＢ１類、重圏文系第Ⅳ型は

第2章 仿製鏡生産と破鏡利用の展開　143

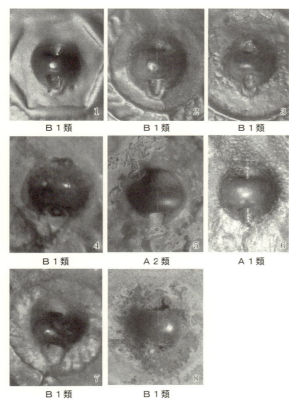

【漢鏡模倣系】
1　五丁中原遺跡
2・3　舎羅里130号墓

【漢鏡導入系】
漁隠洞A群
4　漁隠洞遺跡
5　坪里洞遺跡
6　二塚山遺跡
漁隠洞B群
7　漁隠洞遺跡
8　石井入口遺跡

図76　初期小形仿製鏡の中子設置痕跡

B1類が主体だがB2類もみられる。

　このような状況は内行花文系第Ⅳ型において一変する。それまでにみられたA1類・A2類・B1類がほぼみられなくなり、B2類とB3類、つまり鈕の外側の円圏と中子設置痕跡が一連のものでほとんどが占められるようになる。それまで多様な中子設置方法によって小形仿製鏡が鋳造されていたのが、この時期になって画一化に向かった状況を示していると考えられる。

内行花文系第Ⅵ型・重圏文系第Ⅴ型　中子設置痕跡はほぼみられず、ほとんどのものがA1類である。この傾向はここまでみてきた内行花文系第Ⅱ型A類段階

以降の製品とは大きく異なっている。しかし中にはB1類の痕跡がみられるものもあるため、少なくとも鋳型には中子設置施設が彫り込まれていたものと考えられる。

(3) 半島で製作された銅鏡の中子設置痕跡

　ここで小形仿製鏡の系譜を探るために、小形仿製鏡生産と併行する時期に半島で製作されたと考えられる多鈕無文鏡と放射状文鏡についてみてみよう。

多鈕無文鏡　朝陽洞遺跡5号墓で出土した多鈕無文鏡は、中子設置痕跡が両側とも残存していないことからA1類となる（図77‐1）。中子設置後に空間ができないように中子設置施設と中子の間にできた空間を充填していたと思われる。しかも鈕は両方とも欠損しているように見えるが、向かって右側の鈕は欠損面がなく、鋳引けによって鈕が変形してしまったものと思われる。

放射状文鏡　漁隠洞遺跡および坪里洞遺跡出土放射状文鏡の中子設置痕跡をみると湯口側・湯口の反対側の両方において残存しておらずA1類とすることができる（図77‐2）。両鏡の鈕孔付近の平坦面（中子が設置された部分）にはわずかな凹凸がみられることから、中子設置施設に中子を置いたあとにこの部分を充填し、その表面にできたわずかな凹凸が痕跡として残ったと考えられる。また両鏡とも鈕が鋳引けによって変形してしまっており、特に漁隠洞遺跡出土鏡は湯口と反対側の鈕孔は長方形であるが、湯口側の鈕孔は長方形であったものが鋳引けによりいびつな形になってしまっている。一方、両鏡よりも小型であるカネガ谷遺跡出土鏡は部分的に中子設置施設の形がわずかに認められることからA2類とすることができる。いずれについても中子設置後の充填がおこなわれたと考えられる。

5. 小形仿製鏡の製作地

(1) 初期小形仿製鏡

　ここまでおこなってきた製作技術の検討では、漢鏡模倣系と漢鏡導入系で共

第 2 章　仿製鏡生産と破鏡利用の展開　145

1　朝陽洞遺跡 5 号墓（多鈕無文鏡：A 2 類）

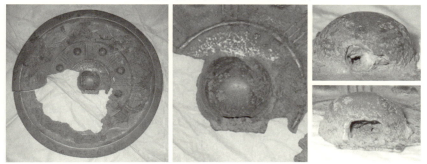

2　漁隠洞遺跡（放射状文鏡：A 1 類）
図77　多鈕無文鏡・放射状文鏡の中子設置痕跡

通する部分と異なる部分があることが明らかとなった。湯口については両者とも鈕孔の延長線上に設置されるということで共通しており、これはその後に生産される小形仿製鏡においても同様である。田尻はこれを製作技術の一貫性とし、すべてが北部九州で製作されたものと考えている。しかし、半島で製作されたと考えられる多鈕無文鏡や放射状文鏡についても湯口の設置位置は鈕孔の延長線上であり、小形仿製鏡と違いはない。つまり鈕孔の延長線上に湯口を設置するということは、半島や北部九州で共通した技術的特徴であったと考えられるのである。これには柳田が述べるように漢鏡の製作技術が影響していると思われる（柳田 2005）。漢鏡は前漢末から鈕孔の延長線上に湯口が設置されるようになり、後漢前期にはほぼすべてがこの方法に統一される。それまでの半

島では多鈕細文鏡が鈕孔方向に直交する位置に湯口が設置されていたが、漢鏡の流入によって鈕孔方向の延長線上に湯口が設置されるようになったと考えられる。多鈕細文鏡と多鈕無文鏡の技術系譜の違いがここに示されている。

一方、中子設置痕跡の検討では、漢鏡模倣系と漢鏡導入系では異なる痕跡がみられた。前者は中子設置痕跡が明瞭に確認できるのに対し、後者は全形を確認できるものが少ない。このような痕跡を半島製品や他の小形仿製鏡と比較すると、漢鏡模倣系は内行花文系第Ⅲ型などの北部九州で鋳型が出土しているものと、漢鏡導入系は多鈕無文鏡や放射状文鏡といった半島製品と共通している。

このように製作技術からみると漢鏡模倣系と漢鏡導入系はその系譜を異にしており、これは製作地の違いを表していると考えられる。以上のことから初期小形仿製鏡の製作地を漢鏡模倣系は北部九州、漢鏡導入系は半島東南部とすることができる。

（2）近畿地方における生産

湯口の設置位置と中子設置痕跡の検討では、内行花文系第Ⅵ型、重圏文系第Ⅴ型、重圏文鏡、仿製内行花文鏡に北部九州で鋳型が出土している内行花文系第Ⅲ型や第Ⅳ型とは異なる技術的側面が確認できることを指摘した。ただし、近畿地方に分布の中心がある上記の小形仿製鏡の中でも、「十」状文を銘帯に配する一群については、湯口が鈕孔の延長線上に設置されていることから、半島や北部九州と同じ技術体系の中で製作されたと考えられる。それ以外については湯口の設置位置が異なっており、基本的には異なる技術基盤が存在していたと考えられる。

ここで注目したいのは兵庫県表山遺跡出土鏡である。本鏡は狭縁で内行花文が鈕と縁の間に配されており、文様構成から北部九州製とされてきた。しかし、縁の形態は蒲鉾形に近く、断面正方形〜台形の北部九州製品とは一線を画す。中子設置痕跡もA2類であり、北部九州の製品にはほとんどみられない特徴である。また鈕孔方向に対して斜め方向に縁の厚さが薄くなっている部分が

確認され、この方向には鋳引けによる小穴も確認されることから、湯口はこの方向に設置されていたと考えられる。このような特徴は北部九州製品とは一線を画しており、湯口の設置位置や中子設置痕跡がA類であることからすると、木津城山鏡と共通する技術的な特徴を有していると考えられる。表山鏡は近畿地方で製作された可能性が高いと判断される。

第3節　小形仿製鏡の拡散と社会的意義

1．小形仿製鏡の拡散が意味するもの

　ここまでの検討では、小形仿製鏡生産の展開とその製作地を明らかにしてきた。本節ではそれらの拡散状況から地域間関係を読み取り、小形仿製鏡の社会的意義についても考えていく。

　小形仿製鏡は半島・列島に分布しており、列島においては九州から関東という広い範囲で出土している。この中にはすでに検討したように、半島製、北部九州製、近畿製の製品があり、それぞれの拡散状況は当然異なっている。このため拡散の背景についても異なった社会状況や要因が想定される。本節ではそのような点にも注意しながらそれぞれの分布状況を確認していく。

　小形仿製鏡は漢鏡を模倣して製作されたものであり、社会的な価値観としては漢鏡よりも劣ると考えられている（武末 1990、柳田 2015）。しかし小形仿製鏡の中には、漢鏡と同様な扱われ方をしているものもあり、そのような考え方には再考の余地がある。本節ではそのような点も念頭に置きながら検討を進めていく。

2．小形仿製鏡の拡散に関するこれまでの研究

　小形仿製鏡の拡散については梅原が弥生時代中期以降とした（梅原 1959）

のに対して、森貞次郎は後期前半以降とした（森 1966）。森はその背景に半島からの文物流入の停滞を想定し、前漢鏡の分布を超える筑前・豊前が中心となっていることを指摘した。その後、高倉は小形仿製鏡の分布の検討をおこなった。高倉は小形仿製鏡出現の契機を舶載鏡流入の停滞に対する絶対数の不足に求め、両者の間に補完関係があったとした。そして小形仿製鏡が北部九州中枢の周辺地域に分布することから、中期後葉から後期前半までに甕棺に漢鏡を副葬した地域の縁辺に長宜子孫系内行花文鏡の代用物として広がり、平野を単位とする北部九州の各地域社会を相互に結び付ける役割のあったことを想定している（高倉 1972・1985・1990）。一方、高橋は小形仿製鏡の拡散時期について注目すべき見解を示した。最古段階の石井入口鏡が弥生終末～古墳初頭の土器とともに出土したことの要因として、北部九州または半島で伝世したのちに、後漢鏡片や新型式の仿製鏡と同じ時期にもたらされたとし、中国地方や近畿地方の最古段階の資料についても、同様な状況であったとした（高橋徹 1986b）。

　近年は田尻が製品の分布域が各型式によって異なっていることを明らかにし、生産が分散する第Ⅱ型段階では各製作地から流通するような分散型の流通形態が想定されている（田尻 2004・2012）。田尻の研究は小形仿製鏡の拡散状況が各段階で異なっていたことを示しており、生産体制と拡散状況が密接に関係しあっていたことを明らかにした。

　第2章第1節でおこなった小形仿製鏡の編年は各氏の編年観と一部異なるところがあり、製作地についても見解が分かれている。このため、ここでは各段階の分布状況とその意義についてあらためて検討する。

3．小形仿製鏡拡散の諸段階

（1）半島製小形仿製鏡 （図78）

　内行花文系第Ⅱ型、重圏文系第Ⅱ型の分布は、半島と列島の両地にみられる。注目されるのは同笵鏡が多く認められることである。漁隠洞遺跡の4面、

坪里洞遺跡の1面、二塚山遺跡の1面や、漁隠洞遺跡の3面と石井入口遺跡の1面である。田尻が述べるように分有関係については半島では1遺跡から複数が出土しており、列島では1遺跡から1面の出土という状況である。半島の東南部に小形仿製鏡が集中するのはこの時期前後の異体字銘帯鏡の分布ともよく一致している。半島では漢鏡と小形仿製鏡の共伴率が非常に高く、この段階で小形仿製鏡のみが出土した遺跡は福泉洞152号墓のみである（村松 2013）。さらに放射状文鏡も漢鏡・小形仿製鏡とともに出土している。このような状況からは被葬者が銅鏡を独占的に保有していた姿が想定できる。1つの墓に複数面が副葬される状況は水洞遺跡（朝鮮大学校博物館他編 2003）や良洞里遺跡427号墓・55号墓・162号墓（東義大学校博物館編 2000・2008）、塔洞木棺墓でもみられる。つまり半島ではこのようなスタイルが一般的であったことを示している。

一方、北部九州では明確な分布のまとまりはみられず、各地域に分散している状況といえる。分布域は広く、九州では長崎県を除く各県、九州外では岡山県、兵庫県、奈良県で出土している。拡散時期については、上述のように周辺地域へは弥生時代終末～古墳初頭に拡散したことが指摘されている（高橋徹 1986b）。しかし、半島・北部九州では後期初頭（併行期）までに副葬される

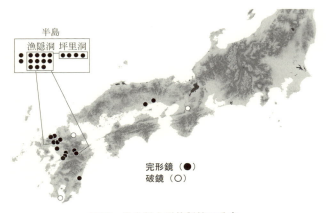

図78　半島製小形仿製鏡の分布

ものが大部分を占めており、両地で伝世された可能性は低いように思われる。弥生時代終末から古墳時代初頭に出土するのは周辺地域での特徴でもあり、ここでは生産後まもなく各地に拡散し、長期間保有されたと考えておきたい。

　出土遺跡を詳しくみていくと、異体字銘帯鏡を多量に保有した糸島地域と福岡平野では1面しか出土しておらず、漢鏡との共伴事例は確認されていない。漢鏡と共伴しないことは他遺跡でも同様であり、列島においては漢鏡と小形仿製鏡を保有する人びとが区別されていたと考えられる。しかし、中期末から後期初頭に漢鏡を保有した有田遺跡（福岡市教育委員会編 1997a）や二塚山遺跡（佐賀県教育委員会編 1979）で出土していることは、その位置づけが決して低いものではなかったことを示している。有田遺跡では異体字銘帯鏡が副葬された甕棺よりもわずかに新しく位置づけられる甕棺から出土しており、二塚山遺跡では女性首長的な人物の墓から出土している（間壁 1985）。このような状況から、半島製小形仿製鏡には漢鏡に準じた威信財的な性格があったものと思われる。岡山県足守川加茂B遺跡（古墳時代初頭：岡山県古代吉備文化財センター編 1994）や兵庫県半田山1号墳（後期後葉～末：兵庫県教育委員会編 1989）では長期間保有されており、このような状況も瀬戸内以東に弥生時代後期前葉段階に波及した漢鏡と同調している。また第2章第6節で詳述するが、半島製小形仿製鏡は破鏡としても拡散している。漢鏡の破鏡と同様の扱い方がなされており、半島製小形仿製鏡の意義を考える上で重要である。

（2）北部九州製小形仿製鏡

　まず北部九州での小形仿製鏡生産開始期の製品である弥生時代後期初頭の内行花文系第Ⅰ型、重圏文系第Ⅰ型・第Ⅲ型についてみてみよう（図79上）。内行花文系第Ⅰ型A類は続命院鏡と五丁中原鏡が同笵鏡であり、両者は異体字銘帯鏡が集中する糸島地域や福岡平野などからは距離的に離れている。一方、重圏文系第Ⅰ型の真亀C鏡はさらに遠隔地に位置する。また重圏文系第Ⅰ型でS字状文を配したものは半島へも拡散しており、舎羅里遺跡130号墓で同笵関係にある2面が出土している。舎羅里130号墓ではこの他に2面の小形仿製

鏡が出土しているが、そのうち文様帯に櫛歯文を配したものは熊本県小野崎遺跡堀の内Ⅰ区柱穴出土鏡と同笵関係にある（南 2013b）。熊本県ではこの他にも方保田東原遺跡や木瀬遺跡でＳ字状文が配された小形仿製鏡が出土していることが注目される（南 2007b）。このようにこの段階の北部九州製小形仿製鏡は北部九州の周縁域やそれを超えた地域に拡散している。特に菊池川流域を中心とした熊本県地域への拡散が顕著であり、この時期に北部九州との密接な地域間関係が形成されたと考えられる。分布で注意すべきは、この段階の小形仿製鏡は異体字銘帯鏡や内行花文系第Ⅰ型・重圏文系第Ⅱ型が出土した遺跡か

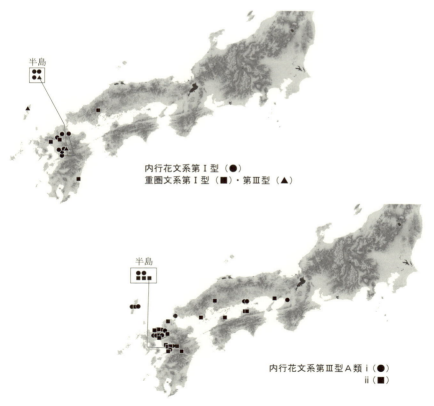

図79 北部九州製小形仿製鏡の分布①

らは出土していないことである。このことは北部九州製小形仿製鏡がこれらと排他的な関係にあった可能性を示唆するものであり、北部九州での製作開始段階から半島製品とは異なるものとして生産されていたことが考えられる。

　次に内行花文系第Ⅲ型A類だが、分類の際に指摘したように、この段階から内行花文系は櫛歯文の内側の円圏の数によって文様構成が分かれる。円圏が1本のものをⅰ、2本のものをⅱとして区分した。文様構成が多様化し、製作地が広がる過渡的段階を示しているものと思われる。この文様構成の違いは分布にも表れている（図79下）。北部九州ではⅰとⅱは混在した状況を示すが、熊本県域ではⅱのみが出土しており、山口県下関市を除く瀬戸内以東でも8点中6点がⅱである。さらに内区文様を詳しくみると、熊本県で出土したものは1点を除いて内行花文帯のみのものであり、瀬戸内以東でも1点を除いて内行花文帯のみのもので占められる。本型式は鋳型の出土がないため製作地は明確ではないが、北部九州からみて遠隔地への拡散においては一定の規範が存在したと考えられる。これに対して半島では良洞里遺跡427号墓で2点が出土しているが、ⅰとⅱが共伴しており、内区文様も内行花文帯の内側に文様が配されている。このことから半島への拡散は列島内遠隔地とは異なる製品の選択基準が存在したと考えられる。

　内行花文系第Ⅲ型B類は出土数が急増する段階で、同時期に製作されたものとして内行花文系第Ⅴ型A類、重圏文系第Ⅲ型を挙げられる（図80）。この段階は唯一福岡平野周辺に多くの小形仿製鏡が分布しており、佐賀平野と熊本県地域でも分布が密になる。前段階にみられた文様構成の相違による分布の形成状況をみると、福岡平野、熊本県地域、壱岐、対馬ではほとんどがⅰで占められており、九州外においてもⅰがⅱを大きく上回っている。福岡平野を除く地域のような遠隔地へはⅰが拡散するという方向性は、前段階にⅱが遠隔地へと拡散したことと共通しており、この段階においても拡散における規範は引き続き保たれていたと考えられる。福岡平野にⅰが集中する状況から、このような規範は当地域によって主導された可能性もある。半島での出土状況をみると、ⅰとⅱが混在しており、やはり前段階と同様の傾向にある。また内行花文

第 2 章 仿製鏡生産と破鏡利用の展開　153

図80　北部九州製小形仿製鏡の分布②

系第Ⅴ型Ａ類・重圏文系第Ⅲ型については、鋳型と製品の分布状況に興味深い点がある。内行花文系第Ⅳ型Ａ類の鋳型は福岡平野から離れた筑後地域に位置するヒルハタ遺跡で出土しているが、文様が酷似しヒルハタ鋳型で鋳造された可能性がきわめて高い二塚山遺跡出土鏡が佐賀平野で出土している。佐賀平野ではⅰとⅱが混在していることからも、数カ所にあったと考えられる小形仿製鏡の製作地から直接拡散していた可能性が高いと考えられる。このような状況から、この段階の小形仿製鏡の拡散は、北部九州では各製作地から拡散するのに対して、遠隔地への拡散は福岡平野の集団によって管理されたものであったと思われる。前段階の様相も同様の拡散形態であったと想定される。

　内行花文系第Ⅳ型は分布域が縮小し、瀬戸内以東では四国以外では出土しなくなる（図81）。分布域の縮小は生産体制の集約化によるものであることが指摘されている（田尻 2004・2012）。文様構成をみてもほぼすべてがⅱになっており、中子設置痕跡も画一化する時期である。鋳型が須玖遺跡群で出土していることから、須玖遺跡群で大多数が生産されたものと考えられる。画一化された文様の小形仿製鏡が製作されたことから、文様構成による異なる分布形成はこの段階ではみられなくなる。分布を詳しくみてみると、熊本県地域では出土遺跡が前段階までと比べ大きく変化している。それまでの分布の中心は菊池川中流域の方保田東原遺跡や小野崎遺跡であったが、内行花文系第Ⅳ型段階の小形仿製鏡は両遺跡から出土しなくなる。また小形仿製鏡の同笵関係も菊池川中流域ではなく、白川中流域と他地域の間で確認される（南 2007b・2013b）。第Ⅰ型段階から続く北部九州と熊本県地域の関係性がこの段階で大きく変容したことを示している。

（3）近畿製小形仿製鏡

　近畿製小形仿製鏡は分散した生産体制であったと考えられており、各製作地から出土遺跡へ直接的にもたらされたものと考えられる。これまでは分布の西端は岡山県、香川県であったが、近年出土した福岡県今宿五郎江遺跡出土鏡は注目される資料である（福岡市教育委員会編 2014）。本鏡は鈕の周囲に六花文

第 2 章　仿製鏡生産と破鏡利用の展開　155

図81　北部九州製小形仿製鏡の分布③

の複線弧線内行花文を配し、文様帯に四乳と銘文の文字状の文様を配している。鈕・鈕孔が大きく、中子設置痕跡もA1類であることから、北部九州製品とは一線を画している。鈕・鈕孔が大きいことは近畿製の特徴に挙げられており（田尻2005・2012）、本鏡の製作地は近畿地方であったと考えられる。後期後葉のものと考えられるが、この時期は北部九州から瀬戸内以東へは小形仿製鏡がほとんど拡散しなかった時期であり、東から西への文物の流れが活発になった結果もたらされたものであると考えられる。

4．小形仿製鏡の社会的意義

　以上、小形仿製鏡の拡散について検討し、小形仿製鏡の拡散形態やそのメカニズムは、製作地や時期によって異なる様相をみせることを明らかにした。ここではそのような授受関係の変化や保有形態から小形仿製鏡の社会的意義について考えてみたい。

　まず半島製小形仿製鏡が漢鏡に準じた銅鏡であったことはすでに指摘したが、それは列島外からもたらされた器物としての性格が色濃く影響したものと考えられる。小形仿製鏡とはいえ、半島製品は舶載品として扱われていたと考えられ、弥生時代の価値体系の中では漢鏡に次ぐ位置にあったといえるだろう。では、その故地である半島ではどのような位置づけができるだろうか。ここで注目したいのが面径である。半島製小形仿製鏡はほとんどが5cm前後であり、その小ささは際立っている。これに対して漁隠洞遺跡や坪里洞遺跡で出土した放射状文鏡は14.8～14.9cmを測り、半島で製作された銅鏡がすべて小さかったというわけではない。放射状文鏡を含めると、半島では大小の鏡が作り分けられていた状況が考えられる。ここで想起されるのはシャーマンの鏡である。東北アジアのシャーマンは「村人の意を受けて、動物を神にお供えし、祭りをおこなうことで神の魂を招き、その意思を確認して、村人にお告げして伝える」とされる。シャーマンにとって光を反射させ、音を鳴らすことができる鏡は重要な器物であったと考えられている（甲元1988・2006）。特にツン

グース系の赫哲族のシャーマンは大中小の鏡を有し、面径によって衣装の異なる位置に取り付けられている。また内蒙古においてはシャーマンが腰に取り付ける帯に鏡が複数取り付けられている（サランゴワ 2009）。放射状文鏡と小形仿製鏡を保有した坪里洞遺跡では双鈕式蓋状円盤も出土しており、これらはシャーマンが祭祀行為の中で音を発するために用いられたものという指摘がある（清水 2007）。このように半島における小型鏡の創出は祭祀行為における大小の鏡の必要性に応じたものであった可能性が考えられる。漢鏡の文様が正確に模倣されていないのは、漢鏡の模倣よりもその機能のほうに重きが置かれたためと理解できる。そのような意味では半島ではたしかに列島のような鏡の保有に権威を認めるような社会ではないが、銅鏡が必要な社会ではあったものと考えられるだろう。

　一方、北部九州製小形仿製鏡も小型である点は半島製小形仿製鏡と同様である。しかし、文様構成は異体字銘帯鏡が精巧に模倣されており、漢鏡のミニチュア版といえるものである。その広がり方をみると、北部九州中枢地域よりも周辺地域に多くみられる。また周辺地域ではその内部で出土状況に差があり、拠点集落では複数面が出土し、それ以外では基本的に1遺跡1面の出土になる。つまり周辺地域では小形仿製鏡の集積と散在という状況がみられるのである。拠点集落は集落規模が大きく、他地域との直接的な交流を示す搬入土器も出土する比率が高い。このことから考えると、小形仿製鏡は拠点集落にもたらされ、そこから地域内の集落に再びもたらされたという拡散形態が考えられる。北部九州において権威の象徴であった漢鏡を模すことによって製作された小形仿製鏡は、いわば北部九州のシンボルであったと考えられる。その集積は北部九州との通交関係が良好であったことを示し、さらにそれを地域内で再分配することは、北部九州との間で築いた地域間関係を、周辺地域の拠点集落と地域内の末端集落との間でも構築することにつながったと想定される。北部九州製小形仿製鏡の社会的意義はこのような点にあったと考えておきたい。

　近畿製小形仿製鏡で注目されるのは、「十」状文小形仿製鏡である。これについては寺沢が銅鐸製作工人が作り出した中・東部瀬戸内から伊勢湾沿岸地域

に特有のもので、銅鐸祭祀において巫が用いるものであったことを指摘している。(寺沢 1992・2010)。その保有に地域的な偏在性は認められないが、西は岡山県や香川県、東は東海、関東まで広がっている。関東には東海地域を経由してもたらされたことも指摘されており、本来の分布範囲はやはり銅鐸が分布する地域であったと考えられる。ただし後述するが、八尾南遺跡出土鏡が破鏡としても利用されていることから、銅鐸祭祀に用いられる器物という性格とあわせて、漢鏡の模倣品としての価値も有していたものと思われる。

第4節　破鏡利用の開始とその展開

1．漢鏡と破鏡

　本書では第1章で漢鏡について取り上げ、大陸での生産・副葬、列島での拡散とそのメカニズムについて検討した。完形のものは基本的に墓への副葬品として用いられる。これに対して列島ではしばしば破片の状態で漢鏡が出土する。このような漢鏡の破片は破鏡と呼ばれており、その形態や大きさは非常にバラエティーに富んでいる。破鏡は北部九州を中心に南九州から関東までの広範囲に分布しており、破鏡の拡散形態を検討することは弥生時代における物資の広域拡散システムや、その背後に存在する各地域の地域間関係や文化的影響の広がりについても明らかにすることができると考えられる。破鏡には穿孔されているものがあることから、懸垂鏡として利用されることがあったと考えられる。また穿孔されていなくても破断面が磨滅している資料がみられることから、鏡片の保有にもなんらかの意義があったことが考えられる。
　本節および第5・6節では破鏡の検討をおこなうが、破鏡の定義はこれまであまり明確になされていない。このためまず検討の対照とする資料を明確にするために破鏡の定義について考えてみたい。

2. 破鏡の定義

破鏡の定義で難しいのは、穿孔がなく、破断面も割れたままの状態を保っている資料、つまり二次加工がなされていない鏡片を破鏡に含めるか否かということである。これを含めるか否かによって破鏡として扱う資料数が著しく増減し、分布も異なったものになる。

破鏡を定義する場合に考えなければならないのは、使用方法によって定義するのか拡散形態によって定義するのかという点である。まず実際に鏡片をみてみよう。図82は奈良県田原本町清水風遺跡で出土したものである（田原本町教育委員会編 1997・2009）。縁の形態と斜行する櫛歯文から異体字銘帯鏡の破片であることがわかる。この資料には穿孔がおこなわれておらず、他の使用痕跡も見出すことができない。また破断面の観察もおこなったが研磨痕跡はみられず、破断面の角がわずかに丸みを帯びている程度で、ほぼ割れたままの状態が保たれている。つまり破片としての利用痕跡がほとんどみられないといえる。このような点から当鏡は使用方法の面からみたら破鏡とは呼べないということになる。しかし清水風遺跡ではこれまで当鏡の他には細かな破片すら見つかっておらず、遺跡には破片の状態でもたらされたと考えられる。このように拡散状態の面では破鏡として扱うべきものである。

そもそも二次加工はどの段階で生じるのであろうか。以下、穿孔と破断面についてみてみよう。

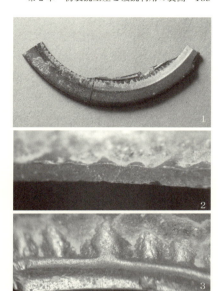

清水風遺跡

図82 破鏡の破断面と表面状態

①穿孔について

　これまでの研究では穿孔が施された破鏡は東九州の大分県地域や九州外に多くみられることが指摘されており（森岡 1994、藤丸 2000、辻田 2005など）、地域的な偏りがみられるようである。ここで穿孔された破鏡をみてみると、大分県豊後大野市高松遺跡出土破鏡には貫通していない穿孔途中の痕跡が残存している（図83-3・4：犬飼町教育委員会編 1988）。穿孔は鏡面、鏡背面の両面からおこなわれており、顕著な回転擦痕が残存している。また鏡面側にはさらに小さな穿孔痕跡が認められる。このような状況から穿孔は拡散の段階では施されていなかった可能性が高い。なぜならば穿孔をおこなうのは懸垂して使用するためであり、鏡片を懸垂するという使用法を目的として拡散したのなら、このように穿孔途中のものが拡散するとは考え難いためである。このように鏡片に穿孔するという行為は各地域に拡散した後に選択されたものと考えられ、拡散の段階では穿孔が施されていない鏡片であったと考えられる。

②破断面の研磨・磨滅

　破鏡は破断面が丸みを帯びている。しかしこれがすべて破断面の研磨によって丸みを帯びているのかどうかについては一考を要する。「破断面研磨」という表現がしばしば用いられるが、破断面に研磨痕跡が残存するものは非常に少ない。

　ここで再び高松遺跡出土異体字銘帯鏡の破断面をみてみよう（図83-2）。高松鏡の破断面は分割の際にできた凹凸が残存した状態で磨滅しており、このような状態は破断面が研磨されないまま磨滅したことを示している。また破鏡の破断

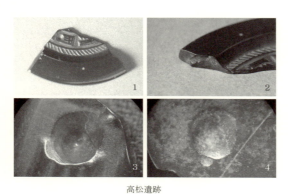

高松遺跡

図83 破鏡の破断面と穿孔痕跡

面は丸みを帯びているものが多いが、上述の清水風遺跡のように破断面がほぼ磨滅していないものもみられる。また大阪府大阪市瓜破北遺跡で出土した異体字銘帯鏡の鏡片は磨滅した面としていない面が1つの個体にみられる（図84：京嶋1981）。破断面の丸みを研磨のためと考えると、1つの個体で破断面によって研磨の度合いを変えたり、研磨しない面があったりすることはきわめて不自然であり、破断面の磨滅や研磨がみられない鏡片が存在することの意義を説明することができない。このように破断面の丸みに段階差が存在することについては、破鏡の使用によって破

瓜破北遺跡

図84 破鏡の破断面

断面が磨滅し、その後分割するという行為が数回おこなわれたためにこのような破断面が形成されたと考えることができる（南 2008a）。ここでみたように破断面の形成が研磨による可能性が低く、数回の分割による破断面形成がおこなわれていることから、破鏡の拡散が北部九州からの直接的なものではなく、数回の分割・使用を経たのち最終的に出土した場所にもたらされたと考えられるのである。

以上、破鏡に施される穿孔や破断面の加工についてみてきた。これらは破鏡が拡散する段階では何の加工も施されていない鏡片であった可能性が高いことを示している。つまり穿孔や破断面の「マメツ」は使用後の状態であるため、あくまで使用方法や廃棄までの過程を示すものであると考えられ、破鏡の拡散や社会的な意義を考えるためには二次加工が施されていない資料を含めて検討することが必要であると考えられる。筆者はこのような観点から破鏡を「鏡片の状態で拡散したと考えられる銅鏡」と定義したい。

3. 破鏡利用の開始とその後の展開についての研究史

(1) 研究史

　破鏡が初めて確認されたのは1950年代に発掘調査された長崎県壱岐市カラカミ遺跡の調査に遡る。その後は墓への副葬例が確認されるようになり（小田 1959）、兵庫県播磨町大中遺跡（播磨町郷土資料館編 1990）など九州外でも破鏡が出土するようになった。

　破鏡の検討については高倉がその先鞭をつけた。高倉はそれまでに出土した破鏡の分布や出土状況から、破鏡副葬の開始を弥生時代後期後半として、破鏡が小形仿製鏡と同様に旧甕棺墓地域の周辺地域を中心に分布し、完形漢鏡の不足を解消するために出現したとした。またその社会的役割についても小形仿製鏡と同じように各平野を単位とした各地域間相互の「結合の象徴」としての機能を有していたものとした（高倉 1976）。破鏡と完形鏡の関係については完形漢鏡、特に弥生時代後期後半の長宜子孫内行花文鏡の不足を補うものであったとして、両者に補完関係があったことを示している（高倉 1981b）。このような考え方に対し、田崎は破鏡の保有には政治的な結合関係が表れており、この背景には鏡保有者層の拡大があったことを指摘した（田崎 1984）。一方、高橋は大分県地域では近接した位置で破鏡が出土していることを指摘し、周辺共同体をまとめるための大地域単位の祭祀に関する機能は認められず、共同体単位に帰属する祭祀品であったと指摘している（高橋徹 1979・1992）。

　また藤丸は破鏡出現の契機を、佐賀県吉野ヶ里町二塚山遺跡76号甕棺出土鏡の分析から「鏡を故意に破砕して副葬するという葬送儀礼の出現」に求め、時期的には弥生時代後期前半としている（藤丸 1993・2000）。柳田はこのような鏡を破砕する行為が佐賀県佐賀市増田遺跡 SJ6242甕棺出土多鈕細文鏡（中期前半）にみることができ、後期初頭の段階で破砕鏡の棺外供献が定着したとしている（柳田 2005）。古墳時代に下るが、愛媛県妙見山1号墳と朝日谷2号墳出土鏡に共通する打撃による分割痕跡が認められることが確認されており、こ

のような行為の結果、破鏡が生み出された可能性も指摘されている（村上 2008）。

　森岡秀人は破鏡の開始が北部九州に起源することを示唆し、その時期を遺構の時期や鏡式から弥生時代後期前葉とし、新王莽から後漢初頭の銅鏡であったことを指摘している。また穿孔が施された破鏡が大分や瀬戸内・近畿地方で多くみられることから、この使用方法が東から拡散した可能性も指摘している（森岡 1994）。近年破鏡の検討をおこなった廣坂も森岡の指摘に同意している（廣坂 2008）。また辻田淳一郎は完形鏡の分割配布以外にも当初から鏡片の形で舶載された可能性も考慮すべきとし、穿孔（懸垂用穿孔）を施した破鏡の出現については後期後半としている（辻田 2001・2005）。破鏡使用の始まった地域に関しては北部九州であったとする考えが大勢を占めているが、穿孔された破鏡については大分県の大野川上・中流域を中心に開始されたのではないかと考えられている（藤丸 1993・2000、森岡 1994、辻田 2005）。

　破鏡の終焉に関しても、さまざまな視点から検討がなされている。高橋は多くが弥生時代終末～古墳時代初頭に廃棄されており、弥生時代から古墳時代への転換という社会変化に対応するものと評価している（高橋徹 1979・1992）。また西川は画文帯神獣鏡や画像鏡などの半肉彫式の舶載鏡が列島に大量に流入したことが破鏡終焉の要因であったとしている（西川 1995）。破鏡の終焉についてはその扱われ方も注目される。筆者は破鏡の最終的な扱われ方には墓への副葬や集落への廃棄があり、そこには地域性も看守されることを指摘した（南 2008b）。さらに平尾はこのような差異は北部九州的な鏡についての認識が各地域にどのように広まったかを読み解き、弥生時代終末から古墳時代初頭における完形鏡流通・分配の核が近畿から瀬戸内に移動することにより、鏡の認識がこれらの地域まで拡大したとした（平尾 2007）。一方で破鏡には古墳に副葬されるものも一定数存在している（正岡 1979）。これらについては弥生時代後期から伝世し、完形鏡に準じる存在として副葬品として扱われたことが指摘されている（辻田 2005・2007）。また奈良県桜井茶臼山古墳出土の大型倭製鏡が破鏡である可能性が指摘されており（今尾 1993）、小型倭製鏡の破鏡は東北地

域まで広がりをみせる（高橋敏 2003・2015）。古墳時代前期になってから拡散した前漢様式の文様をもつ破鏡（宇垣他 2017）や、古墳時代前期の戸田小柳遺跡出土の漢末三国期に属する双頭龍文鏡の破鏡（かながわ考古学財団編 2016、戸羽他 2018）も確認されている。このことから破鏡の拡散は古墳時代前期まで継続していたとみられる。出土時期が古墳時代に下る資料には画文帯神獣鏡の破鏡もあり、これについては第2章第5節で検討する。

（2）課題と方法

　これまでの研究史では破鏡の利用がいつから始まったかについての見解が一致していない。これには論者によって破鏡の定義が異なっていたことが理由の一つとして挙げられるだろう。特に異体字銘帯鏡の破片は二次加工、特に顕著な破断面の磨滅がみられない資料があり、このようなものについては検討の対象とされない場合もある。また破鏡の拡散が北部九州を起点に広がったものか、または東からの影響によって始まったのかという議論も異体字銘帯鏡の破片を破鏡に含めるかどうかにその行方が左右される。破鏡利用開始期の様相については異体字銘帯鏡の破片をどのように評価するかが課題となるだろう。また破鏡利用の展開を考える上では後漢鏡の破鏡の拡散がどのようにおこなわれたのかが問題になる。破鏡の出土量は圧倒的に後漢鏡が多く、出土する地域も広まっていく。このことは時期が下るにつれて破鏡の利用が活発化したことを示しているが、そうなると破鏡の授受がどのようにしておこなわれたのかがその社会的意義を考える上で重要となってくる。

　本節ではこのような課題を念頭に置き破鏡利用の開始とその展開について検討していく。

4．破鏡の分類

　破鏡は完形鏡を分割して得られた破片を利用するため、その形態にはさまざまなものがある。破鏡の形態による分類は森岡や辻田によっておこなわれてい

る（森岡 1994、辻田 2005・2007）。森岡は利用された部位によって破鏡を6パターンに分けた。辻田は鈕の有無によって2つに分け、さらに利用された部位によって3つに細分している。また森岡は破片の選択は無差別であり、作為的な選別などは読み取りがたいとした。破鏡の機能を考えた場合、穿孔されたものや鈕が残存しているものは懸垂品としての使用が可能で、穿孔や鈕がないものとは一線を画すと考えられるだろう。これは破鏡の社会的意義にも関連する問題であり、破鏡の利用形態がどのように展開するのかを検討する必要があるだろう。

　これらのことを念頭に置き破鏡を分類する（図85）。まず破鏡を鈕の有無によって区分し、鈕のないものをⅠ型、鈕のあるものをⅡ型とする。そしてこれらを穿孔の有無によって2つに細分し、穿孔のあるものをA類、穿孔のないものをB類とする。さらに利用されている部位によって分け、内区のみのものをa類、内区から外区までのものをb類、外区のみのものをc類とする。

　また破鏡を特徴づけるものとして、破断面の磨滅が挙げられる。破断面の磨滅は破片の状態で一定期間使用がなされたことを示していると考えられ、破鏡の利用状況を考える上で重要である。また破鏡の中には1個体のなかで破断面の磨滅度合いが異なるものがあり、全周が一様に磨滅したものとは分割から廃棄までのライフヒストリーが異なっていたものと考えられる。このため破断面についても分類して検討を進めることとする（図86）。まずすべての破断面が磨滅していないものを破断面Aとする。これは破片の状態での使用が頻繁ではなく、分割から廃棄までの期間が短かった可能性を示唆するものである。またすべての破断面が磨滅しているものを破断面Bとする。破断面Bにはすべての破断面が同程度磨滅しているものと、破断面の磨滅の度合いが各辺で異なっているものがあるため、前者を破断面B1、後者を破断面B2とする。さらに1個体の破鏡のなかで磨滅している破断面と磨滅していない破断面が認められるものがあり、それらを破断面Cとする。破断面Cは磨滅している面においてその進行度合いが同程度のものと、各辺で異なるものがあり、前者を破断面C1、後者を破断面C2とする。

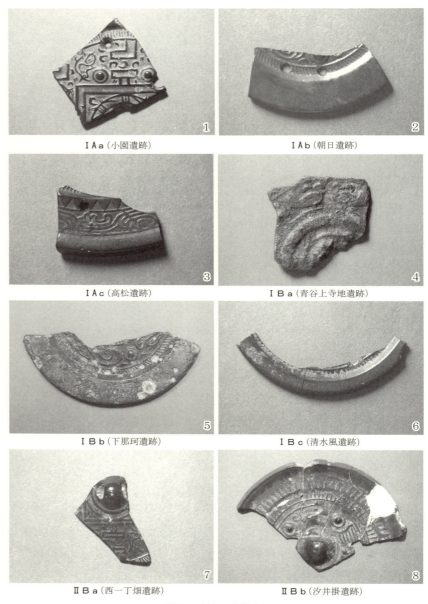

図85　破鏡の形態分類

5. 破鏡の諸例

(1) 前漢鏡の破鏡

破鏡利用開始期の様相を明らかにするためには、破鏡利用がどこまでさかのぼるのかを明らかにする必要がある。現在出土している破鏡で最も時期的に古いのは前漢後期の異体字銘帯鏡A類の破片を利用したものである。異体字銘帯鏡の破鏡には異体字銘帯鏡B類の破片を利用したも

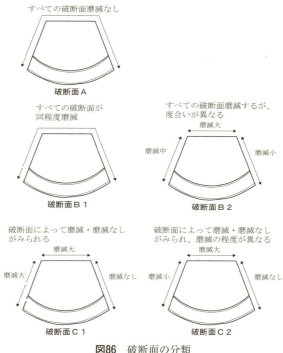

図86 破断面の分類

のもあるが、列島での出土時期がA類よりも新しくなるため、ここでは最古の一群とは分けておく。

異体字銘帯鏡A類の破鏡はこれまで12例が確認されている（南 2010b）。出土遺跡の特徴として、完形鏡が出土している地域での出土は少ないということを指摘することができる。この中で佐賀県湯崎東遺跡が位置する佐賀平野には異体字銘帯鏡が出土した吉野ヶ里遺跡や二塚山遺跡があるが、それらは平野の東部であり、西端に位置する湯崎東遺跡とは大きく離れている。

破鏡の形態と穿孔を型式ごとにみてみると、ⅠBaが5点、ⅠBbが2点、ⅠBcが3点、ⅡBaが2点となる。注目すべき点はすべて穿孔が施されていないということである。また鈕が残存する2点については、鈕孔が上方向に広がっているが、これを鈕に紐を通して使用したものと即断することはできない。両

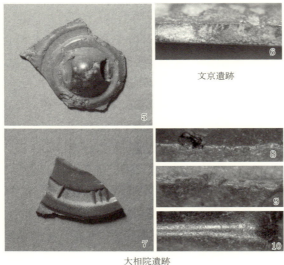

図87 前漢鏡の破鏡①（北部九州・四国）

鏡は文様が不鮮明であり、踏み返し鏡である可能性もある。踏み返しによって製作された鏡は鈕孔の変形が生じているものが散見され、この場合鈕の変形は使用による変形と断定することはできない。湯崎東鏡の鏡背面には、第1章第3節で述べたように、鋳肌が良好に残存していることから（図27-1・87-2）、ここでは鈕の変形を鋳造欠陥と捉えておきたい。このように考えると、異体字銘帯鏡の破鏡には懸垂鏡として用いる機能が備わっていなかったものと思われる。

次に破断面の磨滅状況をみてみよう。異体字銘帯鏡副葬地域の周縁部で出土した湯崎東鏡は錆によって4辺の破断面すべては観察できないが、少なくとも2辺は磨滅がみられるため破断面B・Cのいずれかとなる（図87-3・4）。熊本県で出土している3点は、いずれも磨滅はほぼない破断面Aである。愛媛県出土の2面は状態がそれぞれ異なる（図87-5〜10）。愛媛県松山市文京遺跡出土鏡はすべての破断面において顕著な磨滅がみられない破断面Aであるが、愛媛県大相院遺跡出土鏡は破断面の磨滅の進行度合いが異なる破断面C2であ

第2章　仿製鏡生産と破鏡利用の展開　169

下鈎遺跡

森北町遺跡

図88　前漢鏡の破鏡②（近畿）

り、ライフヒストリーが大きく異なっていたものと考えられる。近畿地方で出土した破鏡（図88）は、4点中3点が破断面BもしくはCである。

以上みてきたような出現期の破鏡の特徴をまとめると、①完形の異体字銘帯鏡を副葬した地域から離れた遺跡で出土している、②懸垂品としての機能を有していない、③破断面の状態は一様ではなく、分割後まもなく廃棄されたものや拡散の過程で数回の分割行為がおこなわれたと考えられる資料を含む、という点を指摘することができる。

(2)　後漢鏡の破鏡

前漢鏡の破鏡に比べ、量が急増し、分布も大きく広がる。異体字銘帯鏡副葬地域である福岡平野や佐賀平野での出土がみられるようになり、南九州や東海地方といった遠隔地での出土も確認されている。後漢鏡については次節で画文帯神獣鏡の検討をするため、ここでは北部九州に完形鏡分布の中心がある方格規矩鏡、内行花文鏡などを中心に検討をおこなう。

まず後漢鏡の破鏡を時期区分に従ってみていきたい。第1章第5節でみたよ

うに、後漢鏡は各型式の存続期間が長いため、拡散開始時期を絞り込むことが難しい。このためここでは全体的な傾向を捉えることを目的とし、列島での出土時期も考慮して、拡散の上限時期に着目して時期区分をしておきたい。上記の異体字銘帯鏡を第1期とし、弥生時代後期前葉に拡散の上限がある虺龍文鏡や異体字銘帯鏡B類、方格規矩鏡A〜C類、内行花文鏡A・B類を第2期、弥生時代後期後葉に上限のある方格規矩鏡D類、内行花文鏡C類を第3期、画文帯神獣鏡、上方作系浮彫式獣帯鏡、飛禽鏡などを第4期とする。なおここで検討対象とするのは弥生時代終末期までに出土したものとする。

次に形態についてみてみよう（図89）。第2期はⅠBa・ⅠBb・ⅠBcといった穿孔の施されていないものの出土が多い。これらはほぼ同数出土しており、3型式をあわせて全体の7割以上を占める。これに対しⅠAbとⅠAcも一定数が出土しており、穿孔を施す破鏡は縁を残す破片が多かったことを示している。しかし全体量からみると穿孔が施された破鏡は決して多くはなく、懸垂品としての使用は破鏡を保有する社会全体の中では主流ではなかったと思われる。第3期は第2期と同様な傾向を示すが、ⅠBcの現象が顕著である。また鈕を残すⅡ型の割合が高まる。このことはこの段階において縁のみの破片の利用が縮小したものと考えられる。縁のみの破片は面積が小さいものが多く、これは言い換えると第3期には比較的大きな破片が利用されていたことを示している。このこ

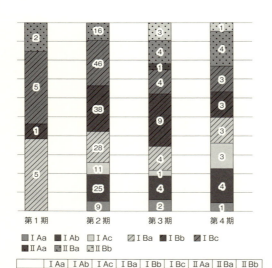

図89 形態の時期的変化

とは破鏡の破断面の状態とも関わってくる。分割と使用が繰り返された末に廃棄されたと考えられる破断面B2やCの破鏡の比率は第2期のほうが高く、第3期の破鏡にはほとんどみられなくなる。第3期には破鏡入手後、再分割されることはあっても、細かく分割するという方向性は希薄になりつつあったことを示している。

6．破鏡の拡散形態

　ここまで破鏡の形態と破断面の検討から、利用される破片の形態が変化すること、分割・利用が繰り返される頻度が減少していくことを示した。ここでは地域別に破鏡の分布、形態、破断面についてみていくことで、どのように破鏡が拡散していったのかについて検討してみよう。特に破鏡拡散の意義を検討するために、北部九州でも漢鏡が集中する糸島地域と福岡平野（まとめて北部九州中枢地域と呼ぶ）、北部九州の周辺地域の中でも多くの破鏡が出土している熊本県地域と大分県地域、九州外でも1遺跡で複数面が出土する山陰の鳥取県地域と四国の香川県地域、出土数の希薄な山陽の岡山県地域についてみていこう。

①北部九州中枢地域

　漢鏡が集中して出土するため、破鏡拡散の一つの中心があったものと思われる。基本的には1遺跡から出土する破鏡は1面で、複数面がまとまって出土する状況はみられない。第1期の破鏡は現在のところ出土しておらず、第2期以降についても出土数は少ない。福岡平野では第2期においてすでに福岡県春日市須玖唐梨遺跡で穿孔が施された破鏡が出土していることが注目される（図90－1：春日市教育委員会編 1988）。現状では第1期に穿孔が施された破鏡の出土がなく、その起源が本地域にあった可能性が考えられる。また糸島地域の三雲イフ遺跡では、第2期の破鏡に破断面C1が確認される（図90－3：福岡県教育委員会編 1982）。数回の分割・使用が想定される資料であるが、考え方としてはA：三雲・井原遺跡内部で数回の分割・使用が繰り返された、B：他地

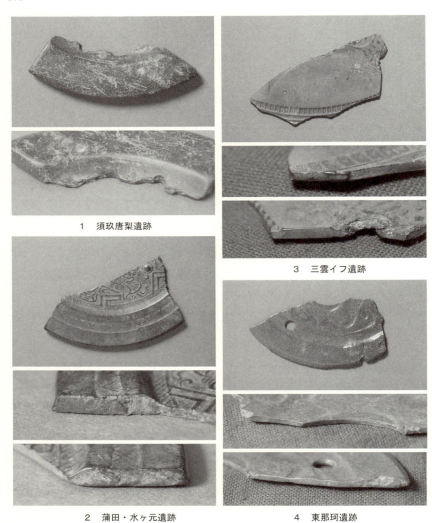

1 須玖唐梨遺跡
2 蒲田・水ヶ元遺跡
3 三雲イフ遺跡
4 東那珂遺跡

図90 北部九州中枢地域の破鏡

域で拡散する中で数回の分割・使用がなされて本遺跡に持ち込まれた、という２通りの状況が想定される。本鏡が出土した地区は三雲・井原遺跡の中でも他地域系の土器が出土する東北部に位置しており（糸島市教育委員会編 2013）、ここではＢの可能性があることを指摘しておきたい。福岡平野でも破断面 C1 が野方中原遺跡（福岡市教育委員会編 1974）、蒲田水ヶ元遺跡（図90-2：福岡市教育委員会編 1996）、東那珂遺跡（図90-4：福岡市教育委員会編 1995）で確認される。野方中原遺跡や蒲田水ヶ元遺跡は弥生時代後期の拠点である比恵・那珂遺跡

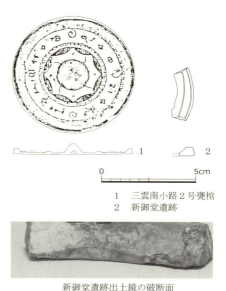

1　三雲南小路２号甕棺
2　新御堂遺跡

新御堂遺跡出土鏡の破断面

図91　熊本県地域出土前漢鏡の破鏡

群（久住 2009）からは離れたところに位置する遺跡であり、東那珂遺跡出土鏡は第４期に属するものである。詳細は次節でも検討するが、第４期は北部九州から東へ広がっていく破鏡の動きとは異なる拡散形態であったと考えられる。このため第４期の資料については他地域から数回の分割・使用後にもたらされた可能性が考えられる。

②熊本県地域

　30点の破鏡が出土している。完形の漢鏡は小野崎遺跡出土の細線式獣帯鏡１面のみであり（菊池市教育委員会編 2006）、基本的には破片の状態でもたらされたものと考えられる。すでに述べたように第１期の破鏡が方保田東原遺跡と新御堂遺跡で出土している（図91：南 2008a）。これらの形態はいずれもⅠBc類の小さな破片であり、破断面Ａである。北部九州で分割されたものが直接的に両遺跡にもたらされたと考えられる。第２期の破鏡は急増し、本地域のほとんどを占める。複数面が出土した遺跡があり、破鏡が１遺跡に集積している

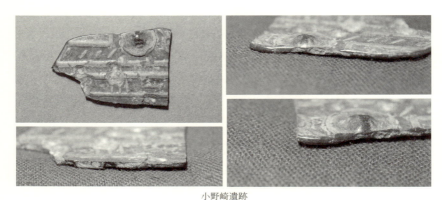

小野崎遺跡
図92 熊本県地域出土後漢鏡の破鏡

状況がみられる。複数面が出土したのは菊池川中流域の熊本県山鹿市方保田東原遺跡（原口長1964、山鹿市教育委員会編 2006など）、小野崎遺跡（菊池市教育委員会編 2006）、緑川流域の熊本県嘉島町二子塚遺跡（熊本県教育委員会編 1992）である。いずれも各地域の拠点的な遺跡であり、特に菊池川中流域の両遺跡では小形仿製鏡、巴形銅器、銅釧といった北部九州製の青銅器の出土量も豊富で、破鏡の受容においても他遺跡より優位な立場であったことが想定される。それを示すようにこれらの遺跡で出土したものには破断面 A や C といった、分割後ほとんど磨滅していない状態の破鏡がみられる（図92）。特に破鏡の集積と破断面 C の存在からは、他遺跡ですでに分割・磨滅した状態のものがここで分割されたことが考えられ、1 遺跡で1 面しか出土していない周辺遺跡にはここから拡散した可能性がある。また本地域で出土した破鏡には破断面 B2 がほとんどみられないことも注目される。このことは分割・磨滅が繰り返されながら各遺跡にもたらされたものではないことを示しており、拠点集落で分割後に直接周辺集落に拡散した様子が垣間見られる。また穿孔が施されたものも第 4 期の破鏡以外ほとんどみられず、破鏡が懸垂鏡として保有され続けるような状況はみられない。このことも本地域の特徴といえる。これに対して第 4 期の破鏡は上記の拠点集落では出土していないことから拡散形態に変化が

あったことが読み取れる（図93）。また破断面B2がみられることから複数回の分割と磨滅が繰り返された状況が確認される。さらにこれらには穿孔が施されている点もそれまでの様相とは異なっている。これらは墓の副葬品として扱われているが、それまでの破鏡は集落遺構からの出土であり、その点も特徴的である。

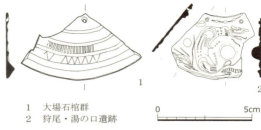

1　大場石棺群
2　狩尾・湯の口遺跡

図93　熊本県地域出土後漢末〜三国期鏡の破鏡

③大分県地域

36点の破鏡が出土しているが、地形的には北部九州の筑後川流域と接する日田地域、豊前地域と接する宇佐地域、熊本県の阿蘇地域に接す

原遺跡
図94　鈕と穿孔を有する破鏡

る大野川流域、別府湾を望む大分川流域の4地域に分けることができる。破鏡の保有については日田地域以外で複数面が出土した遺跡が確認できる。熊本県地域でみたような他の青銅器とともに拠点集落へ集積するという状況は石井入口遺跡でみられるが、他の遺跡は一般的な集落形態をとるものが多く、破鏡の保有数とはギャップがある。注目されるのは穿孔された破鏡の割合が高いことである。本地域の破鏡の割合は日田・宇佐地域が約46%、大野川流域・大分川流域が約52%で、すでにみた熊本県地域の15.6%と比べると格段に高い。さらに大分県地域の中でも大野川中流域の遺跡群では8点中6点（75%）に穿孔が施されている。大野川中流域の原遺跡では鈕を含む破片に穿孔が施されたものも出土しており（図94）、破鏡への穿孔が単に懸垂のためだけのものではなかった可能性も考えられる。

破断面についてはB2が一定数みられ、これらには穿孔が施されている事例が圧倒的に多い（図95）。このことは分割・磨滅が繰り返された結果各集落に

二本木遺跡
図95 大分県地域出土後漢鏡の破鏡

もたらされ、そこではそれらが懸垂品として利用されたことを示している。このような中で石井入口遺跡では破断面Aが確認されている。石井入口遺跡は拠点的な集落であり、破鏡や小形仿製鏡の集積もみられることから、ここで再分割がおこなわれたと考えられる。

④鳥取県地域

12点が出土している。本地域では東部に青谷上寺地遺跡（鳥取県埋蔵文化財センター編 2011）と秋里遺跡（鳥取県教育文化事業団編 1990）、西部に妻木晩田遺跡（大山スイス村埋蔵文化財発掘調査団他編 2000）といった複数面の破鏡が出土した遺跡がある。第2期から破鏡が確認される。形態の傾向としては鈕を含む破片が3点（25％）出土しており、その比率は他地域に比べ高い。完形の漢鏡は出土していないので、鈕を含む破片が他地域よりも多くもたらされた可能性も考えられる。そうなると破片は他の形態のものよりも大きかったと思われ、破鏡の受容については優位な地域であったと考えられる。一方で複数面が出土した上記の3遺跡で分割・磨滅が繰り返された破断面B2の破鏡が出土していることは、複数地域を経由した拡散があったと考えられるだろう。破鏡の集積がみられる青谷上寺地遺跡や秋里遺跡で破断面C1やC2といった未磨滅面を残す破鏡が出土していることから（図96）、本地域での分割がおこなわれたものと思われる。

青谷上寺地遺跡

図96 鳥取県地域出土後漢鏡の破鏡

⑤香川県地域

　第2期の破鏡が12点出土している。なかでも旧練兵場遺跡（香川県埋蔵文化財センター編 2011）が位置する善通寺平野で8点が出土している。旧練兵場遺跡は当地域の拠点集落で、他地域との交流を示す遺物や遺構も数多く確認されており、善通寺平野で出土した8点のうち5点が出土している。本遺跡では穿孔が施された破鏡が1点出土しているが、善通寺平野で出土した残りの7点はいずれも穿孔が施されていない。穿孔が施された破鏡は破断面B2であり、分割と磨滅が繰り返された後に本遺跡に持ち込まれ、きわめて短期間と思われるが保有期間を有していたと思われる（図97-1）。2つの穿孔のうちの1つは破断面にかかっており、分割された後に磨滅している。これは本遺跡に到達する過程で生じた分割・磨滅であると考えられる。また鏡背面側には擦切り状の痕跡が残存しており、さらに分割する過程で廃棄されたと考えられる。旧練兵場遺跡では他の破片に破断面Aがみられる（図97-2）。破鏡の集積とこのような破断面がみられることから、本遺跡での分割がおこなわれ、周辺遺跡へと拡散したと考えられる。

⑥岡山県地域

　4点が出土しており、3点が県南部の瀬戸内海側、1点が県北部の中国山地側での出土である。県南部では第2期が1点しか出土しておらず、すでにみた中国山地を越えた鳥取県地域や、瀬戸内海をはさんで対岸に位置する香川県地

1　旧練兵場遺跡 25 次 II - 4 区 SH4003

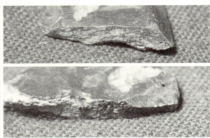

2　旧練兵場遺跡 23 次 S 区 SH1058

図97　香川県地域出土後漢鏡の破鏡

刑部遺跡

図98　岡山県地域出土後漢鏡の破鏡

域と比べるときわめて少ない状況である。県南部で出土した第 2 期の破鏡は刑部遺跡で出土したもので、形態は I Ba である（図98）。当地域での出土数の少なさに加え、刑部遺跡は周辺集落よりも上位にたつような集落ではないということも注目される。鳥取県地域や香川県地域では拠点集落での再分割行為とそこからの拡散という状況がみられたが、本地域で拠点となる遺跡では破鏡の再分割を示す破断面 C や、磨滅の進んだ破断面 B は確認されていない。このような状況からは岡山県地域が九州外における破鏡拡散圏において異色な存在であったと考えられ

第2章　仿製鏡生産と破鏡利用の展開　179

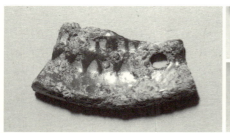
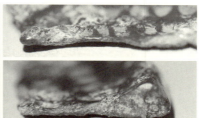

桜山2号墳

図99　岡山県地域出土漢末・三国期鏡の破鏡

る。これに対して第4期の桜山2号墳出土破鏡は穿孔を有するⅠAcであり、破断面はC1である（図99）。また副葬品として用いられている点もそれまでの様相とは異なる。このような破鏡は第4期まではみられなかったものであり、熊本県地域と同様に、破鏡の意義がこの時期に変容したものと思われる。

　以上みてきたように、破鏡の周辺地域への拡散形態は、基本的に拠点集落へともたらされて、そこで再分割がなされ、小地域内の集落にも広がっていくという状況が考えられる。破鏡を保有した集団について考えると、拠点集落はそれによって北部九州中枢地域との関係性を構築し、同様な手法を用いて地域内での上下関係を構築・維持していたものと考えられる。その中で穿孔を施した破鏡の保有を優先した大野川流域・大分川流域を中心とした集団は、破鏡を懸垂品として頻繁に使用したものと考えられる。これは破鏡の「見せ方」、つまり視覚的な確認方法の差であり、それだけ破鏡に対する社会的な影響力が高かったものと考えられる。一方でこのような拡散形態がみられない岡山県地域は、北部九州との地域間関係の創出や、地域内の階層関係の構築に破鏡が用いられていなかったと考えられる。このような地域性を含みながらも破鏡は北部九州から近畿、東海、関東にまで広がっていく。このような遠隔地への拡散は北部九州から直接的になされたものとは考え難く、いくつかの地域を経由し、分割・磨滅を繰り返しながら広がっていったと考えられる。

第5節　画文帯神獣鏡の破鏡をめぐって

1．画文帯神獣鏡とその破鏡

　本章第4節では破鏡の拡散について検討したが、その中で漢末・三国期の鏡群（画文帯神獣鏡、飛禽鏡、上方作系浮彫式獣帯鏡）である第4期に破鏡の様相がそれまでとは変化したことを指摘した。この時期の銅鏡は第1章第5節でも検討したように弥生時代終末期以降に拡散した銅鏡で、弥生時代から古墳時代へと移行する段階の地域間関係を考える上で重要な位置を占める。またこの時期はそれまでに拡散した多くの破鏡が墓への副葬や集落への廃棄という形でその役目を終えることが指摘されている（高橋徹 1992、藤丸 2000）。このような破鏡の終焉過程を考える上でも本時期の破鏡がどのように用いられていたのかを明らかにする必要があるだろう。

　漢末・三国期鏡群の中でも近年特に注目されているのは画文帯神獣鏡である。画帯神獣鏡は後漢の2世紀前半から製作が開始されたと考えられており、華北東部地域や華西地域、江南地域で生産され、作鏡集団の再編を経て三国期まで生産が継続する（上野 2000・2007・2008、村瀬 2014a・2016a・b）。日本列島では弥生時代終末から古墳時代前期を通じて副葬品として用いられている。画文帯神獣鏡が生産された時期は、日本列島で卑弥呼が共立された時期に符号することから、邪馬台国時代の日本列島の様相を示すものとして重要視されている。

　このように画文帯神獣鏡の拡散は日本列島の歴史展開を考える上で鍵となるが、その破鏡が出土していることは興味深い。前節で検討したように破鏡は北部九州を基点に各地へと拡散したと考えられるが、弥生時代終末から古墳時代前期に畿内に分布をもつ画文帯神獣鏡が破鏡として拡散していることはどのように評価できるだろうか。画文帯神獣鏡はこの時期における最上位の威信財と

も考えられており、卑弥呼共立により誕生した邪馬台国政権から各地にもたらされたと考えられている（福永 2001b・c・2005・2008・2010）。このような画文帯神獣鏡が完形鏡よりも価値の低いと考えられている破鏡の形で出土することにはどのような意味があるのだろうか。

本節ではこのような視点に立ち、画文帯神獣鏡の破鏡の位置づけについて考えていく。

2．画文帯神獣鏡の破鏡出土遺跡

日本列島では古墳時代中期後半以降の同型鏡群を除くと約85面の画文帯神獣鏡が出土している。分布の中心は近畿地方にあり、列島各地にはここから広がったと考えられている（岡村 1999、福永 2001b・c・2005）。これらのうち破片の状態で副葬または廃棄されたと考えられるのはわずか6面である。このうち2面は近畿地方で出土しており、1点は奈良県桜井市ホケノ山墳丘墓出土鏡である（奈良県立橿原考古学研究所編 2008）。ホケノ山墳丘墓が所在する奈良盆地東南部は画文帯神獣鏡拡散の中核を担っていたと考えられている地域である。ホケノ山墳丘墓では伝世資料を含めて完形が3面、破片が1面の画文帯神獣鏡が出土している。ホケノ山墳丘墓の破片の評価は、他遺跡で出土した破片の意義づけに大きな影響を与える。

また6面中4面が九州で出土している点も興味深い。九州では完形を含め5面の画文帯神獣鏡が出土しているが、熊本県玉名市院塚古墳を除いてすべて破片である。九州は弥生時代中期後半から後期において漢鏡拡散の中心であり、破鏡の出土数も他地域に比べ多い。画文帯神獣鏡の破鏡を考える上では破片の状態で受容したのか、あるいは完形の状態で受容し分割したのかという問題もある。

以上の問題意識を念頭に置き、まずホケノ山墳丘墓出土鏡や他遺跡で出土した破鏡の検討をおこなっていく。

3．ホケノ山墳丘墓出土の画文帯神獣鏡

　ホケノ山墳丘墓は全長80mの前方部が短い前方後円墳で、中心埋葬施設には石囲い木槨が採用されている。石囲い木槨からは鉄製品や銅鏃などが出土している。鏡は1999年から2000年におこなわれた調査で画文帯神獣鏡が2面、内行花文鏡が1面出土している。画文帯神獣鏡は1面が完形（画文帯神獣鏡A）で、もう1面が破片（画文帯神獣鏡B）である。鏡の出土状況をみると、画文帯神獣鏡Aはその場で破砕された状態だが、画文帯神獣鏡Bは破片が槨内外に散らばった状態で出土している（図100）。報告では副葬時すでに破片の状態であったことが指摘されている（橿原考古学研究所編 2008：以下『報告書』と記す）。破片は現状で2つに分かれているため、ここでは『報告書』図73-2をB-1、『報告書』図73-3をB-2とする。

　B-1（図101-1）　破断面C・Dは割れたままの状態と考えられるが、破断面A・Bは様相が異なる。破断面A・Bには角の丸みや研磨痕跡はみられないが、破断面C・Dに比べ側面が比較的平坦な状態である。しかし鏡背面側がやや外側にせりだしていることや破断面にシワがみられることから、破片の状態で一定期間保有されていたかの判断は難しい。

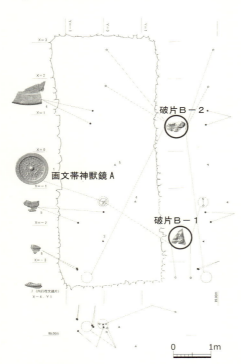

図100　ホケノ山墳丘墓銅鏡出土状況（縮尺1/100）

第 2 章　仿製鏡生産と破鏡利用の展開　*183*

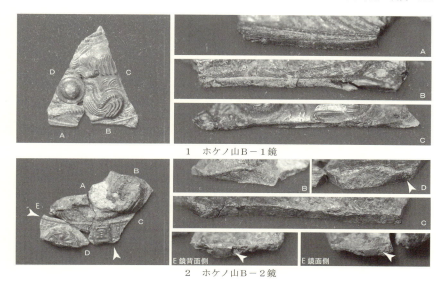

1　ホケノ山B−1鏡

2　ホケノ山B−2鏡

図101　ホケノ山墳丘墓出土の破鏡

　B−2（図101-2）　破断面A～Cは割れたままの状態だが、破断面D・Eの一部は凹凸がなく平坦になっている。破断面Dの角は鏡面側にやや傾斜しているが、鏡背面側の角にやや丸みがみられる（図101-2：Eの矢印部分）。これが研磨や使用による磨滅かどうかの判断は慎重であるべきだが、ほかの面と比べるとその差は明瞭である。また破断面Eは鏡背面側に傾斜しているが、凹凸はまったくなく平坦になっている。色調も破断面以外の部分と同様であり、他の破断面とは状態が異なっている。

　このようにホケノ山墳丘墓で出土した画文帯神獣鏡Bには破断面が割れたままとはいえない状態の部分があり、破片の状態で一定期間保有されていたと考えられる。

4．画文帯神獣鏡の破鏡と二次加工の検討

　ホケノ山墳丘墓の画文帯神獣鏡が破片の状態で保有されていたことを指摘し

たが、ホケノ山鏡は破断面の欠損が著しく破断面を部分的にしか確認できなかった。そこで他の破片についても破断面の状態を検討する。なお画文帯神獣鏡の分類や段階の区分は上野の成果による（上野 2000・2008）。

①大阪府東大阪市池島・福万寺遺跡（大阪府文化財調査研究センター編 1997）

　内区の破片であり、方形帯の銘文に「天王日月」がみえる（図102-1）。銘文 A1 または A2 にあたるものと思われ、内区文様帯に小乳が配されることから同向式ⅠA であろうか。華北東部地域で製作されたことがうかがえる。破断面はいずれも顕著な磨滅はみられないが、角はわずかに丸みを帯びており、破断面 B に該当する。本鏡は、短期間ではあろうが、破片の状態で保有されていたものと判断される。

②福岡県朝倉市外之隈遺跡Ⅰ区1号墳1号墓（福岡県教育委員会編 1995）

　鈕を欠く約1/2の破片である（図102-2）。銘文が不鮮明だが、環状乳神獣鏡ⅡC に含まれると思われ、後漢末の神獣鏡第1段階のものであると考えられる。破断面は錆が著しいが、内区の大部分は破断面の角にほとんど丸みがみられない。これに対し縁の部分ではわずかに破断面の鏡面側にわずかに丸くなっているようにみえるが、破断面の丸みの差は大きなものではない。このことから、破断面 A としておきたい。分割から副葬されるまでに破片の状態で一定期間存在していたことは確かであろうが各辺の破断面の丸みに大きな差異が見出せないことから分割→磨滅→再分割といったプロセスは経ていないものと思われる。

③福岡県久留米市祇園山古墳1号甕棺墓（福岡県教育委員会編 1979a）

　鈕を欠く約1/2の破片である（図102-3）。対置式Ⅱに位置づけられるが、神獣配置は4体の獣が対置式に配されるものであると考えられる。後漢末の神獣鏡第1段階のものである。破断面は錆や欠損が著しいが、残存部はほとんど丸みを帯びておらず、破断面 A と考えられる。このため分割後の磨滅を経た再分割はおこなわれていないと思われる。祇園山鏡には穿孔が1カ所確認される。穿孔部分は破断面側が丸みを帯びており、さらに鏡背面側よりも鏡面側の方が丸みがある。このことから一定期間破片の状態で懸垂して使用されていた

第2章 仿製鏡生産と破鏡利用の展開 185

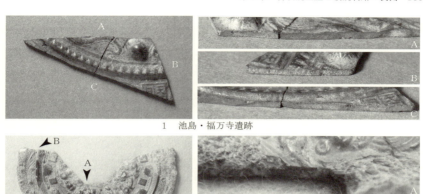

1 池島・福万寺遺跡

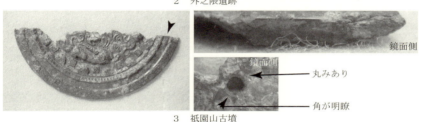

2 外之隈遺跡

3 祇園山古墳

図102 画文帯神獣鏡の破鏡の諸例①

と考えられる。

④熊本県阿蘇市狩尾・湯の口遺跡第2号石棺（熊本県教育委員会編 1993）

　内区のみの破片で、同向式ということ以上の型式細分は難しいが、漢鏡7期後半～三国・西晋時代の神獣鏡第2段階～第3段階にあたると思われる（図103-1）。狩尾鏡は破断面の状態が特徴的である。破断面Aは破断面の角がなくなるほどに丸くなっている。これに対し破断面C・D・Eは破断面の角がやや丸くなる程度であり、破断面B・Fはほとんど丸みがみられない。さらに注目されるのは破断面BやAとFが交わる角に研磨痕跡が確認される点である。狩尾鏡の破断面の擦痕は比較的粗く、深い。このことから破断面C2とす

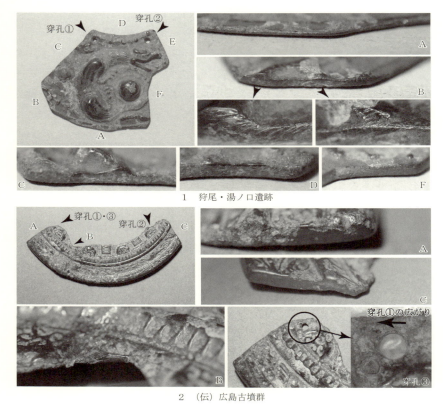

1　狩尾・湯ノ口遺跡

2　(伝) 広島古墳群

図103　画文帯神獣鏡の破鏡の諸例②

ることができる。また本鏡には2カ所の穿孔が施されている。穿孔部分は両方とも鏡背面側に向かって大きく孔が広がっており、鏡背面側から鏡面側に向かって孔が穿たれたと考えられる。穿孔部分は錆が著しいが、両者とも上方に向かって広がるように磨滅している。分割・磨滅を繰り返しながら本遺跡にもたらされたが、現状の形になった後は、きわめて短期間の保有を経て副葬されたと考えられる。

⑤ (伝) 宮崎県宮崎市広島古墳群 (宮崎県編 1995)

　外区から半円方形帯までの破片である (図103-2)。型式は明確にしがたい

が、外区周縁部には半裁菱雲文が配されており、三国・西晋以降の製作になるだろう。列島出土品の中では新山古墳出土鏡に類似している。他の破片に比べると製作時期が新しい資料といえよう。当鏡の破断面は丸みに段階差がみられる。破断面はB→A→Cの順に丸みが強くなっており、Bはまだ角が明瞭に確認できる。AとCではややCの方が丸みが強い。破断面B2に該当する。また当鏡には穿孔が2カ所あり、片方は半分以上が欠けている。注目すべきは孔の広がる方向で、完存する穿孔①は孔が破断面A側に広がっている。仮に現状の形態で使用した場合、2カ所の穿孔の位置からして、破断面B方向に磨滅するものと考えられる。このため穿孔①は現状の形態になる前に磨滅していたものと思われる。さらに穿孔①の傍には貫通していない穿孔痕跡（穿孔③）もみられ、穿孔は鏡背面側からおこなわれていたと考えられる。当鏡は破断面の丸みの段階差から分割→使用→再分割のプロセスを経ていると判断され、穿孔①の磨滅方向からもこのことを確認することができる。

5．拡散形態の検討

　ここまでの検討で、画文帯神獣鏡は拡散の中心地と考えられる畿内において破片での保有が認められ、九州では狩尾鏡や（伝）広島鏡のように数回の分割がおこなわれた後に副葬または廃棄される事例も確認することができた。ホケノ山墳丘墓で画文帯神獣鏡の破鏡が出土した意味は大きい。なぜなら完形での拡散が基本であったと考えられる中、拡散の中核を担ったと考えられる地域で破片での保有が認められたことは、破片での拡散の可能性が見出されるからである。そこで画文帯神獣鏡の破鏡の拡散形態について検討する。

　九州で出土した画文帯神獣鏡は明確な分布の中心をもたず、出土遺跡相互の関係性を見出すことも困難である。また弥生時代後期の銅鏡拡散状況からみると、いずれの地域も銅鏡拡散の起点であった状況は積極的には読み取れない。これらのことから九州で完形鏡を分割した可能性は現在のところ高くない。ホケノ山墳丘墓での破鏡の出土とあわせて考えると、九州への画文帯神獣鏡の拡

散は破片の状態であったと考えられる。祇園山遺跡と外之隈遺跡では破片を直接入手し、短期間の使用の後に副葬されたと考えられる。

　一方、狩尾鏡と（伝）広島鏡は破断面の数段階の磨滅が示すように、数回の分割がおこなわれている。この場合に考えられるのは①両遺跡に破片が直接もたらされ、繰り返し使用して現在の状態になった、②他の遺跡へ破片でもたらされたものが再分割され、間接的に受容した、という2パターンである。完形・破片を含めて画文帯神獣鏡の出土がきわめて限られる現状ではいずれかを判断することは難しい。しかし狩尾鏡が副葬された箱式石棺の時期は弥生時代終末におさまる可能性が高く、破片のサイズや数回の再分割がおこなわれた状況に反して、入手から副葬までの期間がきわめて短かったと考えられる。穿孔の磨滅がごくわずかであることや良好な破断面の研磨痕跡の残存も狩尾鏡の被葬者やその周辺において短期間に繰り返し使用されたという状況は認めがたい。一方、狩尾・湯ノ口遺跡の周辺では、熊本県玉名市東南大門遺跡で古墳時代前期の篦被ぎをもつ銅鏃が出土している（玉名市教育委員会編 2000）。また菊池川中流域とは弥生時代に鉄を介したネットワークが形成されていたことが指摘されており（西嶋 2002）、弥生時代における菊池川以南の銅鏡再分配の中心も当地域に存在している（南 2002・2007b・2013b）。菊池川中流域では画文帯神獣鏡をはじめとした漢鏡7期鏡群の出土はまだないが、ここでは②の可能性を指摘しておきたい。また（伝）広島鏡についても、周辺には宮崎県西都市西都原古墳群や同高鍋町持田古墳群といった三角縁神獣鏡や大形倭鏡が出土する地域がある。さらに宮崎県域で注目されるのは宮崎県川南町尾花A遺跡で古墳時代前期の銅鏃の茎部の破片（宮崎県埋蔵文化財センター編 2011）、同日向市板平遺跡で意図的に切断された車輪石の破片が出土しており（宮崎県埋蔵文化財センター編 2008、南 2011）、（伝）広島鏡の出土時期は不明だが、周辺の状況からは破片でもたらされたものが再分割された可能性は高い。穿孔の磨滅方向から元は約1/2の破片であった可能性があり、この点は祇園山鏡などと共通する。九州へはこのような状態で拡散していた可能性も考えられよう。

　画文帯神獣鏡の拡散には初期畿内政権の政治的意図が大きく作用していたこ

とには筆者も同意するが、そこで弥生時代以来おこなわれていた破鏡としての拡散がおこなわれていたことは重要である。画文帯神獣鏡の破鏡はほとんどが九州に集中しており、拡散における明確な意図が感じられる。弥生時代中期後半以降、破鏡や小形仿製鏡の拡散による中心・周辺関係の構築が浸透していた九州では、当然破鏡を入手することの意味を理解していたものと思われる。画文帯神獣鏡の拡散を管理した初期畿内政権もこのような思想的背景を利用して、九州には破鏡を拡散させていた可能性がある。そして菊池川中流域から阿蘇地域や、宮崎平野周辺といった北部九州の周辺部では弥生時代以来の拡散形態が依然作用していたものと思われる。このような弥生時代終末期前後から開始された畿内の威信財配布戦略と弥生時代以来の地域間関係構築戦略が入り混じった様相こそが九州古墳時代前期社会の一面を表出しているといえるだろう。

このように考えると、画文帯神獣の破鏡はそれまでとは異なり、初期大和政権側による意図的な分配手段であったといえ、破鏡といえども決して青銅器の序列の下位に位置づけられるものではなかったと考えられる。その後の状況をみると、祇園山遺跡の位置する福岡県久留米市域、外之隈が位置する朝倉地域には三角縁神獣鏡がもたらされ、（伝）宮崎鏡の周辺にも畿内から多くの遺物がもたらされることとなる。画文帯神獣鏡の破鏡の拡散からは、このような政治的背景や社会的な側面を読み取ることができるのである。

第6節　破鏡としての小形仿製鏡の拡散

1．小形仿製鏡の破鏡利用

ここまで小形仿製鏡と漢鏡の破片を利用した破鏡の拡散について論じてきたが、少数ではあるが小形仿製鏡にも破鏡として拡散したと考えられるものが存在する。小形仿製鏡の破鏡の創出は捩じ切ったり、敲打によって鈕を抜き取っ

たりしたものであったことが指摘されている（松本 2008）。このような行為は儀礼的なものであった可能性が高いと考えられる。しかし小形仿製鏡の破鏡はすべてがこのようなものではなく、漢鏡の破鏡と同様に細かな破片になっているものもある。本節ではこのような小形仿製鏡の破鏡に着目する。

　小形仿製鏡も破鏡としての拡散がおこなわれていたことは、小形仿製鏡そのものの意義を考える上でも重要である。本節では小形仿製鏡の破鏡について、第2章第4節でおこなった破鏡の形態や破断面の検討をおこない、小形仿製鏡の破鏡利用の展開過程を明らかにする。

　2．半島製小形仿製鏡の破鏡

　管見の限り3点が出土している。出土数は限られているが、分布は福岡県、鹿児島県、奈良県にまで及んでいる。奈良県橿原市四分遺跡では重圏文系の破鏡が出土している（図104－1：奈良国立文化財研究所編 1994）。破断面は磨滅している面と、ほぼ磨滅していない面がみられ、破断面C1である。また鏡背面には全体に非常に細かい回転擦痕がみられる（図104－1a）。このような痕跡は鋳型に彫り込まれたものではないと考えられるが、回転擦痕の多くは1つの単位が1mmを下回っており、櫛歯文間のわずかな隙間にまでこの加工が施されている。筆者がこれまで調査した小形仿製鏡の中にはこのような加工が施されているものは他にはないが、佐賀県みやき町西寒水四本柳遺跡では同様の加工痕が確認されておりその関連性が注目される（みやき町教育委員会編 2013）。回転擦痕が破断面によって遮断されている部分もあることからこれよりも大きな破片の段階でこのような加工がおこなわれ、破断面が磨滅・分割され四分遺跡にもたらされたものと考えられる。またこの他にも鹿児島県指宿市横瀬遺跡でも重圏文系の破鏡が出土している（図104－2：指宿市教育委員会編 1982）。横瀬鏡の破断面も四分遺跡と同様に破断面Cで、やはり分割と磨滅が複数回にわたっていたと考えられる。

　一方、福岡県豊前市鬼木四反田遺跡でも重圏文系の破鏡が出土している（豊

第2章 仿製鏡生産と破鏡利用の展開　191

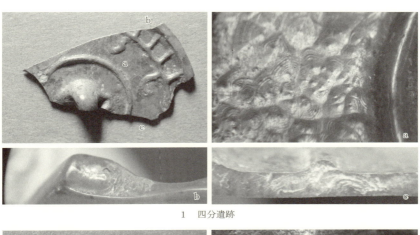

1　四分遺跡

2　横瀬遺跡

3　鬼木・四反田遺跡

図104　半島製小形仿製鏡の破鏡

前市教育委員会編 2006) が、破断面はほとんど磨滅していない破断面 A であり、この状態ではほとんど使用されていなかったようである（図104-3）。鬼木四反田鏡は弥生時代後期初頭の住居跡から出土しており、半島製小形仿製鏡が後期初頭までに北部九州にもたらされ、破鏡となった後に鬼木四反田遺跡で廃棄されたことがわかる。

3. 北部九州製小形仿製鏡の破鏡

　最古段階の重圏文系第Ⅲ型の破鏡としては長崎県対馬市タカマツノダン遺跡出土鏡が挙げられ、これ以降内行花文系第Ⅳ型 B 類までみられる。タカマツノダン遺跡出土鏡（長崎県教育委員会編 1974）は磨滅がほぼみられない破断面 A であり、半島製小形仿製鏡のように複数回の分割・磨滅がなされた様子は確認できない。内行花文系第Ⅲ型 A 類の破鏡は北部九州から周辺地域にかけて出土しており、出土数も増加する。内行花文系第Ⅲ型 A 類は小形仿製鏡生産の中心地であった須玖岡本遺跡（図105-1：春日市教育委員会編 2011）や、漢鏡が集中する糸島平野の三雲八反田遺跡（福岡県教育委員会編 1982）で出土していることから、生産・供給地においてすでに破鏡としての利用がおこなわれていたと考えられる。破断面は磨滅しておらず、破鏡として長期間保有されたものではないと考えられる。この他にも福岡県貝元遺跡（福岡県教育委員会編 1999）や、北部九州の周辺地域にあたる熊本県平田町遺跡（熊本市教育委員会編 2006）、さらに遠隔地の宮崎県神殿遺跡（図105-2：宮崎県埋蔵文化財センター編 1997、南 2012a）でこの段階の破鏡が出土しているが、いずれも破断面 A である。このことは、破鏡は拡散しているが、漢鏡の破鏡のような複数回の分割・磨滅を繰り返しながら周辺地域に及ぶという状況ではなかったと考えられる。また破片の状態での使用はほとんどなかったと考えられる。

　このような北部九州製小形仿製鏡の破鏡の状況にあって、内行花文系第Ⅳ型 B 類段階においては破断面の磨滅や穿孔が施されるといった漢鏡の破鏡と同じ

第 2 章　仿製鏡生産と破鏡利用の展開　193

1　須玖岡本遺跡

2　神殿遺跡 A 地区

図105　北部九州製小形仿製鏡の破鏡①

ような扱い方がみられる。佐賀県多久市羽佐間四反田遺跡出土鏡（図106：多久市教育委員会編 1991）は穿孔が施された破鏡であり、穿孔は欠損によって半分が失われている。そして欠損後はその面がさらに磨滅している。破断面の状態は破断面 B2 であり、複数回の分割・磨滅がなされていたと考えられる。また福岡県久留米市西屋敷出土鏡（久留米市教育委員会編 1984）は鈕を含む約 1/2 の破片であり、破断面は磨滅が進行している。破断面 B であることから、この形態での使用により破断面が磨滅したと考えられる。

4．近畿製小形仿製鏡の破鏡

　近畿製小形仿製鏡の破鏡はわずかだが、大阪府八尾市八尾南遺跡出土の

羽佐間四反田遺跡
図106 北部九州製小形仿製鏡の破鏡②

「十」字小形仿製鏡は破鏡として利用されている（図107）。縁から内区までの破片で、破断面は全体がやや丸みを帯びており、長期間に及ぶ使用ではなかったと考えられるが、現状の形態のまま保有されていたことは確かである。分割・磨滅が繰り返された形跡はないが、近畿地方でも自らが製作した小形仿製鏡が破片の状態で拡散する場合があったことを示している。

5．破鏡としての小形仿製鏡の意義

以上小形仿製鏡の破鏡利用の展開についてみてきた。半島製小形仿製鏡は漢鏡の破鏡と同じように分割・磨滅が複数回に及んでいたと考えられ、漢鏡と同様の扱われ方がなされたと考えられる。これに対し北部九州製小形仿製鏡は破鏡としての利用は生産開始期からすでにおこなわれていたと考えられるが、しばらくは破片の状態で拡散するものの、漢鏡のような扱われ方はされていなかったと考えられる。出土遺跡には北部九州中枢地域も含まれていることから、北部九州中枢地域と周辺地域で破片が分有されていた可能性も考えられるだろう。北部九州製小形仿製鏡が漢鏡の破鏡と同様に扱われるのは、その分布域が急速に縮小する内行花文系第Ⅳ型段階である。この時期は生産も縮小・集約化が図られた段階でもあり（田尻 2004・2012）、製品の流通構造の変化や流

八尾南遺跡

図107 近畿製小形仿製鏡の破鏡

通量の減少も生じている。この段階の資料は内行花文系第Ⅳ型が分布する範囲の周縁であり、小形仿製鏡の破鏡利用が促進されたものと考えられる。このように小形仿製鏡の破鏡としての利用状況からは、半島製小形仿製鏡と北部九州製小形仿製鏡の差が明瞭であり、両者の社会的意義は異なるものであったと考えられる。近畿製小形仿製鏡の破鏡利用については資料数が少ないためはっきりしたことはいえない。しかし「十」字小形仿製鏡は近畿製の中でも北部九州製小形仿製鏡と原鏡を同じくしており、湯口の設置位置も共通していることから、両者は生産についての情報を共有していた可能性がある。破鏡としての小形仿製鏡の利用についても北部九州からの情報が及んでいたことも想定される。今後の資料増加に期待したい。

第3章　漢代における銅鏡の保有とその意義

第1節　漢代の銅鏡使用

1．鏡使用の具体像を探る

　本章では、漢代における銅鏡の保有状況を検討することによって、その社会的な意義を明らかにしたい。このことは漢から入手した鏡の拡散・受容や小形仿製鏡・破鏡の創出によって地域間関係を表示した弥生社会の評価においても重要な意義をもつ。そのためにまずここでは漢代における鏡の使用方法についてみていきたい。

　鏡の使用方法について、まず参考になるのは、その場面が画題とされた画像石や絵画資料である。これらの資料数は限定されているが、考古資料の機能を考える上で欠かすことができない。また漢墓からは鏡を使用する際にセットで用いられたと考えられる器物も出土している。鏡の使用方法についてはこれらの資料から考えてみたい。

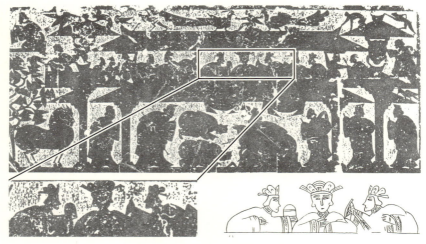

図108　武氏祠画像石の銅鏡使用状況

2．画像石・絵画資料にみる鏡の使用方法

（1）画像石

①武氏祠画像石

　中国山東省には後漢代に活躍した武氏一族の墓地が存在し、さまざまな題材が刻まれた画像石が確認されている。これらの画像石は北宋代から文献にたびたび登場しており、数多くの歴史書にも登場している（朱錫禄 1986）。墓葬の年代は紀元147〜168年であると考えられており、後漢後期における鏡の使用状況を考える上で有益である。

　鏡が使用されている場面が刻まれているのは、左石室第九石の中段中央部である（図108）。林巳奈夫は、中央が正面向きに座った女主人、右側が鏡面を女主人に向けた侍女、左側が鏡や化粧道具の容器である鏡奩を差し出した女性であるとしている（林巳 1976・1992）。右側の侍女が持っている鏡には、鏡背面中央から派生する帯のような表現が確認され、鈕に紐が通され、それを握って

第3章　漢代における銅鏡の保有とその意義　199

図109　武梁石室画像石の銅鏡使用状況

いる状況であると理解される。

②武梁石室

　上述の武氏祠画像石のうち、紀元151年に没した武梁の墓の一部である。鏡の使用場面は後壁の第1層右端に刻まれている（林巳1976、朱錫禄1986）。中央の人物が鏡面を自らに向けて、顔を覗き込んでいる姿が刻まれている（図109）。鏡背面中央からはやはり帯のような表現が派生しており、鈕に通された紐であると考えられる。左側の人物は手に何かをもっているが、鏡奩である可

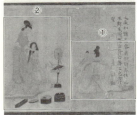

②鏡架の使用　　　　　　①手持ちでの使用

図110　『女子箴図』にみる鏡の使用方法

能性もある。

（2）絵画資料

　漢代から時期が下るが、東晋の画家である顧愷之（344〜405年？）によって描かれた『女子箴図』には二種類の鏡の使用状況が描かれている。『女子箴図』は西晋期に張華（232〜300年）が宮中の女官たちの心得を記した『女子箴』を図化したものである。4世紀前後の鏡の使用状況を示す絵画資料であるといえる。

①手持ちでの使用

　1人の人物が手に持った鏡で顔を映している（図110‐①）。左手は鏡背面側に回されており、鈕に結び付けた帯を握っているものと思われる。帯が赤色で

描かれているのは、後述する鏡架に設置された鏡と同様である。
②鏡架の使用

　2人の人物が描かれており、立っている人物が座っている人物の髪を結わえている。鏡は鏡架に取り付けられている（図110‐②）。鏡背面の中央にT字形の鏡架先端があり、そこから赤色の帯が垂れている。鈕に通された帯を鏡台先端のT字形部分に結び付けることで固定されているようである。鏡のサイズは顔の大きさよりも一回り大きい。鏡架の軸の中ほどには、軸よりも径の大きい球形の部分があり、直上に四角形の箱状の構造物が取り付いている。箱状構造物には珠点状の模様が描かれている。台座は半球形状で、上部には模様がみられる。鏡の高さは座っている人物の顔付近にあり、1mを超えるような高さではなかったと考えられる。なお鏡台は黒で描かれている。

　また傍らには鏡奩が描かれており、1つは蓋がされているもの（鏡奩Aとする）、もう1つは蓋が外されているもの（鏡奩Bとする）である。鏡奩Aの上面には模様がある。側面からみるとT字形であるが、おそらく上面からみると四葉座状を呈しているものと思われる。また鏡奩Bの横にある高さの低いものは内面が赤・外面が黒で描かれており、蓋であったとも考えられる。鏡奩Bの中にはさらに小型の円柱状の箱が入れられている。このような構成は前漢代の鏡奩の構成と共通している。

　以上、後漢代の画像石や西晋～東晋代の絵画資料における鏡の使用方法についてみた。いずれも鈕孔に通した紐を持って使用する情景がみられることから、これらの時期における一般的な使用方法であったと考えられる。前漢代の墓からも鈕孔に紐が通された状態のまま副葬されたものがみられることから、手持ちでの使用は前漢代も同様な状況であったと考えられる。

　3．漢代の鏡架・鏡台

　東晋代に描かれた『女子箴図』の中には鏡架に鏡を設置して使用する場面がみられた。漢墓からもこのような鏡架や鏡台と考えられる資料が出土している。

①河北省北庄漢墓出土鏡架
　北庄漢墓は紀元90年に死去した中山国の簡王劉焉を埋葬した墓として知られている。出土鏡については第1章第4節と本章第2節で触れるが、注目されるのは「銅器架」として報告されている青銅製品である（図111：河北省文物工作隊1964）。朱仁星はこれが鏡架であった可能性を指摘している（朱仁星 1990）。構造は、2点の刀形飾りを立てて、その間に山形飾りを置き、H字の形状に組み合

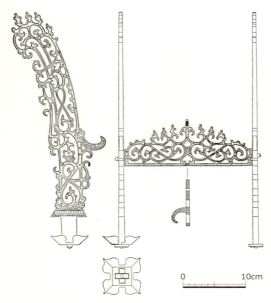

図111　北庄漢墓出土鏡架（縮尺1/6）

わされるもので、刀形飾りの底部には四葉座の飾り金具が装着される。刀形飾りには先端が上を向く鈎状部分があり、山形飾りには先端が下を向く鈎状部分が確認できる。報告では山形飾りを刀形飾りの鈎状部分よりも下側に置かれているが、朱は山形飾りを刀形か座英のかぎ状部分よりも上方に設置することで、鏡架としての機能が果たされることを指摘している。朱の見解に従うならば、鏡を置いたときに、山形飾りによって上方からの1点、両側の刀形飾りによって下方からの2点の計3点で固定することができる。このような構造で鏡架としての使用方法を復元すると設置できる鏡は20cm程度までである。

②河北省涿州漢墓M1出土陶鏡・陶鏡架
　涿州漢墓M1からは彩絵陶鏡とこれを設置する陶鏡架が出土している（図112：史殿海 2007、郭暁明 2011）。陶鏡は円形で、直径16.6cm、厚さ1.7cmを測る。一方、陶鏡架は長さ24.6cm、幅24.5cm、高さ11.6cmを測る中空の台

座部分と、鏡の設置部分がある先端がT字形の上部部材に分かれている。陶鏡架の高さは1.14mになる。陶鏡の文様ははっきりしないが、後漢中後期において16.6cmの鏡は比較的大きいものであるといえる。

　またこれらの他にも、発掘による出土資料ではないが、アメリカメトロポリタン美術館、ネルソン・アトキンス美術館に鏡台が所蔵されている。いずれも四葉座の金具に柱がつき、そこに先端に龍をあしらったU字形の金具がとりつくような形をしている（朱仁星1990、Yang 1996）。

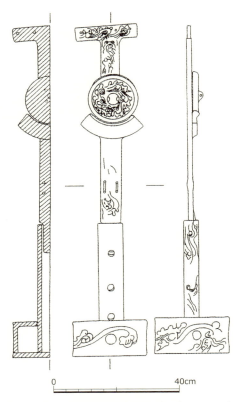

4．銅鏡使用方法の展開過程　　　図112　涿州漢墓出土陶鏡・陶鏡架（縮尺1/12）

　以上、画像石と絵画資料、鏡台・鏡架の実例について検討してきた。手持ちによる銅鏡の使用方法はすでに前漢代から一般的であったと考えられ、『女子箴図』に描かれたような鏡架が、すでに後漢代にも存在していたことを示した。数多くの漢墓が発掘されているにもかかわらず、鏡台や鏡架の実例がほとんど出土していない状況からは、基本的には鈕孔に通した帯を手で持って使用されたと考えられる。

　そのような中で鏡架と考えられる銅器が出土した北庄漢墓は特異な存在であるといえるだろう。ここで注目したいのが北庄漢墓で出土した鉄鏡である。北

庄漢墓は鉄鏡の出現期にあたるものでありながら、19.8〜28.7cm の凹帯内行花文鏡が5面出土している。先にみた北庄漢墓の鏡架は、設置できる鏡の大きさは20cm 程度までであり、銅鏡は3面中面径のわかっている2面は29cm 以上あるため、銅鏡を設置することはできなかったと考えられる。このような状況からは、鉄鏡が鏡架に設置された可能性が浮上してくる。手持ちという従来のスタイルではなく、鏡架に設置するという一般的ではない使用方法で鉄鏡が用いられていたとしたら、その意義は銅鏡とはやや異なるものであったとも考えられる。後漢代以降銅鏡よりも鉄鏡のほうが高い価値があったことはすでに指摘されている（上野 2015）。後漢後期以降は鉄鏡が普及し、三国時代以降鏡の首座が銅鏡から鉄鏡へとうつるとされており（徐苹芳 1984）、北庄漢墓の鉄鏡は、三国時代魏の曹操の墓とされる西高穴2号墓でも鉄鏡のみが出土していること（河南省文物考古研究院編 2016）にも通じる。そのような意味で北庄漢墓は鏡の使用状況からみた画期的な存在として位置づけることができるだろう。

第2節　漢代諸侯王墓・王后墓の鏡副葬と階層性

1．漢帝国と日本列島の鏡

　ここまでの検討では弥生時代の漢鏡と小形仿製鏡、破鏡の検討から、それらの拡散の動向とその意義について考察してきた。列島には大陸から漢鏡が流入し、まもなく仿製鏡生産や破鏡の創出が始まる。銅鏡の授受によって地域間関係が形成され、その保有は社会的な階層関係をも示すものであった。このように列島で形成された銅鏡の拡散、受容の仕組みをここでは銅鏡拡散・受容システムと呼ぶ。銅鏡拡散・受容システムは、強大な漢帝国の周辺に位置し、海を隔てた列島で形作られたものであるが、これを歴史的に評価するためには、漢帝国における銅鏡の保有状況との比較検討が不可欠である。それは弥生社会の

特質を見出すことにもつながる。本節では、そのような弥生社会の位置づけを考えるために、漢帝国における漢鏡副葬の動態や、漢帝国周辺に拡散した漢鏡とその仿製について検討する。

2．諸侯王墓・王后墓・陪葬墓

前漢代には30国、後漢代には71国が置かれ、それぞれには諸侯王が封じられている。その中で墓主が明らかな諸侯王墓は前漢68基、後漢15基である（村元 2016）。この中で鏡が出土している墓は前漢17基、王莽期1基、後漢2基で、その数は多くない。諸侯王墓出土鏡は近藤によって整理されており、その内容が明らかにされている（近藤 2004）。

前漢鏡を副葬する諸侯王墓で最古のものは前179年没の斉国哀王劉襄墓とされる山東臨淄大武漢墓である（山東省淄博市博物館 1985）。連弧文縁、三弦鈕、円座を有する銅鏡が出土しており、面径は24cmを測る大型鏡である。サイズ・形態がほぼ同じ銅鏡が他に3面ある。注目されるのは1.151×0.577mの矩形銅鏡である（図113）。鈕は三弦鈕が5カ所に配されるというきわめて特殊なものである。縁には連弧文、その内側には龍文が配される。紀元前2世紀前半という前漢前期の段階で、諸侯王墓には大型鏡の複数面副葬や異例な矩形銅鏡が副葬されている点は、これ以後の展開を考える上で重要である。

その後も前漢代は諸侯王墓での銅鏡副葬が継続してみられる。また諸侯王墓の周辺についても発掘が及んでおり、王后墓や陪葬墓の内容が明らかにされている場合もある。特に近年発掘調査がおこなわれた江都国易王劉非の墓に比定されている

臨淄大武漢墓

図113 前漢前半の矩形銅鏡
（縮尺1/20）

大雲山 M1の周辺では、王后墓である大雲山 M2や王陵東区の陪葬墓が発掘されており、諸侯王と王后、そしてその下位に位置する集団についての銅鏡副葬状況、言い換えると銅鏡の階層性を検討できる資料がそろってきている。

このような前漢代の状況に対して、後漢代は諸侯王墓での銅鏡副葬があまり明瞭ではない。そのような中でも36cm、30cm弱の超大型銅鏡や、大型の鉄鏡を複数面副葬していた北庄漢墓は注目される。北庄漢墓は90年に没した中山国簡王劉焉の墓とされており、1世紀末の鏡副葬状況を示す貴重な資料である。

3. 諸侯王墓・王后墓出土鏡の面径と副葬面数

まず諸侯王墓にどのくらいの大きさの鏡が副葬されているのかに着目する。鏡の面径は生産時期によって異なっており、前漢後半の異体字銘帯鏡などでは15cmを超えるものから5cmを下回るものまで存在する。また後漢代においては文様が省略されていくにつれて面径が小さくなる傾向が指摘されている。大型の鏡は文様が精緻で複雑なものが多く、当然生産にあたっての原材料のコストも大きくなる。それ故、面径の大きな鏡の保有は、社会的上位層に位置していたことをも示している可能性があると考えられる。

このような視点にたって面径をみてみよう。岡村は16cm前後の鏡と20cm以上の大型鏡では、前者が商業的な流通品、後者が王侯クラスに特別に贈与されたものとして区別して考える必要があることを示唆している（岡村 1994・1999）。

前漢前半 山東臨淄大武漢墓の矩形銅鏡と24cmの銅鏡副葬についてはすでに述べたが、この他にも大雲山 M2（前129年かその直後：南京博物院他 2013a）、大雲山 M1（前127年：南京博物院他 2013b）、満城 M1（前113年：中国社会科学院考古研究所編 1980）、満城 M2（前113年＋数年：中国社会科学院考古研究所編 1980）、巨野紅土山（前87年：山東省菏澤地区漢墓発掘小組 1983）と多くの墓で面径20cm以上の銅鏡が出土している。逆に出土していないのは獅子山（獅子山楚王陵考古発掘隊 1998）、咸嘉湖陡壁山（長沙市文化局

文物組 1979)、銅山小亀山 M2（南京博物院 1973）であるが、これらの墓でも獅子山では18.5cm の蟠螭文鏡、咸家湖陡壁山では18.5cm の草葉文鏡、銅山小亀山 M2では18.3cm の星雲文鏡といった18cm を超える銅鏡が副葬されており、さらに複数面の銅鏡が出土していることは注意すべきである。特に獅子山の報告では20面以上の銅鏡が出土したことが記されており、量の豊富さでは他を大きく引き離しているといえよう。

また20cm 以上の銅鏡が副葬された墓は6基あるが、このうち大雲山 M1と M2、満城 M1と M2は、諸侯王と王后の墓とみられており、男女差の検討が可能である（図114 - 1・2）。大雲山では M1（易王劉非墓）で4面、M2（易王后墓）で1面の草葉文鏡が出土している。これらの面径をみると、M1は16.4～21.4cm、M2は23.1cm である。また満城では M1（靖王劉勝墓）で1面、M2（靖王后竇綰墓）で3面の銅鏡が出土しており、面径は M1が20.7cm、M2が4.8～25.4cm である（図114 - 3・4）。このように諸侯王墓と王后墓を比較した場合、面径のより大きな銅鏡は王后が保有するという傾向を読み取ることができる。また前漢周辺国家の中でも大量の銅鏡が出土した南越国王趙眜の墓である南越王墓（前122年ごろ、広州市文物管理委員会他編 1991）もその出土状態が注目される。南越王墓では墓主が埋葬された主棺室では銅鏡が出土しておらず、夫人や殉葬者に銅鏡が副葬されている（菅谷 1991・1996）。このような状況は諸侯王と諸侯王墓にみられる様相と共通していることは興味深い。

前漢後半　前漢前半との大きな違いとして注目されるのは、20cm 以上の大型鏡が現状ではみられないという点である。最大は大葆台 M1の虬龍文鏡で19cm（図115 - 1：中国社会科学院考古研究所編 1989)、そして石橋 M2の異体字銘帯鏡18.1cm（図115 - 2：徐州博物館 1984)、定県 M40の異体字銘帯鏡17.9cm（河北省文物研究所 1981）と続く。前漢前半よりも副葬鏡の面径が縮小しているように思われるが、この時期の銅鏡は20cm を超えるものがほとんどみられず、18cm 台でも最大級の部類に入る。特に虬龍文鏡は異体字銘帯鏡よりも一般的には面径が小さいものであるが、大葆台 M1出土鏡は多様な文様が配されており、虬龍文鏡の中でも特に際立った製品として注目される。一方、15cm

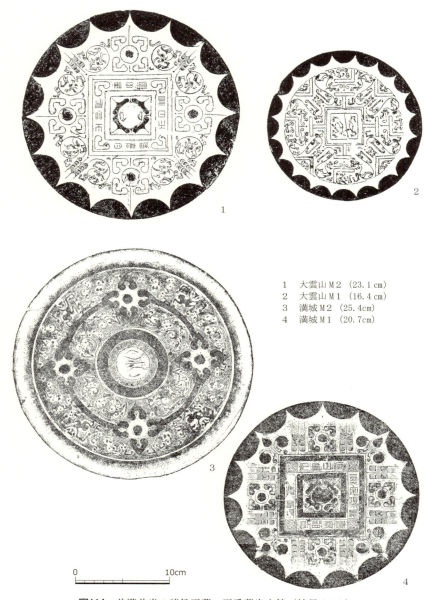

1　大雲山M2（23.1cm）
2　大雲山M1（16.4cm）
3　満城M2（25.4cm）
4　満城M1（20.7cm）

図114　前漢前半の諸侯王墓・王后墓出土鏡（縮尺1/4）

第 3 章　漢代における銅鏡の保有とその意義　209

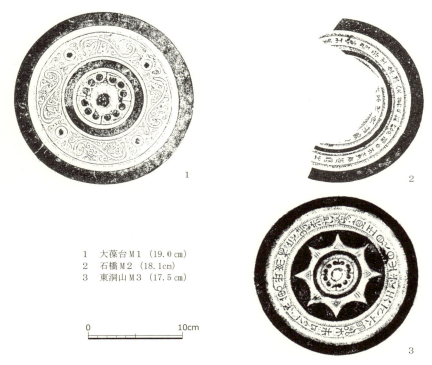

1　大葆台 M 1　（19.0 cm）
2　石橋 M 2　（18.1 cm）
3　東洞山 M 3　（17.5 cm）

0　　　　10cm

図115　前漢後期の諸侯王墓・王后墓出土鏡（縮尺 1/4）

に満たない銅鏡の副葬も石橋 M2 や東洞山 M3（孟強 2003）でみられるが、これらには複数面の銅鏡が副葬されており、他の鏡に比較的面径の大きなものがある。つまりこの時期においても 1 面のみで面径の小さな鏡しか副葬されないという状況はなかったと考えられる。

　また面径の上位に位置する 18.1cm の異体字銘帯鏡が副葬された石橋 M2 は楚王后の墓とされており、同じく楚王后墓と考えられている東洞山 M3 でも 17.5cm の異体字銘帯鏡が出土している（図115-3）。このような王后への面径の大きな銅鏡の副葬という点は、前漢前半から継続してみられる副葬状況として注目される。

王莽代・後漢　この時期は発掘された諸侯王墓の数が前漢代よりも少なく、鏡

が出土した墓自体も限られている。しかし副葬鏡には注目すべき鏡が多い。王莽代に位置づけられる宝女墩墓（揚州博物館他 1991）は被葬者は明確にできないが、27.6cm というきわめて大型の雲雷文帯内行花文鏡を副葬しており、これはそれ以前の諸侯王墓出土鏡の中でも最大のものである（図116-1）。なお共伴した異体字銘帯鏡も18.8cmと大型で、前漢後半の異体字銘帯鏡よりも大きい。また福岡県平原遺跡1号墓出土鏡の検討の際にも提示した北庄漢墓出土鏡（河北省文物工作隊 1964）は36cm、29.8cmで、大陸で出土した漢鏡の中では最大の面径を誇る（図116-2）。王后墓の様相が現段階でははっきりしないが、これまでになかったような超大型の銅鏡が生産され、それが諸侯王墓に副葬するという点は画期として捉えることができるだろう。

　このように諸侯王墓における銅鏡の副葬は面径の大きさと副葬面数によって特徴づけられ、面径による性差も指摘できる。後漢前半以降は急速に出土事例が減少する。後漢代の諸侯王墓の中で銅鏡副葬が明らかなのは前述の北庄漢墓の他に陳国頃王劉崇墓に比定される淮陽北関 M1（周口地区文物工作隊他 1991）があるが、管見の限りこれ以外は知られていない。

4．鏡の出土位置

　次に墓内における鏡の出土位置について検討してみよう。
　まず目を引くのは漆奩の内部に納めた状態で出土するものである。出土位置は主室の棺内外の別はあるが、基本的には被葬者に近い位置に置かれている。大雲山 M2（易王后：前129年かその直後）では24.3cm の大型の漆奩の中に23.1cm の草葉文鏡が納められており、銅刷2点、銅環2点がともに出土している。満城 M2では25.4cm の四乳獣文鏡が28.5cm の漆奩に銅印とともに、18.4cm の蟠螭文鏡が環首小刀とともに納められていた。満城 M2の後者は玉衣に包まれた被葬者の足の上で出土したもので、生前に使用していたものと推測されている。また銅鏡の性格を考える上で重要な出土状況を示すのが、満城 M2出土鏡の中で最小の4.8cm の蟠螭文鏡である。本鏡は玉衣を纏った被葬者

第3章 漢代における銅鏡の保有とその意義 211

1 宝女墩墓 (27.6cm)
2 北庄漢墓 (36.0cm)

図116 王莽〜後漢の諸侯王墓出土鏡（縮尺1/4）

の左手の中から出土した。死後の世界においても小型鏡は手放せない存在であったという思想を読み取ることも可能である（図117）。例外として咸嘉湖陡壁山のように被葬者から遠い位置に鏡が置かれる場合もあるが、ほとんどの場合、諸侯王や王后にとって鏡はきわめて個人に近いものであったと考えることができる。

　このような副葬状況は前漢後半において変化の兆しがみられる。漆器の中に銅鏡を納めて棺内に副葬される行為は定県 M40（懐王劉脩：前55年）でもみられるが、大葆台 M1（頃王劉建：前45年）では後室北側で他の副葬品とともに出土しており、風篷嶺 M1 では中列中室に副葬されていた（長沙市文物考古研究所 2007）。後漢前半の北庄漢墓では被葬者が眠る主室ではなく、墓道に設けられた別室（耳室）で出土している。これらの出土位置の変化は鏡が被葬者から徐々に離れていったという状況をみて取ることができる。

5．漢鏡副葬にみる階層性の検討

　次に副葬された鏡の階層性を検討するために、諸侯王墓、王后墓、陪葬墓に副葬された鏡についてみてみよう。諸侯王墓と王后墓においては、前漢代は面径のより大きな鏡が王后墓に副葬されることをすでに確認した。ここでは陪葬墓を含めて、あらためて面径、副葬面数の比較をおこない、加えて鏡式についても考えていきたい。近年の発掘調査では江蘇省南京の大雲山江都王陵で陪葬墓を含めた調査がおこなわれており、副葬品の詳細が明らかにされている。ここでは大雲山江都王陵の事例を中心に検討する。

（1）各墓出土鏡の概要

大雲山1号墓　前室盗掘坑から4面の鏡が出土している（図118-1）。すべてが草葉文鏡で面径は16.4cmから21.4cmである。文様構成からは、方格規矩の有無と縁の形態によって2つに分けることができる。方格規矩を有し、連弧文縁のものがA型、方格のみで匕縁のものがB型とされている。前者は鈕が獣

第3章　漢代における銅鏡の保有とその意義　213

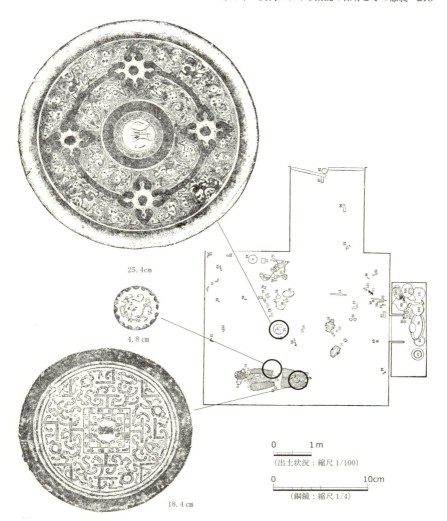

25.4cm

4.8cm

18.4cm

図117　満城漢墓における銅鏡の出土位置

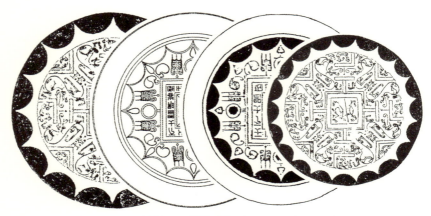

1　大雲山M1（諸侯王墓：左21.4cm、右16.4cm）

2　大雲山M2（王后墓：23.1cm）

3　大雲山M16（陪葬墓：12.2cm）

4　大雲山M17（陪葬墓：11.2cm）

図118　大雲山江都王陵出土銅鏡（縮尺1/4）

形で21.4cmと16.4cm、後者は一般的な半球形の鈕で21.4cmと20.8cmである。

大雲山2号墓　主室漆奩内から1面の鏡が出土している（図118－2）。鏡式は草葉文鏡で、面径は23.1cmである。文様構成は方格のみを有し、連弧文縁である点は、大雲山1号墓のA型とB型をミックスしたような状況である。四弁文を方格の各辺に配し、方格の角方向に草葉文、方格内の角にも花弁を配するなど、各種の単位文様がふんだんに盛り込まれていることは注目される。

陪葬墓（M16・M17：南京博物院他 2013c）　大雲山1・2号墓とは壁を隔てた東側に位置する。M16・17を中心にして、周囲は溝で区画されている。M16からは径12.2cmの蟠螭文鏡が出土している（図118－3）。出土位置は木槨内の漆奩内で、陶器や漆器とともに納められていた。M17からは径11.2cmの蟠螭文鏡が出土した（図118－4）。出土位置はM16と同様で、陶器や漆器、銅製容器などとともに木槨内の漆奩の中から出土している。

（2）面径・面数・鏡式

　上記の鏡についてまず面径を比較してみると、その差はかなり大きい。最大のものは王后墓である大雲山2号墓（23.1cm）、次いで諸侯王墓の大雲山1号墓（16.4～21.4cm）、そして12cm台以下の陪葬墓という順になる。このことは副葬される鏡のサイズが被葬者の階層によって異なっていたことを示している。

　面数については諸侯王墓4面、王后墓1面、陪葬墓1面となっている。満城漢墓では王墓1面、王后墓3面という状況もみられることから、王墓と王后墓で副葬面数が定められていたような状況は見受けられない。ただし、すでに述べたように少なくとも14cm以下の鏡が1面のみ副葬されるという例はみられないため、やはり面径と面数には被葬者の階級が示されているといえるのではないかと思われる。

　鏡式についても注目すべき点がある。大雲山江都王陵では王墓、王后墓出土鏡は草葉文鏡のみで構成されており、陪葬墓から出土したのは蟠螭文鏡であった。他の諸侯王墓・王后墓についてみると、満城M1で唯一出土した鏡は草葉

文鏡であり、満城 M2 では蟠螭文鏡も出土しているが、最も面径の大きな鏡は草葉文鏡に配される乳座に花弁文を配した四乳獣文鏡であった。咸家湖陡壁山でも面径のより大きな鏡は蟠螭文鏡ではなく草葉文鏡であり、巨野紅土山でも最大の鏡は草葉文鏡である。このように前漢前半では、岡村のいうように（岡村 1994・1999）、草葉文鏡の優位性を確認することができる。

6. 諸侯王墓・王后墓出土鏡の意義

　諸侯王墓と王后墓を中心に、漢代の階層的上位層がどのような鏡を保有していたのかについて検討してきた。ここでの検討では漢代を通じて諸侯王墓や王后墓には面径の大きな鏡が副葬されており、前漢代においては王后墓により面径の大きな鏡が副葬されていることが確認された。しかし後漢代にはこのような状況が変化し、それまでになかったような超大型の鏡が王墓に副葬されるようになることを指摘した。また出土位置の検討からは後漢代に向けて被葬者から離れた位置への副葬がなされるようになることから、やはり後漢代に鏡副葬の画期があることが想定された。

　さらに陪葬墓も含めての検討からは面径・面数に加え、鏡式においても差異化が図られていたことを示した。前漢前半においては草葉文鏡の優位性が見出され、これは東アジアにおける草葉文鏡拡散の意義を考える上でも重要であると考えられる。特に列島では須玖岡本遺跡において大型草葉文鏡が3面出土しており、注目される。草葉文鏡の鋳型は山東省臨淄斉国故城で多数出土しており、漢代の銅鏡生産を考える上で欠かすことができない（白雲翔 1999・2010b、白 2000、白雲翔他 2005、奈良県立橿原考古学研究所他編 2009）。白雲翔は須玖岡本遺跡の草葉文鏡も型式学的検討から臨淄斉国故城で生産されたものであると指摘している（白 2009）。列島における大型草葉文鏡拡散・保有については結章で考えてみたい。

第3節　中・下級官人墓における漢鏡の副葬

1．洛陽における漢鏡副葬

　前節では諸侯王墓や王后墓といった階層的上位者の銅鏡副葬について検討した。本節では諸侯王墓、王后墓、陪葬墓にみられた銅鏡保有状況が、当該期の社会においてどのように広がっていたのかを検討するため、中・下級官人墓に着目する。検討は各時期の鋼鏡がまとまって出土している洛陽を中心におこなう。そして、どのような銅鏡がどのような墓に副葬され、そこにどのような意義が存在したのかを明らかにしていく。具体的には銅鏡の面径の大小や数量にどのような意味があるのかを中心に検討していく。

2．副葬面数と被葬者の性格

（1）銅鏡の副葬面数

　洛陽ではこれまで約370面の漢鏡が報告されている（2010年までの集計。以下の検討は2010年までに報告されたデータをもとにおこなう）。これらの墓には１つの墓に１人を埋葬した墓と複数の人数を埋葬した墓がみられるため、これらを区別して前者を単葬墓、後者を複葬墓とする。ここで被葬者１人に対して何面の銅鏡が副葬されるのかを検討するために、被葬者数と副葬面数の関係に着目して墓葬を分類する（図119）。まず単葬墓に１面の銅鏡を副葬する場合を単葬単面墓、複数面を副葬する場合を単葬複数面墓とする。また複葬墓の場合は１面を副葬する場合を複葬単面墓、複数面を副葬する場合を複葬複数面墓とする。

　銅鏡が出土した墓のうち単葬墓は116基あるがその内訳は単葬単面墓が100基、単葬複数面墓が16基である。このように洛陽においては単葬墓の８割以上

218

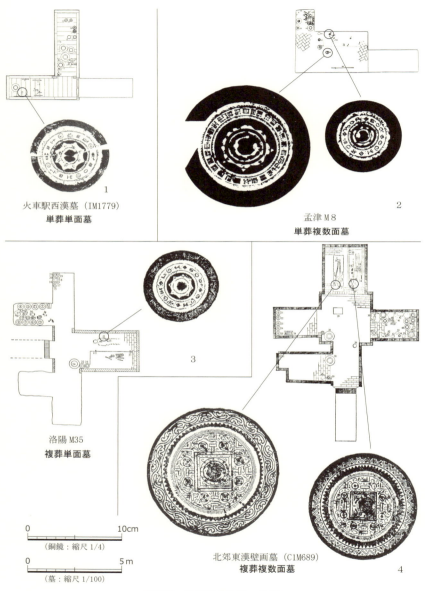

図119 銅鏡出土位置の分類

が1面のみの副葬であり、これは全時期において同様な傾向を示す。また単葬単面墓で出土位置が判明しているものはすべて棺内に副葬されている。一方、単葬複数面墓（2面を複葬）のうち報告書でその副葬位置のわかるものは7基あるが、このうちの5基（可能性のあるものも含む）が1面を棺内に、1面を棺外に副葬している（表1）。このことから単葬墓に銅鏡を副葬する場合は棺内に1面の銅鏡が副葬されることが一般的であり、複数面を副葬する場合にも棺内に1面の銅鏡を副葬する傾向が強いということができる。つまり銅鏡が副葬される場合は被葬者の棺内には少なくとも1面の銅鏡が副葬されていたと考えられる。

複葬墓は135基あるが、このうち2人埋葬が110基、3人埋葬が22基、4人以上埋葬が3基である。これらの複葬墓のうち単面墓は84基、複面墓は51基である。このことから複葬墓の場合は、数人の被葬者の1人に銅鏡が副葬されている場合の方が多いことがわかる。複葬墓の中で最も多数を占める2人埋葬の場合をみてみると、110基中の33基に2面の銅鏡が副葬されている。この場合、出土状態が明らかなものは、すべての銅鏡が各被葬者の棺内に納められている。また3面以上が副葬されている墓が6基あるが、これらについても棺内に副葬されるのは1人の被葬者につき1面であり、その他は棺外から出土している。3人以上を埋葬した墓についても出土位置が判明しているものに関しては洛寧後漢墓M4号墓（洛陽地区文化局文物工作隊 1987）を除いてすべてが被葬者1人に関して1面が棺内に納められている。これらのことからも1棺につき1面の副葬が一般的であったといえよう。

このように洛陽においては、副葬される銅鏡は基本的に被葬者1人につき1面であったことがわかる。

（2）銅鏡副葬被葬者についての検討

では次に複葬墓において、どの被葬者にどのような鏡が副葬されているのかをみていく。注目する点は墓主とその他の被葬者の間でどのような違いがあるのかという点である。なお墓主とその他の被葬者については、棺内や耳室に納

表1 単葬複数面墓における銅鏡の出土位置

No.	遺跡名		時期	盗掘	鏡種	面径	出土位置
1	洛陽浅井頭西漢壁画墓(CM1231)		前漢後期	×	異体字銘帯鏡	9	棺外頭位部
					家常富貴鏡	7.6	頭部中央
2	洛陽五女塚267号新莽墓	棺内	王莽期	×	方格規矩鏡	18.5	頭部中央
		棺外			方格規矩鏡	16.3	棺外(陶器などとともに主室外に置かれていた)
3	洛陽五女塚新莽墓(IM461)	東棺	王莽期	×	虺龍文鏡	9.4	頭部中央
		棺外			細線式獣帯鏡	10.5	棺外
4	洛陽孟津漢墓(M8)	棺外	王莽期	×	異体字銘帯鏡	13.3	棺外右側長辺
		棺内			異体字銘帯鏡	7.8	頭部左側
5	洛陽西郊漢墓10016	棺外	後漢中期	×	方格規矩鏡	15.5	棺外脚部左側
		棺外(後室への通路)			内行花文鏡	22.2	後室への通路(単独)
6	洛陽焼溝漢墓147号墓		後漢後期	○	内行花文鏡	13	棺内腹部
					獣首鏡	8.3	棺外(二人目被葬者頭部左側の可能性あり)
7	洛陽唐寺門M2号墓		後漢後期	×	獣首鏡	9.2	脚部?
					内行花文鏡	10.8	頭部?

められた副葬品の質や量、埋葬位置から判断した。

　複葬墓のうち出土位置が明らかなものは23基あるが、これらのうち墓主に副葬されているものをⅠ型とし、さらに墓主のみに副葬されているものをⅠ型a類、墓主とその他の被葬者にも副葬されているものをⅠ型b類とする。また墓主ではない被葬者にのみ銅鏡が副葬されているものをⅡ型とする。これらを時期別にみていくと、各期においてⅠ型b類が最も高い割合を占めていることがわかる。ここで注目しなければならないのはⅠ型a類よりもⅡ型の方が量的に多く、特に前漢後期においてはⅡ型が最も優勢になるという点である。これはつまり複葬墓では墓主のみに副葬される場合よりも墓主以外にのみ副葬される場合の方が多いということを示している。しかもⅠ型a類とⅡ型はすべて複葬単面墓であり、これは複数の被葬者が副葬される際に1面のみ副葬する場合は

墓主ではなく、その他の被葬者に副葬されることが多かったということを示している。

3．面径にみる階層性の検討

（1）銅鏡の面径

ここでは単葬単面墓と単葬複数面墓、複葬単面墓と複葬複数面墓に副葬された銅鏡の面径を整理し、面径の大小が何に起因していたのかを検討する。

まず単葬墓についてみてみると、単葬単面墓は最小のもので6.3cm、最大のもので23.2cmである。一方、単葬複数面墓は最小のもので7.6cm、最大のもので22.2cmである。両者に面径の差異はほぼみられない。ここで注目されるのは洛陽の中・下級官人墓においても20cm前後の銅鏡が出土しているということである。前章で述べたように、各地の諸侯王墓・王后墓では20cm前後の銅鏡が副葬されており、岡村は前漢の大型草葉文鏡などが官営工房で特別に製作されたものとして16cm前後のものと区別する必要性を指摘している（岡村1999：pp.10-14、pp.20-22）。洛陽出土鏡においては前漢段階のこのような大型鏡は少ないが、洛陽西郊漢墓3206号墓（中国科学院考古研究所洛陽発掘隊1963）では17.9cmの異体字銘帯鏡が出土している。これは諸侯王墓である大葆台一号漢墓出土異体字銘帯鏡（中国社会科学院考古研究所編 1989）や石橋M2に匹敵する大きさである。ではこのような諸侯王墓クラスの銅鏡が副葬された西郊漢墓3206号墓を、他の墓と比較してみよう。西郊漢墓では前漢後期の複葬単面墓が16基あり、これらを墓の構築方法、規模、共伴した副葬品の面で比較してみよう（表2）。墓室の構築方法については土壙墓と小磚室墓がある。17.9cmの異体字銘帯鏡が出土した西郊漢墓3206号墓は土壙墓であり、墓室の幅は土壙墓と小磚室墓を合わせて最大であるが、長さは4番目であり、この中では規模は比較的大きいが突出してはいないといえる。また副葬品については、陶器の器種構成や数量に違いがみられる。器種・量ともに豊富なのは3050号墓であり、3206号墓は器種・量ともに他の墓よりも少ない。また銅器・

表2 複葬単面墓出土鏡の面径と墓葬形態・副葬品

No.	遺跡名	墓室構築	墓サイズ			耳室数	面径	共伴遺物				
			長さ	幅	高さ			陶器	銅器	鉄器	石製品	その他
1	洛陽西郊漢墓3083	土壙	3.96	1.86	?	1	6.7	壺13 鼎1 敦1 倉5 灶1 瓮3 罐4	釜1			
2	洛陽西郊漢墓3085	小磚	3.86	1.96	1.72	2	7	壺11 鼎2 敦2 倉9 灶2 瓮2 罐3 奩1 釜1 洗1		刀1 剣1 帯鈎1	石圭1 長方石板1	
3	洛陽西郊漢墓3086	小磚	3.6	1.8	1.53	1	7.9	壺8 鼎1 敦1 倉11 灶1 瓮1 罐異1	帯鈎1			
4	洛陽西郊漢墓3171	小磚	4	1.88	1.7	2	8.9	壺9 鼎2 敦2 倉13 灶2 瓮2	釜 帯鈎1 軸⌒形飾1	刀2 剣1		
5	洛陽西郊漢墓3154	小磚	3.82	1.8	1.8	2	9	壺11 鼎1 異1 敦2 倉10 灶1	釜1	刀1 剣1		骨環3
6	洛陽西郊漢墓3166	小磚	4.14	1.9	?	2	9	壺9 鼎1 敦1 倉2 灶2 瓮1 奩6 洗1 炉1	釜1	刀3	長方石板1	磚1
7	洛陽西郊漢墓3026	土壙	4.37	1.92	?	1	9.7	壺7 鼎1 敦1 倉5 灶1 瓮1 罐2 洗1	帯鈎1 弩機1 鋪首3 環2 柿蒂形飾4	刀4		
8	洛陽西郊漢墓3027	小磚	4	1.8	1.7		9.8	壺7 倉4 灶1 并1 罐2 甑1				
9	洛陽西郊漢墓3171	小磚	4	1.88	1.7	2	9.9	壺9 鼎2 敦2 倉9 灶2 瓮2	釜1 帯鈎1 軸⌒形飾1	刀2 剣1	長方石板	
10	洛陽西郊漢墓3037	土壙	4.08	1.88	1.25	1	10	壺10 鼎1 敦1 倉8 灶1 井1 奩5	釜1	刀1		
11	洛陽西郊漢墓3236	土壙	3.13	1.9	?	2	10.5	壺3 鼎1 敦1 倉2 灶1 井1 罐2	帯鈎1	刀1		
12	洛陽西郊漢墓3050	小磚	3.91	1.88	1.65	2	10.7	壺22 鼎1 異2 敦1 倉10 灶1 瓮1 罐4 奩1	轙1 冒飾3 軎1 蓋弓帽1 柿蒂形飾11	刀1 剣1		
13	洛陽西郊漢墓3206	土壙	3.78	1.96	?	2	17.9	壺8 鼎1 敦1 倉5 灶1 瓮1 盆1		刀1		
14	洛陽西郊漢墓3013	土壙	4.24	1.92	1.54	なし	不明	壺9 鼎1 敦1 倉5 灶1 瓮1 盆1 炉1	釜1 環5	刀2		
15	洛陽西郊漢墓3151	小磚	5	1.85	1.8	2	不明	壺13 鼎1 敦1 倉12 灶1 瓮1 罐2 奩1	刀1 帯鈎1 弩機1 柿蒂形飾10	刀1 鉄器片		
16	洛陽西郊漢墓3008	小磚	3.66	1.83	1.6	2	記載なし	壺9 鼎3 敦3 倉10 灶2 瓮1 罐1 洗1		刀1 剣1		

鉄器については、銅器が豊富なのは3171号墓、3026号墓、3050号墓、3151号墓で、これらの墓にはそれぞれ複数の鉄器が副葬されている（3151号墓は刀と鉄器片）。最大の銅鏡が出土した3206号墓はここに含まれていないばかりか、銅器の副葬はなく鉄器も刀1振しか出土していない。陶器・銅器・鉄器以外の副葬品も銅銭以外出土しておらず、3206号墓は副葬品の面からみても、他の墓よりも優位にあるとはいえない状況である。

　これを後漢前期についてみてみると、焼溝漢墓1023号墓出土方格規矩鏡（中国科学院考古研究所編 1959）の20cmが最大である。焼溝漢墓ではこの時期の単葬単面墓が少ないため洛陽西郊漢墓（中国科学院考古研究所洛陽発掘隊 1963）と比較してみよう（表3）。西郊漢墓においては7001号墓、7056号墓、9017号墓で単葬単面墓がみられ、9017号墓出土方格規矩鏡が18.5cmで最大である。これらは墓室形態が異なるため大きさを単純には比較できないが、同形態の墓である7056号墓と9017号墓を比較すると、長さ・幅ともに面径の大きな鏡を副葬した9017号墓の方が大きい。しかしその差はわずか1mに満たないものであり、格差があるとは言い難い。副葬品をみると西郊漢墓では陶器の量

表3　単葬単面墓出土鏡の面径と副葬品

No.	遺跡名	墓サイズ			面径	共伴遺物					
		長さ	幅	高さ		陶器	銅器	銅銭	鉄器	玉類	その他
1	洛陽西郊漢墓7001	3.24	1.14	1.13	7.3	壺3 灶1 井1 罐9		○		ガラス珠3 瑪瑙珠1 水晶玉4 緑松石佩飾1	
2	洛陽西郊漢墓7056	1.9 1.83	1.58 1.34	?	11.2	壺1 倉3 瓮1 罐2					
3	洛陽西郊漢墓9017	2.4 2.44	2.4 1.86	2.1 1.65	18.5	壺1 鼎1 敦1 瓮1 方盒1		○	棺釘		漆器片
4	洛陽焼溝漢墓1023号墓	2.20 2.58	2.44 1.60	?	20	壺2 鼎1 敦1 倉1 灶1 井1 罐1 甑1 方盒1 盆1		鈴1	○	刀2 矛1 釜1	

は最も小さい鏡を副葬した7001号墓が最も多く、この墓にはガラス珠などの装身具が副葬されており、他の墓よりも優位にある。

このように面径の大きな鏡を副葬した墓が他に対して優位な状況であった様子はみられない。

(2) 複数面副葬時の面径について

では複数面が副葬される墓においては面径がどのように作用しているのかを検討してみよう。まず副葬された銅鏡がどの墓に副葬されるかについて分類をおこないたい。複数面が副葬される場合は単葬複面墓と複葬複数面墓があるが、それぞれ棺内と棺外に副葬する場合がある。さらに棺外といっても棺の傍に副葬するものと、棺から離れた位置に副葬するものがある。このためまず単葬複数面墓で棺内に2面を副葬するものをAⅠ類、棺内に1面、棺外で棺の傍らに銅鏡を副葬するものをAⅡ類、棺外で棺から離れた位置に副葬するものをAⅢ類、さらに棺外の棺傍らと棺から離れた位置に副葬するものをAⅣ類とする。また複葬複数面墓のうちすべてが被葬者に伴うものをBⅠ型、すべてが被葬者に伴うが墓主の棺内に2面を副葬するものをBⅡ類とし、棺外副葬をおこなう場合はすべての被葬者の棺内と棺の傍らに銅鏡を副葬するものをCⅠ類、すべての被葬者棺内と棺から離れた位置に副葬する場合をCⅡ類、限られた被葬者と棺の傍らに副葬されるものをCⅢ類とする。

A型をみてみると（表4）、AⅠ類は頭位と考えられる位置に副葬された銅鏡がやや大きいが脚部に副葬された銅鏡との面径差は1.6cmであり大差ない。AⅡ類については第3期前半と第3期後半にみられるが、どちらも棺外に副葬された銅鏡のほうが大きく、特に孟津漢墓M8（310国道孟津考古隊 1994）では棺内副葬の銅鏡が7.8cmであるのに対して、棺外右側長辺部分に副葬された銅鏡は13.3cmであり、その差は5.5cmと大きな差がある。またAⅣ類の西郊漢墓10016号墓（中国科学院考古研究所洛陽発掘隊 1963）では棺外脚部左側に副葬された銅鏡が15.5cmであるのに対して後室の通路部分に置かれた銅鏡は22.2cmで後漢中期の洛陽では2番目の大きさである。このようにA型の

表4 単葬複数面墓出土鏡の面径

No.	遺跡名		時期	副葬位置分類	鏡種	面径	陶器	銅器	銅銭	鉄器	玉器	石製品
1	洛陽浅井頭西漢壁画墓（CM1231）		前漢後期	AⅡ	異体字銘帯鏡	9	○	○	○	○	○	○
					家常富貴鏡	7.6	○	○	○	○	○	○
2	洛陽五女塚267号新莽墓	棺内	王莽期	AⅢ	方格規矩鏡	18.5						
		棺外			方格規矩鏡	16.3						
3	洛陽五女塚新莽墓（IM461）	東棺	王莽期	AⅢ	虺龍文鏡	9.4						
		棺外			細線式獣帯鏡	10.5						
4	洛陽孟津漢墓（M8）	棺外	王莽期	AⅡ	異体字銘帯鏡	13.3						
		棺内			異体字銘帯鏡	7.8						
5	洛陽西郊漢墓10016	棺外	後漢中期	AⅣ	方格規矩鏡	15.5						
		棺外（後室への通路）			内行花文鏡	22.2						
6	洛陽焼溝漢墓147号墓		後漢後期	AⅢ？	内行花文鏡	13						
					獣首鏡	8.3						
7	洛陽唐寺門M2号墓		後漢後期	AⅠ	獣首鏡	9.2						○
					内行花文鏡	10.8						○

　単葬複数面墓においてはAⅠ類の場合は面径の大きいものを棺外に副葬するものが多く、AⅣ類のように明らかに被葬者に伴わない場所に副葬される場合も面径の大きい銅鏡が選ばれていた可能性を見出すことができる。

　B型については副葬位置の判明している14基のうち10基がBⅠ類である（表5）。またBⅡ類やBⅢ類のように3面の銅鏡が出土している場合にも2人の被葬者には銅鏡が副葬されている。このことから複葬複数面墓は被葬者には銅鏡が副葬され、それ以上に銅鏡が存在した場合は棺外に副葬されていたようであり、ここでも銅鏡は基本的には被葬者に伴うものであったことが確認される。次に墓主と考えられる被葬者にどのような面径の銅鏡が副葬されるのかについてみていきたい。BⅠ類については面径の判明している10基のうち、7基が墓主の方が面径の大きな銅鏡が副葬されている。しかも墓主とその他の被葬

表5 複葬複数面墓の面径

No.	遺跡名		時期	副葬位置分類	鏡種	面径	共伴遺物					
							陶器	銅器	銅銭	鉄器	玉器	石製品
1	洛陽西漢卜千秋壁画墓	南棺(墓主)	前漢中～後期	BⅠ	虺龍文鏡	10	○		○	○	○	
		北棺			異体字銘帯鏡	11	○		○	○	○	
2	洛陽老城西北郊81号漢墓	東棺	前漢中期	BⅠ	草葉文鏡	?	○			○		
		西棺(墓主)	前漢後期		異体字銘帯鏡	?	○		○	○		○
3	洛陽郵電局372号西漢墓(IM372)	西棺	前漢後期	BⅠ	異体字銘帯鏡	11	○					
		東棺(墓主)			虺龍文鏡	10.5	○					
4	洛陽金谷園东站11号漢墓	南棺棺外(墓主以外)	前漢後期	CⅠ	異体字銘帯鏡	7.3	○					
		南棺棺内(墓主以外)			異体字銘帯鏡	?	○					
		北棺(墓主)			異体字銘帯鏡	7.7	○					
5	洛陽焼溝漢墓82号墓		前漢後期?	BⅠ	異体字銘帯鏡(日光鏡)	7.8	○					
		南棺(墓主)			虺龍文鏡	10.5	○					
6	洛陽西郊漢墓3247	棺外(前室)	王莽期	CⅡ	異体字銘帯鏡(日光鏡)	8.5	○		○	○	○	○
		西棺			方格規矩鏡	16.2	○					
		南棺(墓主)			獣帯鏡or方格規矩鏡	8.9	○					
7	洛陽西郊漢墓9002	北棺(墓主)	王莽期	BⅠ	方格規矩鏡	10.3	○					
		南棺			虺龍文鏡	8.8	○					
8	河南洛陽北郊東漢壁画墓(C1M689)	西棺	王莽期?	BⅠ	方格規矩鏡	11.5	○					
		東棺(墓主)			方格規矩鏡	14	○					
9	洛陽焼溝西14号漢墓	東棺棺外(墓主)	後漢前期	CⅢ	内行花文鏡	10.8	○					
		東棺棺内(墓主)			内行花文鏡	14.8	○					
		西棺棺外			内行花文鏡	?	○					
10	洛陽焼溝漢墓1029号墓	南棺(墓主)	後漢中期	BⅠ	内行花文鏡	19	○					
		東棺			内行花文鏡	15.3	○					
11	洛陽西郊漢墓9007	東棺	後漢中期	BⅠ	方格規矩鏡	11.5	○					
		西棺(墓主?)			方格規矩鏡	9.9	○					
12	洛陽東北郊東漢墓(C5M860)	西棺	後漢中期	BⅠ	内行花文鏡	8.8	○					
		東棺(墓主)			方格規矩鏡	12.7	○	○				
13	洛陽金谷園東漢墓(IM337)	北棺	後漢中～後期	BⅠ	?	?	○		○	○		
		南棺			?	?	○		○	○		
14	河南洛寧東漢墓(M4)	東棺(墓主)	後漢後期?	BⅡ	夔鳳鏡?	16	○		○	○	○	
		東棺(墓主)			三獣鏡	9	○		○	○	○	
		南棺			三獣鏡	9	○		○	○	○	

者の面径をみてみると、洛陽東北郊東漢墓 C5M860（洛陽市文物工作隊 2000）では墓主に副葬された銅鏡が12.7cm、その他の被葬者に副葬された銅鏡が8.8cm であり、その差は3.9cm ある。この他の墓でもそのほとんどで2.5cm 以上の面径差が認められる。また老城西北郊81号漢墓（賀 1964）においては墓主には完形の異体字銘帯鏡が副葬されていたのに対して、それ以外の被葬者には約1/2の破片が副葬されていた。一方、墓主の方が面径の小さな銅鏡が副葬される場合をみると、洛陽焼溝漢墓1029号墓（中国科学院考古研究所編 1959）で1.7cm の面径差がみられるが、その他の墓では面径差は1cm 以下であり、墓主以外の被葬者の方が面径の大きい場合はその差はきわめて小さく、見た目にはほぼ同じ大きさと捉えられていた可能性がある。このようにＢⅠ類においては面径の大きな銅鏡が墓主に伴う場合が多く、面径の面では墓主の方が優位の存在であったことがわかる。またＢⅡ類においても墓主には2面、その他の被葬者には1面の銅鏡が副葬されているが、墓主に副葬された銅鏡のうちの1面が16cm、それ以外が9cm と、数量、面径の上で墓主が優位に立っている。

　この他については、ＣⅡ類の洛陽西郊漢墓324号墓で墓主以外の人物に面径の大きな銅鏡が副葬されるが、ＣⅢ類の洛陽焼溝西14号漢墓のように墓主に2面、その他の被葬者には棺外に1面というものもあり、やはり墓主の方が優位にたっている。

　このように複数面が副葬される場合には墓主のほうが面径の面で優位に立っており、面数の上でも墓主に複数面を副葬する場合が多かったということができよう。

4．洛陽における銅鏡副葬のロジック

ここまでの検討で明らかになったのは以下の点である。
　①被葬者1人につき1面の副葬が原則。
　②被葬者1人に対し複数面が副葬される場合は、小さい鏡が棺内に納めら

れる。
　③面径の大きさと副葬品の多寡・墓の構造・規模は相関しない。
　④複葬単面墓の場合は、墓主以外の人物に副葬される。
　⑤複葬複数面墓の場合は、墓主に大きな鏡が副葬される。
　このような状況から中・下級官人墓における銅鏡副葬がどのようにおこなわれたのかを考えてみたい。まず①・②・③からは副葬面数や鏡の大きさは集団間の階層関係を示すようなものではなかったことが考えられる。複数面が副葬される場合に小さい鏡を棺内に、大きい鏡を棺外に納めるという状況からは、むしろ小さい鏡のほうに意義があったように思われる。このような状況は、前漢後期の満城漢墓2号墓（中国社会科学院考古研究所編 1980）で最小の鏡が被葬者の手の中から出土した例と通じるものがある。小さな鏡を死後も手元に置いておくという思想的なものがあった可能性も考えられる。④・⑤については、墓主以外の人物（夫人、もしくは子孫か）に鏡を副葬することから、鏡の副葬が身分や上下関係を示すものでは必ずしもなかったことを示している。このことは生前の使用時の保有形態が反映されているものと考えられる。漢代の銅鏡は姿見の道具として使用され、化粧道具とともに漆奩に納められていることもしばしばみられる。そこからは女性とのつながりが想起され、このことが墓主以外への鏡の副葬へとつながったものと思われる。また複数面が出土する場合は大きな鏡が墓主に、小さな鏡がそれ以外の人物に副葬されることが多いことは、①・②・③の検討から導かれた小さい鏡にこそ重要性があったこととも関連していると思われる。このように考えると、ここからも面径の大きさが階層関係を明示するものではなかったことが考えられる。
　以上検討してきたように、漢代の中・下級官人層においては大きい鏡よりも、小さい鏡の保有に意義があったものと思われる。このことは本章第2節でみた諸侯王墓・王后墓の様相と比べると、小さい鏡についてはその思想がリンクしているが、面径の大きな鏡を保有することの意義については正確には反映されていなかったようである。中・下級官人層の間では鏡の面径は階層関係を示すものではなかったと考えられる。

結章　銅鏡と弥生社会

1．漢代の銅鏡保有システムと弥生社会の銅鏡拡散・受容システム

　本書の最後にここまで述べてきたことを総合して、東アジアの銅鏡からみた弥生社会像についてまとめたい。

(1) 漢鏡の保有
　まず列島の銅鏡拡散・受容システムが漢代の銅鏡保有システムとどのような関係性にあったのかを検討したい。漢代においては諸侯王墓・王后墓に大型鏡が副葬されることが明瞭であった。特に大型草葉文鏡は保有者が限定されていたと考えられ、その保有は被葬者のステイタスを表していたものと考えられる。一方で小型鏡は最も身近に置いておかれるようなものであり、死後の世界を見通した場合、重要な意義を有していたものと考えられる。このように階層的上位者においては大型鏡・小型鏡にそれぞれの意義をもたせ、厳格にそれらが区別されていたようである。一方で中・下級官人層においては銅鏡のサイズに被葬者の階層関係は示されていなかったが、小型鏡の重要性は諸侯王墓などと共有されていたと考えられる。このように漢代の銅鏡保有システムは、階層的上位者とそれ以下の者たちの間で、共通する面と異なる面が含み込まれていたものと考えられる。
　列島においては弥生時代中期末の漢鏡拡散に2つのパターンがみられた。1つは糸島地域を中心に嘉穂地域、佐賀平野でみられた銅鏡の面数と大型鏡・小

型鏡の区別によって階層関係や職掌を示すもので、もう1つは福岡平野を中心に二日市地狭帯にみられた大型鏡・小型鏡を区別なく保有するものである。漢代の銅鏡保有システムとのより高い類似性をみせるのは前者であり、この段階において漢帝国と糸島地域の間には、文物だけではなく思想的な面も含んだ、より緊密な関係が構築されていたと考えられる。文物の獲得の面では大型草葉文鏡を受容している福岡平野にも優位性があるが、システマチックな面までを受容し、それを実行しているという点で、糸島地域のほうがより漢帝国に近くあったものと思われる。ただし、大型鏡の保有形態という面でみると、漢代の銅鏡保有システムと糸島地域を中心とした銅鏡拡散・受容システムは異なる。前漢代は大型鏡が諸侯王墓よりも王后墓に副葬される割合が高いのに対して、糸島地域では王と考えられる人物が独占的にこれを保有している。このような点はおそらく大型草葉文鏡の保有を意識した結果であると考えられる。大型草葉文鏡が出土していない糸島地域では、他の鏡式の大型鏡を保有することにその意味を転化し、大型鏡を保有することにより重要な意義を付したものと思われる。このようにして列島独自のアイデアが加えられた銅鏡拡散・受容システムが成立したものと思われる。漢帝国のスタイルをアレンジするという方向性は鏡の副葬方法にもみられることが指摘されており（会下 2011・2015）、北部九州における文物・情報受容の特質であるといえる。

　王莽期から後漢代においては、面径の大きな鏡が諸侯王墓に副葬され、北庄漢墓の36cmという超大型の内行花文鏡は、他に例がないほどの銅鏡である。また面数においても中・下級官人、民衆墓は基本的に1人につき1面の副葬であるのに対し、北庄漢墓では鉄鏡を含めて8面が出土している。注目すべきはこの8面はすべて内行花文鏡である点である。王莽期の宝女墩墓（揚州博物館他 1991）でも27.6cmの内行花文鏡が出土しており、この時期の階層的上位層の間では大型の内行花文鏡を保有することに意義があったものと思われる。また第1章第1・2節でも示したように、これ以降後漢後期に至るまで、大型の内行花文鏡の生産が継続している。このように大型鏡、面数、内行花文鏡が後漢代の銅鏡保有システムにおいて重要な要素であったと考えられる。これらの

結章　銅鏡と弥生社会　231

　3点について弥生時代後期の列島の状況をみると、まず大型鏡の保有については規制が緩やかであったようである。現段階では後期前葉で最大の鏡は桜馬場遺跡の方格規矩鏡であり、糸島平野の鏡を上回っていた可能性も考えられる。しかし面数の面では糸島平野に20面前後を副葬した井原鑓溝遺跡があり、内行花文鏡についても井原ヤリミゾ遺跡や飯氏遺跡での副葬がみられ、両者については他地域よりも糸島地域が優位な状況を示している。このことから糸島地域を核とした漢代銅鏡保有システムに則った拡散が継続しておこなわれていたものと考えられる。このような状況が最も顕著に示されるのが弥生時代終末の平原遺跡1号墓である。超大型の内行花文鏡、他をはるかに凌駕する面数は、後漢代のステイタスを測る指標のすべてを持ち合わせており、列島内の他の墓を圧倒している。弥生時代後期の列島における漢鏡拡散においては、すでに述べたように最大のものが他地域で出土する場合がみられたり、東海地方まで大型の内行花文鏡が拡散したりというように、平原遺跡1号墓ほどの独占状態はみられなかった。その意味で平原遺跡1号墓の被葬者には、それまでになしえなかった、列島全体における漢鏡拡散を規制することができた人物という評価を与えることができるだろう。

　このような状況に対して、平原遺跡1号墓以降、糸島地域からは一貴山銚子塚古墳の築造に至るまで、銅鏡の出土がほとんどみられなくなる。平原遺跡1号墓の次段階に銅鏡の拡散を掌握したのはホケノ山墳丘墓である。大型の内行花文鏡に加え、新たな威信財となった画文帯神獣鏡、そしてその破鏡をも保有しており、漢末・三国期の大陸との交渉、列島における銅鏡拡散・受容システムの両面において中心的位置を占めるようになったと考えられる。この後、画文帯神獣鏡の拡散をベースに三角縁神獣鏡が各地に広がったという見解（福永2005）に立てば、この体制はその後も維持されたと考えられる。銅鏡拡散・受容システムの面からは、平原遺跡1号墓からホケノ山墳丘墓への転換が最も大きな画期と捉えられる。このことは列島の社会が漢代の銅鏡保有システムから新しい価値体系へと移行したことを意味しており、北部九州中枢地域と各地域の間で結ばれた地域間関係も解消されるに至ったと考えられる。小形仿製鏡や

破鏡が弥生時代終末を前後する時期に副葬・廃棄されるものが圧倒的に多いのはこのことが反映されたものと考えられる。

(2) 小形仿製鏡生産の背景と社会的意義

　小形仿製鏡の生産を考える上で重要なのは、そのほとんどが内行花文系であること、そして小型であるという点である。また内行花文系以外の小形仿製鏡についても重圏文系以外のものは確認されていない。弥生時代後期には内行花文鏡とともに方格規矩鏡も同様な流入状況が認められるのに対して、方格規矩鏡の仿製鏡は製作されていない。日本列島の小形仿製鏡は異体字銘帯鏡をモデルとして成立し、その後半島の放射状文鏡や夔龍文鏡の影響を受けながら変化していくが、型式変化の方向性にも方格規矩鏡の影響はほとんど認められない。このことは小形仿製鏡の社会的意義を考える上でも重要である。

　内行花文系の小形仿製鏡が卓越する状況を理解するために、漢帝国周辺諸地域の様相をみてみよう。ここではその内容が明らかな中央アジアからモンゴル、ザバイカルにかけての状況についてみてみよう。漢帝国周辺への漢鏡の拡散は日本列島と同様に異体字銘帯鏡の段階から活発になり、後漢代を通じて出土例がみられる（梅原 1930b・1931b、峰 1985、村上 1992・1995、ю．A．ザドネプロフスキー他 1995、白雲翔 2010a・2011）。鏡式に地域的な偏りはみられず、前漢の星雲文鏡、前漢以降の異体字銘帯鏡や夔龍文鏡、後漢の内行花文鏡、方格規矩鏡、細線式獣帯鏡など、日本列島と同じような漢鏡が出土している。このうち、中央アジアからロシアにかけての地域では、漢鏡を模倣して製作されたと考えられる仿製鏡も確認されている。出土数が少なく、詳細が明らかではないものもあるが、内行花文鏡と方格規矩鏡が原鏡として用いられており、両者が融合したようなものもみられる。数量的には内行花文系と方格規矩鏡系はほぼ同数であり、列島のような内行花文鏡に傾倒している様子はみられない。

　このように列島での内行花文系小形仿製鏡の生産は、漢帝国周辺地域の中では非常に特殊な事例とみることができる。その背景としてはやはり内行花文鏡

を重視した社会情勢にあったと考えられる。糸島平野では漢鏡のみならず、その保有システムも受容しており、内行花文鏡の重要性が理解されていたものと思われる。内行花文鏡、しかも大型内行花文鏡の保有が王の証明であったことが、内行花文系小形仿製鏡を創出した思想的な背景であったと考えられる。さらに小型であることは大型鏡に対するアンチテーゼであり、差異化を図った結果であろう。小形仿製鏡は北部九州中枢地域で最も重要視された内行花文鏡の縮小版であり、それは銅鏡拡散・受容システムの中で、地域間の結合関係を示すために創出された、いわばシンボルのような存在であったことが想定される。

　このような点で、小形仿製鏡は完形漢鏡の代用品ではなかったといえる。完形漢鏡は権威を表すものであり、北部九州中枢地域、特に糸島平野を中心とした価値体系に従って、各地域の首長に計画的に配布がなされたと考えられる。小形仿製鏡は権威を示すものではなく、北部九州中枢との通交関係を示すものであり、それ自体には権威を象徴する機能は備わっていなかったと考えられる。ただし小形仿製鏡には特殊な出土状態を示すものがある。小形仿製鏡を初期段階から受容した熊本県地域では、住居の廃絶において破砕された後にばら撒かれた形跡や、土器溜まりの端に小形仿製鏡を立てた状態で据え置いた事例などもみられる（南 2013b）。これらは集落内、特に住居廃絶や土器廃棄といった、モノとしての役割を終えた時点での儀礼的な行為であり、小形仿製鏡がそのような場でも用いられるべき道具であったことを示している。これには小型鏡に付されていた儀礼的側面の残影と理解できる。小形仿製鏡が副葬品としても用いられるのは、このような意義を有していたためと考えられる。

（3）破鏡拡散の背景と社会的意義

　小形仿製鏡が内行花文鏡に傾倒していたのに対して、破鏡にはそのような状況が認められない。破鏡として利用されたのは前漢の星雲文鏡、異体字銘帯鏡に始まり、後漢代を通じて内行花文鏡や方格規矩鏡、漢末以降は画文帯神獣鏡、上方作系浮彫式獣帯鏡、飛禽鏡といった完形漢鏡と同様のものである。こ

のような意味で破鏡と小形仿製鏡は異なった性格を有していたと考えることができるだろう。それは分布にも表れている。北部九州製小形仿製鏡と破鏡の分布における大きな違いは、①小形仿製鏡は半島、対馬で出土しているが、破鏡は出土していない、②瀬戸内以東では北部九州製小形仿製鏡よりも東方まで拡散する、という点である。①については特に半島では北部九州製小形仿製鏡が舍羅里130号墓や良洞里162号墓といった首長墓に複数面が副葬されており、対馬でも複数面が副葬品として用いられる状況がみられる。破鏡はこれらの地域には拡散しないといった厳格なルールがあったようである。②については、すでに破鏡は異体字銘帯鏡の段階から近畿地方まで拡散しており、夔龍文鏡は東海地方にまで達している。北部九州製小形仿製鏡は近畿地方以東ではほとんど出土しておらず、近畿製小形仿製鏡とは排他的な状況にある。このような中でも破鏡は近畿地方以東まで波及している。破鏡は分割を繰り返しながら各地域社会へと拡散していることから、小形仿製鏡を通交の象徴とすると、破鏡はいうなれば権威の分有とすることができるだろう。

　また破鏡の生成については、これまでの研究で完形鏡の分割か、破片の状態で列島に持ち込まれたか、という点が議論されてきた。第2章第4・5節で検討したように列島で分割、再分割が盛んにおこなわれており、破砕鏡からの抜き取りも想定されていることから、列島で生成されたことは間違いない。しかし、破片の状態で列島にもたらされた可能性も高いと筆者は考えている。先にみた中央アジアからロシア、さらにモンゴルでは漢鏡が破片の状態で墓などから出土している事例がきわめて多く確認されており、モンゴルからザバイカルではむしろ完形鏡よりも破片の状態のほうが多いことも指摘されている（大谷2014）。これまで楽浪郡で漢鏡の破片が出土しており、青銅器生産に用いられたことが指摘されているが（鄭 2001）、むしろ破片の状態で漢帝国の周辺地域に拡散することも、通常の拡散形態として存在した可能性も考えられる。漢墓でも破片の状態で副葬されたものが少数ではあるが見つかっており、それらは破片の保有が意味のあるものであったことを示している。列島では弥生時代後期以降、大型の内行花文鏡を頂点にした銅鏡の価値体系が存在したと考えられ

るが、その中で破鏡が鏡式に関係なく利用されていることは、列島へもたらされた時点で完形鏡よりも価値の下がるものであるという認識が働いたものと思われる。このような意味で破鏡は権威の分有ではあるものの、完形漢鏡とは歴然とした差異があったと思われ、やはり周辺地域での出土数が多い傾向はこのことを表していると考えられる。

2．銅鏡からみた弥生社会像

　弥生時代の銅鏡は北部九州中枢地域を起点とした銅鏡拡散・受容システムによって、各地域の集団との結合関係が構築された。銅鏡の拡散は地域によってその様相が異なっており、北部九州との地域間関係は複雑な様相を呈していたものと思われる。本書の最後に銅鏡の拡散・受容からみた弥生社会像について考えてみたい。

（1）銅鏡拡散と土器の動きからみた交流の実像

　北部九州中枢地域からの銅鏡拡散は、すでにみたように東海地方や関東地方にまで広がっている。完形漢鏡は弥生時代後期前葉に瀬戸内海沿岸へ広がり、後期中葉には東海地方にまで至っている。また北部九州製小形仿製鏡や破鏡は、弥生時代のうちに関東地方までもたらされている。このような銅鏡の拡散がどのような形でおこなわれたのかを、土器の動きと対比してみてみよう。ここでは完形漢鏡、半島製・北部九州製・近畿製小形仿製鏡が出土している岡山県地域の事例を検討する。

　岡山県地域に完形漢鏡が拡散しているのは後期前葉と後期後葉で、小形仿製鏡は半島製・北部九州製が後期前葉、近畿製が後期中葉～後葉と考えられる。これらの時期の搬入土器の様相をみてみよう。後期前葉は搬入土器や忠実に模倣された土器がきわめて少ないことが指摘されており、後期後葉も土器の搬入が低調で、讃岐や山陰、備後系の土器が少量出土する程度である（平井泰男2016）。ただし後期前葉には岡山県岡山市津寺遺跡で北部九州の壺が出土して

いる（常松 1994・2013、平井典 1997）。一方で、岡山県地域からの土器の搬出状況をみると、北部九州中枢地域では興味深い状況がみられる。三雲・井原遺跡では、後期前葉と後期後葉の時期の吉備系の土器が出土しており（糸島市教育委員会編 2013）、これらの時期は銅鏡の拡散時期とほぼ合致する。土器の形態は典型的な岡山県地域の土器とはやや異なるため模倣して製作されたものも含まれているものと思われるが、いずれにしても岡山県地域から人の移動が少なからずあったことは認められるだろう。このような動きから銅鏡の拡散形態を復元すると、後期前葉は北部九州と岡山県地域との相互的な人の移動に伴う拡散、後期後葉は岡山県地域から北部九州中枢地域への働きかけによって拡散したものと考えられるだろう。三雲・井原遺跡ではこれらの時期における近畿地方の土器の出土はきわめて低調であったようで、近畿地方への北部九州の土器の広がりもほとんどみられない。このような状況から近畿地方への銅鏡の拡散は、岡山県地域を経由したものであった可能性が考えられる。近畿製小形仿製鏡の分布も岡山県地域が西限となっており、当地域を北部九州と近畿地方が交わる結節点に位置づけることができよう。このような状況は近畿地方の祭祀的なシンボルである銅鐸の分布が岡山県地域をほぼ西限としていることとも無関係ではないだろう。岡山県地域が北部九州と近畿地方を結ぶ懸け橋となっていたと考えておきたい。

（2）弥生時代と古墳時代の質的差異

　弥生時代の社会像を考える上で古墳時代と比較することは、その特質や歴史展開を考える上で重要な視点である。ここでは仿製鏡生産の状況から両時代にどのような差異があるのかを考えてみよう。弥生時代の仿製鏡の特徴はすでに述べたように①小型であること、②内行花文系に傾倒していること、である。この2点は北部九州製と近畿製の両者で共通していることから、西日本全体に広がっていた仿製鏡生産のルールのようなものであったと思われる。

　これらの点を弥生時代的な仿製鏡生産の特徴と考え、古墳時代の仿製鏡と比較してみよう。①については、古墳時代の仿製鏡はまったく異なる原理で製作

されているといえる。最大のものは山口県柳井市柳井茶臼山古墳出土の45.0cmを測る鼉龍鏡（梅原1921a・b）であり、20cmを超える方格規矩鏡系、内行花文系、神獣鏡系、鼉龍鏡系の大型鏡も珍しくない。一方で10cm前後以下の主文鏡や重圏文鏡なども多数出土している。面径の小さな鏡を作ることが目的であった弥生時代の仿製鏡生産に対して、さまざまなサイズを作り、大型鏡の生産も盛んな古墳時代の仿製鏡生産はまったく方向性が異なっている。②についても内行花文鏡への偏りはみられない。逆に古墳時代の倭製鏡は多数の系列が併存しており、各系列内で変化が進む（森下1991、林正2000、下垣2003a）。また、単位文様は漢鏡から変質していくが、文様構成は後漢以降の原則を保っており、弥生時代の小形仿製鏡のように文様構成が次々に変化するという方向性とは異なっている。鋳型の製作を含めた漢鏡の製作技術と共通性が非常に高いことも指摘されていることも指摘されており（三船2008）、これも弥生時代の小形仿製鏡とは異なる点である。また直弧文鏡や家屋文鏡といった、自らが創出した文様や、居住様式を鏡背面に映し込むという方向性は弥生時代までにみられなかったことである。これは大型内行花文鏡を頂点とする北部九州における銅鏡生産の様相とはかけ離れたものであり、やはりこの点からも弥生時代の仿製鏡生産との質的な差異があったことを指摘できる。

　そして古墳時代の仿製鏡は、拡散においても弥生時代とは異なる原理が働いている。面径の大きなものは畿内中枢部に集中しており、周辺にいくにしたがって面径は縮小する傾向が顕著に表れている（下垣2003b・2011）。このように仿製鏡にも面径の大小による価値の優劣がつけられている状況は、弥生時代の北部九州中枢地域を中心とした漢鏡の序列と同様の原理といえるが、その背景としては大陸の銅鏡保有スタイルの受容とは異なっていたものと考えられる。三国時代の魏の基盤を作り220年に没した曹操の墓と考えられる河南省西高穴2号墓では、漆塗の木製鏡台とともに1面の金錯鉄鏡が出土している（河南省文物考古研究院編2016）。直径は20.5cmと大型である。注目すべきは銅鏡が出土していないことであり、銅鏡はすでに階層的頂点に立つと人びとの普遍的な所持品からは脱落していたものと考えられる（徐苹芳1984、上野

2015)。またこの時期の鉄鏡には象嵌などが施された宝飾鏡があり、銅鏡よりも価値の高いものとして扱われたことが指摘されている（西川 2000）。このような銅鏡保有スタイルの変革に古墳時代前期の社会は対応していない。古墳時代前期に属する鉄鏡の確実な出土例は未だ確認されておらず、唯一その可能性のある大分県日田市ダンワラ古墳出土鏡も後漢後期に属するものである可能性が高い（梅原 1963）。三国期に出土する銅鏡には大型鏡はほとんど含まれていないため、これによって階層的な上下関係を示すことはできなかったと思われる。古墳時代前期の仿製鏡に面径の大小による生産・拡散の管理がなされた背景には三国期のこのような事情があったものと思われる。古墳時代前期には大陸からもたらされる銅鏡の面径で階層関係を明示することができなかった結果として、仿製鏡生産がこれを補完したものと考えられる。この方法自体は弥生時代の北部九州を中心とした銅鏡拡散受容システムと同様であり、古墳時代の銅鏡拡散システムはそれを継承したものと評価することができるだろう。

3．銅鏡が弥生社会にもたらしたもの

　最後に列島における銅鏡の拡散が弥生社会をどのように変えたのかを考え、本書を閉じたい。
　北部九州中枢地域を中心として形成された漢鏡拡散・受容システムは、列島に初めて大陸の政治的仕組みを導入し、それによって中心と周辺の関係は明確な上下関係として区分された。漢鏡拡散・受容システムの成立時期は弥生時代中期末であるが、列島における大陸文化の受容はすでにそれ以前の段階にもみられる。吉野ヶ里遺跡では弥生時代中期前半に北墳丘墓と南側の土壇が築かれ、その後北内郭などの施設が作られる。北墳丘墓や土壇の版築技法は中国に由来することが指摘されており、これらの位置関係には漢代の宗廟や社稷（土地の神と穀霊が合体したものを祀る壇）の配置の影響があったことが指摘されている（金関 1999）。しかし、そのようなマツリの様式は北部九州の一部でしか広がりをみせておらず、それが周辺地域との関係い影響を及ぼすということ

はなかったようである。銅鏡拡散・受容システムは北部九州中枢地域と周辺地域のつながりを形成すると同時に差異化を促進させ、さらに周辺地域では拠点集落と近隣集落の間で同様な関係が築かれていく。このようなシステムの成立には、いうまでもなく漢鏡が強大な漢帝国から北部九州中枢地域に対して贈与されたということが後ろ盾となって強く影響したと考えられる。そのような観点からみると、小形仿製鏡や破鏡は、このような外的な権力を北部九州中枢地域が自ら作り出したものに付加することによって創出されたと考えられる。

　このような外的な影響力を取り込んで社会をまとめ上げていくという戦略は、その後の列島の社会・政治体制として継承されていく。邪馬台国の女王卑弥呼による魏への朝貢とその見返りとして与えられた器物はまさにそれを示しているし、古墳時代、飛鳥時代、奈良時代においても三国時代から唐代の各王朝の制度的・文化的影響が色濃くみられ、地域社会の統合にも大きく作用している。弥生時代の銅鏡拡散・受容システムは、そのような東アジア世界の一員としての列島の位置づけを決定づけたものと評価することができるだろう。

引用・参考文献

赤塚次郎 1992「瑞龍寺山山頂墳と山中様式」『弥生文化博物館研究報告』1　大阪府立弥生文化博物館
秋山進午 1998「夔鳳鏡について」『考古学雑誌』84-1　日本考古学会
伊都国歴史博物館編 2007『国宝　福岡県平原方形周溝墓出土品図録』
糸島市教育委員会編 2010『三雲・井原遺跡Ⅵ』糸島市文化財調査報告書第1集
糸島市教育委員会編 2013『三雲・井原遺跡Ⅷ』糸島市文化財調査報告書第10集
犬飼町教育委員会編 1988『高松遺跡』
指宿市教育委員会編 1982『横瀬遺跡』指宿市埋蔵文化財調査報告書（6）
今尾文昭 1993「桜井茶臼山古墳出土大型仿製内行花文鏡の破鏡の可能性について」『考古学論攷』第17冊　奈良県立橿原考古学研究所
今治市教育委員会編 1974『唐子台遺跡群』
伊万里市教育委員会編2000『午戻遺跡』伊万里市文化財調査報告書第48集
岩本　崇 2014「北近畿・山陰における古墳の出現」『博古研究』48　博古研究会
上野祥史 2000「神獣鏡の作鏡系譜とその盛衰」『史林』83-4　史学研究会
上野祥史 2001「画像鏡の系列と製作年代」『考古学雑誌』86-2　日本考古学会
上野祥史 2003「盤龍鏡の諸系列」『国立歴史民俗博物館研究報告』第100集　国立歴史民俗博物館
上野祥史 2007「三世紀の神獣鏡生産―画文帯神獣鏡と銘文帯神獣鏡―」『中国考古学』7　日本中国考古学会
上野祥史 2008「ホケノ山古墳と画文帯神獣鏡」『ホケノ山古墳の研究』橿原考古学研究所研究成果第10冊　奈良県立橿原考古学研究所
上野祥史 2014「日本列島における中国鏡の分配システムの変革と画期」『国立歴史民俗博物館研究報告』第185集　国立歴史民俗博物館
上野祥史 2015「鏡からみた卑弥呼の支配」『卑弥呼―女王創出の現象学―』大阪府立弥生文化博物館
宇垣匡雅・南健太郎・馬場昌一 2017「瀬戸内市亀ヶ原32号墳の副葬品」『古代吉備』28　古代吉備研究会
宇野隆夫 1977「多鈕鏡の研究」『史林』60-1　史学研究会
梅原末治 1921a「周防国那珂郡柳井町水口茶臼山古墳調査報告（上）」『考古学雑誌』11-8　考古学会
梅原末治 1921b「周防国那珂郡柳井町水口茶臼山古墳調査報告（下）」『考古学雑誌』11-9　考古学会

梅原末治 1925『鑑鏡の研究』大岡山書店
梅原末治 1930a「須玖岡本発見の古鏡に就いて」『筑前須玖史前遺跡の研究』京都帝国大学文学部考古学研究報告第11冊　刀江書院
梅原末治 1930b「考古学上より観たる漢代文物の西漸」『史学地理学論叢』弘文堂書房
梅原末治 1931a「筑前国井原発見鏡片の復元」『史林』16-3　史学研究会
梅原末治 1931b『欧米に於ける支那古鏡』刀江書院
梅原末治 1933『讃岐高松石清尾山石塚の研究』京都帝国大学文学部考古学研究報告第12冊　刀江書院
梅原末治 1959「上古初期の仿製鏡」『国史論集』（一）　読史会
梅原末治 1963「豊後日田出土の漢金銀錯嵌珠龍紋鉄鏡」『国華』第853号　国華社
梅原末治・藤田亮策編 1947『朝鮮古文化綜鑑』第一巻　養徳社
会下和宏 2011「弥生時代～古墳時代前期における鏡の「重ね置き副葬」」『日本考古学』32　日本考古学協会
会下和宏 2015『墓制の展開にみる弥生社会』同成社
大阪文化財センター編 1983『亀井』
大谷育恵 2014「疆外出土の中国鏡集成（1）―モンゴル国ならびにザバイカル地域」『金沢大学考古学紀要』35　金沢大学人文学類考古学研究室
大阪府文化財調査研究センター編 1997『池島・福万寺遺跡発掘調査概要ⅩⅧ　94-1・2調査区の調査概要』
岡内三眞 1990『古代東アジアの青銅器製作技術の研究』徳島大学総合科学部考古学研究室
岡村秀典 1984「前漢鏡の編年と様式」『史林』67-55　史学研究会
岡村秀典 1986「中国の鏡」『弥生文化の研究』6　雄山閣出版
岡村秀典 1989「三角縁神獣鏡と伝世鏡」『古代を考える　古墳』吉川弘文館
岡村秀典 1990「卑弥呼の鏡」『邪馬台国の時代』木耳社
岡村秀典 1993a「福岡県平原遺跡出土鏡の検討」『季刊考古学』43
岡村秀典 1993b「楽浪漢墓出土の鏡」『弥生人の見た楽浪文化』大阪府立弥生文化博物館
岡村秀典 1993c「後漢鏡の編年」『国立歴史民俗博物館研究紀要』第55集　国立歴史民俗博物館
岡村秀典 1994「須玖岡本王墓の中国鏡―中国考古学の立場から―」『奴国の首都　須玖岡本遺跡』吉川弘文館
岡村秀典 1995「楽浪出土鏡の諸問題」『考古学ジャーナル』No.392
岡村秀典 1999『三角物神獣鏡の時代』吉川弘文館
岡村秀典 2005「雲気禽獣紋鏡の研究」『考古論集』川越哲志先生退官記念論文集　川越哲志先生退官記念事業会
岡村秀典 2009a「魏の民間歌謡と鏡銘」『東アジアの古代文化』137　大和書房
岡村秀典 2009b「前漢鏡銘の研究」『東方学報』84　京都大学人文科学研究所

岡村秀典 2010「漢鏡 5 期における淮派の成立」『東方学報』85　京都大学人文科学研究所
岡村秀典 2011「後漢鏡銘の研究」『東方学報』86　京都大学人文科学研究所
岡村秀典 2012「後漢鏡における淮派と呉派」『東方学報』87　京都大学人文科学研究所
岡村秀典 2013a「漢王朝と倭」『弥生時代政治社会構造論』雄山閣
岡村秀典 2013b「漢三國西晉時代の紀年鏡：作鏡者からみた神獣鏡の系譜」『東方学報』
　　88　京都大学人文科学研究所
岡村秀典 2015「後漢鏡の作家たち」『古鏡―その神秘の力―』六一書房
岡村秀典 2017『鏡が語る古代史』岩波書店
岡山県古代吉備文化財センター編 1994『足守川加茂 A 遺跡　足守川加茂 B 遺跡　足守
　　川矢部南向遺跡』岡山県埋蔵文化財発掘調査報告94
岡山県古代吉備文化財センター編 2014『所報吉備』57
小郡市教育委員会編 1985『横隈狐塚遺跡Ⅱ』小郡市文化財調査報告書第27集
小田富士雄 1959「豊前京都郡発見の三重墓―特殊土壙墓と舶載鏡片副葬の箱式石棺
　　―」『古代学研究』第20号　古代学研究会
小田富士雄 1982「日・韓地域出土の同笵鏡小銅鏡」『古文化談叢』9　九州古文化研究
　　会
小田富士雄 1983「九州発見朝鮮系銅鏡・銅鐸の理化学研究と考古学―小銅鏡・小銅鐸
　　の鉛同位体比法の成果に寄せて―」『古文化談叢』12　九州古文化研究会
小田富士雄・韓炳三編 1991『日韓交渉の考古学　弥生時代篇』六興出版
乙益重隆 1962「佐賀県唐津市桜馬場発見の内行花文鏡」『考古学集刊』1-4　東京考古学
　　会
香川県埋蔵文化財センター編 2011『旧練兵場遺跡Ⅲ』
笠野　毅 1993「舶載鏡論」『古墳時代の研究』第13巻　雄山閣出版
橿原考古学研究所編 1963『大和天神山古墳』奈良県史跡名勝天然記念物調査報告第22
　　冊
春日市教育委員会編 1988『須玖唐梨遺跡』春日市文化財調査報告書第19集
春日市教育委員会編 2005『須玖永田 A 遺跡 2』春日市文化財調査報告書第40集
春日市教育委員会編 2010『須玖岡本遺跡 3』春日市文化財調査報告書第58集
春日市教育委員会編 2011『須玖岡本遺跡 4』春日市文化財調査報告書第61集
香取秀眞 1925「遺物より見たる上代の鋳造術」『考古学雑誌』15-9　考古学会
かながわ考古学財団編 2016『戸田小柳遺跡』かながわ考古学財団調査報告315
金関　恕 1999「渡来人のもたらした宗教」『渡来人登場』大阪府立弥生文化博物館
嘉穂町教育委員会編 1987『嘉穂地区遺跡群Ⅳ』嘉穂町文化財調査報告書第 7 集
唐津市教育委員会編 2011『桜馬場遺跡（2）』唐津市文化財調査報告書第157集
菊池市教育委員会編 2006『小野崎遺跡』菊池市文化財調査報告書第 1 集
岸本泰緒子 2006「獣帯鏡に関する一考察」『博望』第 6 号　東北アジア古文化研究所
岸本泰緒子 2009「前漢鏡の地域性について―陝西省西安を中心として―」『駒澤考古』

34　駒沢大学考古学研究室
岸本直文　2004「西求女塚鏡群の歴史的意義」『西求女塚古墳発掘調査報告書』神戸市教育委員会
岸本直文　2014「倭における国家形成と古墳時代開始のプロセス」『国立歴史民俗博物館研究報告』第185集　国立歴史民俗博物館
岸本直文　2015「炭素14年代の検証と倭国形成の歴史像」『考古学研究』62-3　考古学研究会
北九州市芸術文化振興財団埋蔵文化財調査室編　2003『長野フンデ遺跡』北九州市埋蔵文化財調査報告書第301集
北島大輔　2004「組帯文の展開と地位間交流―古墳出現期の伊勢湾地方を中心に―」『駿台史学』第120号　駿台史学会
喜谷美宣　1983「兵庫県天王山4号墳」『日本考古学年報』33　日本考古学協会
北野町教育委員会編　1998『良積遺跡Ⅱ』北野町文化財調査報告書第11集
木下尚子　2011「装身具から威信財へ」『古墳時代の胎動』弥生時代の考古学4　同成社
木下之治　1958「佐賀県における埋蔵文化財の発掘発見の覚書」『郷土研究』10　佐賀縣郷土研究會
京嶋　覚　1981「瓜破北遺跡出土の前漢鏡片」『考古学雑誌』67-2　日本考古学会
京都府埋蔵文化財調査研究センター編　1983『京都府遺跡調査報告書』第1冊
京都府埋蔵文化財調査研究センター編　1998「木津城山遺跡」『京都府遺跡調査概報』第85冊　財団法人京都府埋蔵文化財調査研究センター
久住町教育委員会編　1996『県営担い手育成基盤整備事業都野東部地区に伴う発掘調査報告書Ⅰ』久住町埋蔵文化財発掘調査報告書第4集
久住猛雄　1999「北部九州における庄内式併行期の土器様相」『庄内式土器研究』ⅩⅨ　庄内式土器研究会
久住猛雄　2007「「博多湾貿易」の成立と解体」『考古学研究』53-4　考古学研究会
久住猛雄　2009「比恵・那珂遺跡群―弥生時代後期の集落動態を中心として―」『弥生時代後期の社会変化』第58回埋蔵文化財研究集会実行委員会
久住猛雄　2015「「奴国の時代」の暦年代論」『新・奴国展―ふくおか創成期―』福岡市博物館
久住猛雄　2016「北部九州からみた楯築弥生墳丘墓の時代の考古編年の併行関係と実年代」『楯築墓成立の意義』考古学研究会例会シンポジウム記録11　考古学研究会
熊本県教育委員会編　1992『二子塚』熊本県文化財調査報告第117集
熊本県教育委員会編　1993『狩尾遺跡群』熊本県文化財調査報告第131集
熊本県教育委員会編　1996『蒲生・上の原遺跡　付編大場石棺群』熊本県文化財調査報告第158集
熊本市教育委員会編　1997『五丁中原遺跡』五丁中原遺跡群第1次調査区発掘調査概要報告書

熊本市教育委員会編 2006『熊本市文化財調査年報』第 8 号
車崎正彦 1999「副葬品の組み合わせ―古墳出土鏡の構成―」『季刊考古学』別冊 8
車崎正彦 2001「新発見の「青龍三年」銘方格規矩四神鏡と魏晋のいわゆる方格規矩鏡」『考古学雑誌』86-2　日本考古学会
車崎正彦 2002「三国鏡・三角縁神獣鏡」『考古資料大観』第五巻　小学館
久留米市教育委員会編 1984『西屋敷遺跡Ⅱ』久留米市文化財調査報告書第40集
黒尾和久 1989「小形仿製鏡を出土した古墳時代の集落遺跡―八王子市館町515遺跡の調査から―」『東京の遺跡』24　東京考古談話会
高知県教育委員会編 1985『高岡山古墳群発掘調査報告書』
神戸市教育委員会編 1997「長田神社境内遺跡第10次」『平成 6 年度神戸市埋蔵文化財年報』
甲元眞之 1986「鏡」『弥生時代の研究』8 祭りと墓と装い　雄山閣出版
甲元眞之 1988「シャーマンと鏡」『日本民族・文化の生成』永井昌文教授退官記念論文集　永井昌文教授退官記念論文集刊行会
甲元眞之 2006「単鈕鏡小考」『東北アジアの青銅器文化と社会』同成社
甲元眞之 2008「中国製銅鏡の起源と東北アジアへの展開」『東アジア青銅器の系譜』雄山閣
後藤守一 1933「新刊紹介　讚岐高松石清尾山石塚の研究」『考古学雑誌』23-7　考古学会
後藤守一 1958「古墳の編年的研究」『古墳とその時代』1　古代史談話会
後藤　直 2002「弥生時代の青銅器生産地―九州―」『東京大学考古学研究室紀要』第17号　東京大学大学院人文社会系研究科・文学部考古学研究室
後藤　直 2009「弥生時代の倭・韓交渉」『国立歴史民俗博物館研究報告』第151集　国立歴史民俗博物館
小林行雄 1955「古墳の発生の歴史的意義」『史林』38-1　史学研究会
小林行雄 1961『古墳時代の研究』青木書店
近藤喬一 1993「西晋の鏡」『国立歴史民俗博物館研究報告』第55集　国立歴史民俗博物館
近藤喬一 2004「漢代諸侯王・列侯の墓制と鏡」『郵政考古紀要』35　郵政考古学会
近藤義郎編 1995『岡山市矢藤治山弥生墳丘墓』矢藤治山弥生墳丘墓発掘調査団
小山田宏一 1992「破砕鏡と鏡背重視の鏡」『弥生文化博物館研究報告』第 1 集　大阪府立弥生文化博物館
西条古墳群発掘調査団編 1964『西条古墳群調査概報』
西条古墳群発掘調査団編 2009「兵庫県加古川市西条52号墓発掘調査の記録」『弥生墓からみた播磨』第 9 回播磨考古学研究集会実行委員会
財団法人八尾市文化財調査研究会編 1985『昭和59年度事業概要報告』財団法人八尾市文化財調査研究会報告 7

佐賀県教育委員会編 1949『佐賀県史蹟名勝天然紀念物調査報告』第8輯
佐賀県教育委員会編 1979『二塚山』佐賀県文化財調査報告書第46集
佐賀県教育委員会編 1980『柏崎遺跡群』佐賀県文化財調査報告書第53集
佐賀県教育委員会編 1989『佐賀県農業基盤整備事業に係る文化財調査報告7』佐賀県文化財調査報告書第94集
佐賀県教育委員会編 1998『佐賀県文化財年報』3号
佐賀県教育委員会編 2003『吉野ヶ里遺跡　平成8年度～10年度の発掘調査の概要』佐賀県文化財調査報告書第156集
佐賀県教育委員会編 2012『中原遺跡Ⅵ』佐賀県文化財調査報告書第193集
佐賀県教育委員会編 2016『吉野ヶ里遺跡―弥生時代の墓地―』佐賀県文化財調査報告書第214集
佐賀県立博物館編 1977『椛島山遺跡調査報告書』佐賀県立博物館調査研究書第3集
佐賀市教育委員会編 2013『尼寺一本松遺跡』佐賀市埋蔵文化財調査報告書第77集
サランゴワ 2009「内モンゴル・ホルチン地方におけるシャマンの銅鏡に関する考察」『千葉大学人文社会科学研究』18　千葉大学大学院人文社会科学研究科
山陽町教育委員会編 1975『用木古墳群』岡山県営山陽新住宅市街地開発事業用地内埋蔵文化財発掘調査概報1
實盛良彦 2009「斜縁神獣鏡の変遷と系譜」『広島大学考古学研究室紀要』1　広島大学大学院文学研究科帝釈峡遺跡群発掘調査室・考古学研究室
實盛良彦 2012「斜縁神獣鏡・斜縁四獣鏡の製作」『考古学研究』59-3　考古学研究会
實盛良彦 2013「斜縁神獣鏡にみる鏡の摩耗と出土古墳の時期」『FUSUS』Vol.5　アジア鋳造技術史学会
實盛良彦 2015「上方作系浮彫式獣帯鏡と四乳飛禽鏡の製作と意義」『FUSUS』Vol.5　アジア鋳造技術史学会
實盛良彦 2016「漢末三国期の斜縁鏡群生産と画像鏡」『ヒストリア』259　大阪歴史学会
柴田昌児 2000「湯道を残す鏡と後期弥生土器」『紀要愛媛』創刊号　愛媛県埋蔵文化財センター
柴元静雄 1970「北方町東宮裾遺跡」『新郷土』7月号　佐賀県文化館
清水克朗・清水康二・笠野毅・菅谷文則 2002「伝世鏡の再検討Ⅰ―鶴尾神社4号墳出土方格規矩四神鏡について―」『古代学研究』156　古代学研究会
清水康二 2000「「平原弥生古墳」出土大型内行花文鏡の再評価」『大塚初重先生頌寿記念考古学論集』東京堂出版
清水康二 2007「坪里洞遺跡出土の双鈕付蓋状円盤に関する覚書」『韓半島の青銅器製作技術と東アジアの古鏡』国立慶州博物館・奈良県立橿原考古学研究所・アジア鋳造技術史学会
清水康二・宇野隆志・清水克朗・菅谷文則・豊岡卓之・小林加奈惠 2018「平原から黒塚へ―鏡笵再利用技法研究からの新視点―」『古代学研究』215　古代学研究会

清水康二・三船温尚 1998「鏡の鋳造実験 踏み返し鏡の諸問題（その１）」『由良大和古代研究紀要』 4 由良大和古代文化研究協会
清水康二・三船温尚 2004「鏡范研究の現状と課題」『鏡范研究』Ⅰ 奈良県立橿原考古学研究所・二上古代鋳金研究会
下垣仁志 2003a「古墳時代前期倭製鏡の編年」『古文化談叢』49 九州古文化研究会
下垣仁志 2003b「古墳時代前期倭製鏡の流通」『古文化談叢』50（上） 九州古文化研究会
下垣仁志 2011『古墳時代の王権構造』吉川弘文館
下垣仁志 2013「青銅器から見た古墳時代成立過程」『新資料で問う古墳時代成立過程とその意義』考古学研究会関西例会30周年記念シンポジウム 考古学研究会関西例会
新宮町教育委員会編 1994『夜臼・三代地区遺跡群』新宮町埋蔵文化財発掘調査報告書第8集
菅谷文則 1991『日本人と鏡』同朋舎出版
菅谷文則 1996「前漢鏡―中国周辺国家の王の鏡―」『季刊考古学』54
菅谷文則 2006「伊都国と平原大鏡について」『大鏡が映した世界』伊都国歴史博物館
菅谷文則・白雲翔・飯田史恵 2003「中国歴代鏡録の研究」『中国出土鏡の地域別鏡式分布に関する研究』滋賀県立大学人間文化学部
杉下潤二 2009「伝世鏡の手ずれとその真偽」『名城大学理工学部研究報告』No.49 名城大学理工学部
杉原荘介 1978「日・韓出土の同鋳型による小銅鏡」『日本考古学協会昭和53年度大会研究発表要旨』日本考古学協会
杉本憲司・菅谷文則 1978「中国における鏡の出土状態」『日本古代文化の研究 鏡』社会思想社
椙山林継 1980「木更津市鳥越古墳の調査」『考古学ジャーナル』No.171
大山スイス村埋蔵文化財発掘調査団・大山町教育委員会編 2000『妻木晩田遺跡発掘調査報告』大山町埋蔵文化財調査報告書第17集
高木恭二 1991「博局鳥文鏡の系譜」『肥後考古』8三島格会長古稀記念号 肥後考古学会
高木恭二 1993「博局(方格規矩)鳥文鏡の系譜」『季刊考古学』43
高倉洋彰 1972「弥生時代小形仿製鏡について」『考古学雑誌』58-3 日本考古学会
高倉洋彰 1976「弥生時代副葬遺物の性格」『九州歴史資料館研究論集』2 九州歴史資料館
高倉洋彰 1981a「S字状文仿製鏡の成立過程」『九州歴史資料館研究論集』7 九州歴史資料館
高倉洋彰 1981b「鏡」『三世紀の考古学』中巻 学生社
高倉洋彰 1985「弥生時代小形仿製鏡について（承前）」『考古学雑誌』70-3 日本考古学会

高倉洋彰 1990『日本金属器出現期の研究』学生社
高倉洋彰 1993a「前漢鏡にあらわれた権威の象徴性」『国立歴史民俗博物館研究紀要』第55集　国立歴史民俗博物館
高倉洋彰 1993b「弥生時代仿製鏡の製作地」『季刊考古学』43
高倉洋彰 1995a「弥生時代小形仿製鏡の儀鏡化について」『居石遺跡』高松市教育委員会
高倉洋彰 1995b『金印国家群の時代』青木書店
高倉洋彰 1999「儀鏡の誕生」『考古学ジャーナル』No.446
高倉洋彰 2002「弁韓・辰韓の銅鏡」『韓半島考古学論叢』すずさわ書店
鷹塚山遺跡発掘調査団編 1968『大阪府枚方市鷹塚山弥生遺跡調査概要報告』枚方市文化財調査報告1
高槻市教育委員会編 1995『芥川遺跡発掘調査報告』高槻市文化財調査報告書第18冊
高槻市教育委員会編 2000『安満宮山古墳』高槻市文化財調査報告書第21冊
高月町教育委員会編 2001『古保利古墳群―第1次確認調査報告書―』
高橋　敏 2003「最北の破鏡―鏡片分布から見た古墳出現期の動態（予察）―」『山形県埋蔵文化財センター研究紀要』創刊号　山形県埋蔵文化財センター
高橋　敏 2015「破鏡と四方転びの箱　破鏡及び鏡片の再集成と馬場洗B遺跡出土例からみえてくるもの」『山形県埋蔵文化財センター紀要』第7号　山形県埋蔵文化財センター
高橋　徹 1979「廃棄された鏡片―豊後における弥生時代の終焉―」『古文化談叢』6　九州古文化研究会
高橋　徹 1980「鏡編年試論Ⅰ―獣首鏡について―」『フロンティア』No.2　海部考古学研究会
高橋　徹 1986a「伝世鏡と副葬鏡」『九州考古学』60　九州考古学会
高橋　徹 1986b「鏡」『弥生文化の研究』6　雄山閣
高橋　徹 1992「鏡」『菅生台地と周辺の遺跡』ⅩⅤ　竹田市教育委員会
高橋　徹 1994「桜馬場遺跡および井原鑓溝遺跡の研究―国産青銅器、出土中国鏡の型式学的検討をふまえて―」『古文化談叢』32　九州古文化研究会
高橋　護・鎌木義昌・近藤義郎 1986「宮山墳墓群」『岡山県史』考古資料　岡山県
高松市教育委員会編 1983『鶴尾神社4号墳調査報告書』高松市歴史民俗協会
多久市教育委員会編 1991『羽佐間四反田遺跡』多久市文化財調査報告書第8集
武雄市教育委員会編 1986『みやこ遺跡』武雄市文化財調査報告書第15集
武末純一 1990「墓の青銅器、マツリの青銅器―弥生時代北九州例の形式化―」『古文化談叢』22　九州古文化研究会
武末純一・平尾和久 2016「三雲・井原遺跡番上地区出土の石硯」『古文化談叢』76　九州古文化研究会
竹田市教育委員会編 1992『菅生台地と周辺の遺跡ⅩⅤ』
田崎博之 1984「北部九州における弥生時代終末前後の鏡について」『史淵』121　九州大

学文学部
田崎博之 1993「弥生時代の漢鏡」『『社会科』学研究』第25号 「社会科」学研究会
田崎博之 1995「瀬戸内における弥生時代社会と交流―土器と鏡を中心として―」『瀬戸内海地域における交流の展開』古代王権と交流6　名著出版
田尻義了 2003「弥生時代小形仿製鏡の製作地―初期小形仿製鏡の検討―」『青丘学術論集』第22集　財団法人韓国文化研究振興財団
田尻義了 2004「弥生時代小形仿製鏡の生産体制論」『日本考古学』18
田尻義了 2005「近畿における弥生時代小形仿製鏡の生産」『東アジアと日本―交流と変容―』九州大学大学院比較社会文化研究院
田尻義了 2007「弥生時代小形仿製鏡の保有者と使用方法」『古代文化』59-1　古代學協会
田尻義了 2008「九州大学筑紫地区出土巴形銅器鋳型の位置付け―巴形銅器の分類と製作技法の検討―」『九州と東アジアの考古学』上巻　九州大学考古学研究室50周年記念論文集刊行会
田尻義了 2012『弥生時代の青銅器生産体制』九州大学出版会
田尻義了 2014「関東地方における弥生時代小形仿製鏡について」『東アジア古文化論攷』2　中国書店
立木　修 1994a「後漢の鏡と3世紀の鏡―楽浪郡出土鏡の評価と踏返し鏡―」『日本と世界の考古学―現代考古学の展開―』雄山閣出版
立木　修 1994b「漢式鏡に関わる諸問題―弥生時代終末・古墳時代前期出土鏡の評価―」『倭人と鏡　その2』埋蔵文化財研究会関西世話人
田主丸町教育委員会編 2001『国指定史跡寺徳古墳』田主丸町文化財調査報告書第18集
田布施町教育委員会編 1988『国森古墳』
玉名市教育委員会編 2000『東南大門遺跡』玉名市文化財調査報告第8集
田原本町教育委員会編 1997『田原本町埋蔵文化財調査年報』6
田原本町教育委員会編 2009『唐古・鍵遺跡Ⅰ』
筑前町教育委員会編 2011『ヒルハタ遺跡』筑前町文化財調査報告書第14集
鄭仁盛 2001「楽浪土城と青銅器製作」『東京大学考古学研究室研究紀要』16　東京大学考古学研究室
辻田淳一郎 2001「古墳時代開始期における中国鏡の流通形態とその画期」『古文化談叢』46　九州古文化研究会
辻田淳一郎 2005「破鏡の伝世と副葬―穿孔事例の観察から―」『史淵』142　九州大学大学院人文科学研究院
辻田淳一郎 2006「威信財システムの成立・変容とアイデンティティ」『東アジア古代国家論―プロセス・モデル・アイデンティティ―』すいれん舎
辻田淳一郎 2007a「古墳時代前期における鏡副葬と伝世の論理―北部九州地域を対象として―」『史淵』144　九州大学大学院人文科学研究院

辻田淳一郎 2007b『鏡と初期ヤマト政権』すいれん舎
辻田淳一郎 2014「鏡からみた古墳時代の地域間関係とその変遷」『古墳時代の地域間交流２』第17回九州前方後円墳研究会大分大会実行委員会
常松幹雄 1994「本州島域における北部九州の壺形土器」『福岡考古』16　福岡考古懇話会
常松幹雄 2013「弥生土器の東漸」『弥生時代政治社会構造論』雄山閣
寺沢　薫 1985「弥生時代舶載製品の東方流入」『考古学と移住・移動』同志社大学考古学シリーズ刊行会
寺沢　薫 1992「巫の鏡―「十」字小形仿製鏡の新例とその世界―」『考古学と生活文化』同志社大学考古学シリーズ刊行会
寺沢　薫 2004「考古資料から見た弥生時代の歴年代」『考古資料大観』第10巻弥生・古墳時代遺跡・遺構　小学館
寺沢　薫 2005a「古墳時代開始期の暦年代と伝世鏡論（上）」『古代学研究』169　古代学研究会
寺沢　薫 2005b「古墳時代開始期の暦年代と伝世鏡論（下）」『古代学研究』170　古代学研究
寺沢　薫 2010『青銅器のマツリと政治社会』吉川弘文館
徳島県教育委員会編 1983『萩原墳墓群』
徳島県埋蔵文化財センター編 2005『四国横断自動車道建設に伴う埋蔵文化財発掘調査報告』徳島県埋蔵文化財センター調査報告書第62集
徳富孔一 2016「突出雲の形態からみた流雲文縁方格規矩鏡の編年」『古文化談叢』77　九州古文化研究会
徳富孔一 2017a「獣文縁方格規矩鏡の再検討」『七隈史学』19　七隈史学会
徳富孔一 2017b「外区文様を中心とした唐草文縁方格規矩鏡の様相：附 森尾古墳南側石室出土鏡にみる破砕儀礼スキーマの付随」『FUSUS』Vol.9　アジア鋳造技術史学会
鳥取県教育文化事業団編 1990『秋里遺跡（西皆竹）』
鳥取県埋蔵文化財センター編 2011『青谷上寺地遺跡出土品調査研究報告６　金属器』
鳥取市教育委員会編 1984『桂見墳墓群』鳥取市文化財報告書18
鳥取市教育委員会編 1987『面影山古墳群・吉岡遺跡発掘調査概要報告書』鳥取市文化財報告書第22集
戸羽康一・岸本泰緒子 2018「破鏡に残された分割の加工痕跡―厚木市戸田小柳遺跡出土鏡破断面の観察と比較―」『かながわの考古学』研究紀要23　公益財団法人かながわ考古学財団
富岡謙蔵 1920『古鏡の研究』丸善
豊玉町教育委員会編 1980『対馬豊玉町ハロウ遺跡』
豊中市教育委員会 1999「利倉南遺跡第３次調査」『豊中市埋蔵文化財年報』vol.6

豊中市教育委員会編 1986「山ノ上遺跡第6次調査概要報告」『豊中市埋蔵文化財発掘調査概要』1985年度
内藤　晃 1959「古墳文化の成立—いわゆる伝世鏡の理論を中心として—」『歴史学研究』236　歴史学研究会
中井一夫 2003「踏み返し鏡の確認—群馬県北山茶臼山西古墳出土方格規矩鏡の観察から—」『初期古墳と大和の考古学』学生社
中井一夫 2005「「青龍三年」銘方格規矩四神鏡について」『鏡笵研究』Ⅲ　奈良県立橿原考古学研究所・二上古代鋳金研究会
中井一夫・清水克朗・清水康二 2002「伝世鏡の再検討—福岡県宮原遺跡および奈良県池殿奥4号墳出土倣製内行花文鏡について—」『考古学論攷』第25冊　奈良県立橿原考古学研究所
長崎県教育委員会編 1974『対馬　浅茅湾とその周辺の考古学的調査』長崎県文化財報告書第17集
永峯光一 1966「鏡片の再加工と考えられる白銅版について」『信濃』18-4　信濃史学会
中山平次郎 1928「魏志倭人伝の生口」『考古学雑誌』18-9　日本考古学会
中山平次郎 1929「壹岐國加良香美山貝塚発掘の鏡に就て」『考古学雑誌』19-4　日本考古学会
名本二六雄 2007「土壇腹北遺跡の「方格四乳文鏡」と墳墓群について」『愛媛考古学』18　愛媛考古学協会
奈良国立文化財研究所編 1994『飛鳥・藤原宮発掘調査概報』24
奈良県立橿原考古学研究所編 2002『箸墓古墳周辺の調査』奈良県文化財調査報告書第89集
奈良県立橿原考古学研究所編 2008『ホケノ山古墳の研究』橿原考古学研究所研究成果第10冊
奈良県立橿原考古学研究所・中国社会科学院考古研究所・山東省文物考古研究所編 2009『鏡笵—漢式鏡の製作技術—』八木書店
楢崎彰一・山田友治 1967「岐阜市瑞龍寺山山頂出土の古鏡について」『考古学雑誌』53-1　日本考古学会
西川寿勝 1995「弥生時代終末の対外交渉—破鏡の終焉をめぐって—」『研究紀要』3　大阪府埋蔵文化財協会
西川寿勝 1996「舶載鏡の秘密—踏み返し鏡の新資料を中心に—」『弥生文化博物館研究報告』5　大阪府立弥生文化博物館
西川寿勝 2000『三角縁神獣鏡と卑弥呼の鏡』学生社
西川寿勝 2003「東アジアの鏡と倭の鏡」『鑑にうつしだされた東アジアと日本』ミネルヴァ書房
西嶋剛広 2002「鉄製品」『石川遺跡』植木町文化財調査報告書第14集　植木町教育委員会

西村俊範 1983「双頭龍文鏡(位至三公鏡)の系譜」『史林』66-1　史学研究会
西脇市教育委員会編 2003『西脇市古墳調査集報』西脇市文化財調査報告書第12集
日中共同ニヤ遺跡学術調査隊編 1999『日中共同尼雅遺跡学術調査報告書』第二巻
日本考古学協会編 1960『日本農耕文化の生成』東京堂
白雲翔 2000「山東省臨淄斉国故城出土の前漢鏡笵とその問題について」『古代学研究』
　　　149　古代学研究会
白雲翔 2009「漢代臨淄の銅鏡製造業に関する考古学的研究」『鏡笵―漢式鏡の製作技術
　　　―』八木書店
橋口達也 1977「甕棺の編年的研究」『九州縦貫自動車道関係埋蔵文化財調査報告』ⅩⅩ
　　　ⅩⅠ　福岡県教育委員会
橋口達也 2003「炭素14年代測定法による弥生時代の年代論に関連して」『日本考古学』
　　　16　日本考古学協会
林　正憲 2000「古墳時代前期における倭鏡の製作」『考古学雑誌』85-4　日本考古学会
林　正憲 2005「小型倭鏡の系譜と社会的意義」『待兼山考古学論集』都出比呂志先生退
　　　任記念　大阪大学考古学研究室
林　正憲 2010「弥生小型倭鏡の起源について」『遠古登攀』遠山昭登君追悼考古学論集
　　　『遠古登攀』刊行会
林　巳奈夫 1976『漢代の文物』京都大学人文科学研究所
林　巳奈夫 1992『中国古代の生活史』吉川弘文館
原口信行 1954「箱式棺内出土の内行花文鏡」『考古学雑誌』40-3　日本考古学会
原口長之 1964「TLV鏡の発見」『石人』第5巻第9号　城北史談会
原田大六 1960「鋳鏡における湯冷えの現象について―伝世による手磨れの可否を論ず
　　　―」『考古学研究』6-4　考古学研究会
原田大六 1962「伝世鏡への固執」『古代学研究』32　古代学研究会
原田大六 1991『平原弥生古墳　大日孁貴の墓』葦書房
播磨町郷土資料館編 1990『播磨大中遺跡の研究』播磨町教育委員会
春成秀爾・葛原克人・小野一臣・中田啓司 1969「備中清音村鋳物師谷1号墳墓調査報
　　　告書」『古代吉備』6　古代吉備研究会
東脊振村教育委員会編 1995『石動四本松遺跡』東脊振村文化財調査報告書第19集
東脊振村教育委員会編 1997『平成6・7年度東脊振村内文化財調査報告書』東脊振村
　　　文化財調査報告書第21集
樋口隆康 1958「新中国で着目した漢六朝鏡」『考古学雑誌』43-2　日本考古学会
樋口隆康 1979『古鏡』新潮社
樋口隆康 2011「出現期の銅鏡」『泉屋博古館紀要』第27巻　泉屋博古館
兵庫県教育委員会編 1989『半田山』兵庫県文化財調査報告第65冊
兵庫県教育委員会編 1990『鉈田遺跡』兵庫県文化財調査報告第78冊
兵庫県教育委員会編 2000『表山遺跡　池ノ内群集墳』兵庫県文化財調査報告第202冊

兵庫県教育委員会編 2009『若水古墳群・城跡』兵庫県文化財調査報告第364冊
平井典子 1997「弥生時代後期における中部瀬戸内と北部九州の交流」『古代吉備』19　古代吉備研究会
平井泰男 2016「外来系土器と地域間交流」『吉備の弥生時代』吉備人出版
平尾和久 2007「破砕鏡と破鏡の時期的変遷とその認識」『伊都国歴史博物館紀要』第2号　伊都国歴史博物館
廣坂美穂 2008「破鏡についての一考察」『岡山理科大学埋蔵文化財研究論集』岡山理科大学埋蔵文化財研究会
広島県教育委員会編 1977『高陽新住宅市街地開発事業地内埋蔵文化財発掘調査報告』
広島県埋蔵文化財調査センター編 1986『歳ノ神遺跡群・中出勝負峠墳墓群』広島県埋蔵文化財調査センター調査報告書第49集
広島県埋蔵文化財調査センター編 1989『壬生西谷遺跡』広島県埋蔵文化財調査センター調査報告書第75集
福井市文化財保護センター編 2012『福井市古墳発掘調査報告書』福井市教育委員会
福岡県飯塚市立岩遺蹟調査委員会編 1977『立岩遺蹟』河出書房新社
福岡県教育委員会編 1979a『九州縦貫自動車道関係埋蔵文化財調査報告ⅩⅩⅦ』
福岡県教育委員会編 1979b『九州縦貫自動車道関係埋蔵文化財調査報告ⅩⅩⅧ』
福岡県教育委員会編 1980『若宮宮田工業団地関係埋蔵文化財調査報告』第2集
福岡県教育委員会編 1982『三雲遺跡Ⅲ』福岡県文化財調査報告書第63集
福岡県教育委員会編 1985『三雲遺跡　南小路地区編』福岡県文化財調査報告書第69集
福岡県教育委員会編 1995『九州横断自動車道関係埋蔵文化財調査報告ⅩⅩⅩⅤ』
福岡県教育委員会編 1999『貝元遺跡Ⅱ』
福岡県飯塚市立岩遺蹟調査委員会編 1977『立岩遺蹟』河出書房新社
福岡市教育委員会編 1974『野方中原遺跡調査概報』福岡市埋蔵文化財調査報告書第30集
福岡市教育委員会編 1994『飯氏遺跡群2』福岡市埋蔵文化財調査報告書第390集
福岡市教育委員会編 1995a『東那珂遺跡1』福岡市埋蔵文化財調査報告書第400集
福岡市教育委員会編 1995b『雀居遺跡3』福岡市埋蔵文化財調査報告書第407集
福岡市教育委員会編 1995c『飯倉D遺跡』福岡市埋蔵文化財調査報告書第440集
福岡市教育委員会編 1996『蒲田・水ヶ元遺跡』福岡市埋蔵文化財調査報告書第491集
福岡市教育委員会編 1997a『有田・小田部28』福岡市埋蔵文化財調査報告書第513集
福岡市教育委員会編 1997b『井尻B遺跡5』福岡市埋蔵文化財調査報告書第529集
福岡市教育委員会編 2006『比恵42』福岡市埋蔵文化財調査報告書第898集
福岡市教育委員会編 2014a『今宿五郎江16』福岡市埋蔵文化財調査報告書第1221集
福岡市教育委員会編 2014b『元岡・桑原遺跡群23』福岡市埋蔵文化財調査報告書第1246集
福岡市博物館編 2015『新・奴国展―ふくおか創世記―』

福知山市教育委員会編 1989『駅南遺跡発掘調査報告書 寺ノ段古墳群・広峯古墳群・広峯遺跡』福知山市文化財調査報告書16

福永光司 1973「道鏡における鏡と剣―その思想と源流」『東方学報』45 京都大学人文科学研究所

福永伸哉 1992a「規矩鏡における特異な一群」『究班』埋蔵文化財研究会十五周年記念論文集 埋蔵文化財研究会

福永伸哉 1992b「三角縁神獣鏡製作技法の検討―鈕孔方向の分析を中心として―」『考古学雑誌』78-1 日本考古学会

福永伸哉 2000「中国鏡流入のメカニズムと北近畿の時代転換点」『丹後の弥生王墓と巨大古墳』雄山閣出版

福永伸哉 2001a『弥生・古墳時代青銅器の使用痕研究』大阪大学大学院文学研究科

福永伸哉 2001b「画文帯神獣鏡と初期ヤマト政権」『東アジアの古代文化』108 大和書房

福永伸哉 2001c『邪馬台国からヤマト政権へ』大阪大学出版会

福永伸哉 2005a「画文帯神獣鏡と三角縁神獣鏡のはざまで」『待兼山考古論集』大阪大学考古学研究室

福永伸哉 2005b『三角縁神獣鏡の研究』大阪大学出版会

福永伸哉 2007「副葬鏡群からみた前方後円墳成立期の近江」『考古学論究』小笠原好彦先生退任記念論集 小笠原好彦先生退任記念論集刊行会

福永伸哉 2008「青銅鏡の政治性萌芽」『儀礼と権力』弥生時代の考古学7 同成社

福永伸哉 2010a「同笵鏡論と伝世鏡論の今日的意義について」『待兼山考古学論集Ⅱ』大阪大学考古学友の会

福永伸哉 2010b「銅鏡の政治利用と古墳出現」『日本考古学協会2010年度兵庫大会研究発表資料集』日本考古学協会2010年度兵庫大会実行委員会

福永伸哉 2012 「漢中期の鏡と表六甲の前期古墳」『菟原Ⅱ』菟原刊行会

福永伸哉・森下章司 2000「河北省出土の魏晋鏡」『史林』83-1 史学研究会

藤田三郎 2009「唐古・鍵遺跡における青銅器生産」『唐古・鍵遺跡Ⅰ』田原本町教育委員会

藤田三郎 2013「近畿地方の青銅器生産―唐古・鍵遺跡その後―」『弥生時代政治社会構造論』雄山閣

藤丸詔八郎 1982「方格規矩四神鏡の研究」『考古学論考』小林行雄博士古稀記念論文集 平凡社

藤丸詔八郎 1991「弥生後期後半～古墳初頭の鏡―とくに破鏡を中心として」『高津尾遺跡4』北九州市埋蔵文化財調査報告書第102集 財団法人北九州市教育文化事業団埋蔵文化財調査室

藤丸詔八郎 1993「破鏡の出現に関する一考察―北部九州を中心として―」『古文化談叢』30（上） 九州古文化研究会

藤丸詔八郎 1994「わが国出土の虺龍文鏡の様相―館蔵鏡の紹介を兼ねて―」『研究紀要』Vol.1 北九州市立考古博物館
藤丸詔八郎 1997「三角縁神獣鏡の製作技術について―同笵鏡番号60鏡群の場合―」『研究紀要』Vol.5 北九州市立考古博物館
藤丸詔八郎 2000「後漢鏡について」『古墳発生期前後の社会像―北部九州及びその周辺地域の地域相と諸問題―』九州古文化研究会
藤丸詔八郎 2003「弥生時代の小型仿製鏡に関する一考察―内行花文日光鏡系Ⅰ・Ⅱ型鏡について―」『初期古墳と大和の考古学』学生社
豊前市教育委員会編 2006『鬼木四反田遺跡』豊前市文化財調査報告書第21集
峰巍 1985「中国鏡出土のレベデフカ古墳」『古代文化』36-7 古代学協会
前原市教育委員会編 2000『平原遺跡』前原市文化財調査報告書第70集
間壁葭子 1985「古代にみる性差と母性―遺跡・遺物を中心に」『母性を問う』（上） 人文書院
正岡睦夫 1979「鏡片副葬について」『古代学研究』90 古代学研究会
松本佳子 2008「瀬戸内における弥生時代小形仿製鏡の研究」『地域・文化の考古学』下條信行先生退任記念論文集
馬渕一輝 2015「斜縁同向式神獣鏡の系譜」『森浩一先生に学ぶ　森浩一先生追悼集』同志社大学考古学シリーズⅪ　同志社大学考古学シリーズ刊行会
馬渕一輝 2017「獣首鏡の系譜―後漢後期における廣漢と華西を中心に―」『中国考古学』17 日本中国考古学会
丸山竜平・川畑和弘 1988「三川丸山古墳」『第24回埋蔵文化財研究集会　定型化する古墳　以前の墓制』第Ⅱ分冊近畿、中部以東篇　埋蔵文化財研究集会
水野敏典編 2010『考古資料における三次元デジタルアーカイブの活用と展開』奈良県立橿原考古学研究所
南　健太郎 2002「青銅鏡」『石川遺跡』植木町文化財調査報告書第14集　植木町教育委員会
南　健太郎 2005「弥生時代小形仿製鏡の鈕および鈕孔製作技術―その技術と系譜に関する予察―」『鏡笵研究』Ⅲ　奈良県立橿原考古学研究所・二上古代鋳金研究会
南　健太郎 2007a「弥生時代九州における漢鏡の流入と小形仿製鏡の生産」『熊本大学社会文化研究』5　熊本大学大学院社会文化科学研究科
南　健太郎 2007b「肥後地域における銅鏡の流入とその特質」『肥後考古』15　肥後考古学会
南　健太郎 2007c「韓半島における小形仿製鏡の生産―製作技術からみた初期弥生時代小形仿製鏡の製作地―」『韓半島における青銅器製作技術と東アジアの古鏡』国立慶州博物館・奈良県立橿原考古学研究所・アジア鋳造技術史学会
南　健太郎 2008a「前漢鏡の破鏡とその拡散形態―破鏡に施される二次加工の検討から―」『王権と武器と信仰』同成社

南　健太郎 2008b「弥生時代九州における銅鏡の副葬と廃棄」『熊本大学社会文化研究』6　熊本大学大学院社会文化科学研究科
南　健太郎 2010a「漢代における踏み返し鏡製作について―日本列島出土漢鏡の観察を中心に―」『FUSUS』Vol.2　アジア鋳造技術史学会
南　健太郎 2010b「破鏡拡散開始期の再検討」『先史学・考古学論集』V　龍田考古
南　健太郎 2011「南九州における車輪石の拡散」『琵琶湖と地域文化』林博通先生退任記念論集　サンライズ出版
南　健太郎 2012a「破鏡としての小形仿製鏡の拡散とその意義―宮崎県高千穂町神殿遺跡出土鏡の分析を中心に―」『宮崎考古』23　宮崎考古学会
南　健太郎 2012b「微細痕跡から見た伝世鏡の検討―三角縁神獣鏡との共伴事例の観察から―」『アジア鋳造技術史学会研究発表概要集』6号　アジア鋳造技術史学会
南　健太郎 2013a「弥生時代における小型鏡製作技術についての覚書―湯道の切断痕跡を残す資料の検討を中心に―」『FUSUS』Vol.5　アジア鋳造技術史学会
南　健太郎 2013b「肥後地域における銅鏡の拡散・受容と廃棄形態」『弥生時代後期青銅鏡を巡る諸問題』九州考古学会
南　健太郎 2013c「東アジアにおける銅鏡生産の展開と技術的背景―湯口位置と鈕孔方向の関係を中心に―」『アジア鋳造技術史学会研究発表概要集』7号　アジア鋳造技術史学会
南　健太郎 2016a「日本列島における漢鏡の東方拡散と保有・廃棄の意義」『考古学研究』62-4　考古学研究会
南　健太郎 2016b「漢・三国・西晋期の銅鏡編年に関する新視角―特に方格規矩鏡と内行花文鏡について―」『ヒストリア』259　大阪歴史学会
三船温尚 2008「下池山古墳出土大型倣製内行花文鏡の鋳造技法」『下池山古墳の研究』橿原考古学研究所研究成果第9冊　奈良県立橿原考古学研究所
みやき町教育委員会編 2013『西寒水四本柳遺跡7・8区』みやき町文化財調査報告書第10集
宮崎県編 1995『宮崎県史』資料編　考古Ⅱ
宮崎県埋蔵文化財センター編 1997『広木野遺跡・神殿遺跡A地区』宮崎県埋蔵文化財センター発掘調査報告書第7集
宮崎県埋蔵文化財センター編 2008『板平遺跡』宮崎県埋蔵文化財センター発掘調査報告書第176集
宮崎県埋蔵文化財センター編 2011『尾花A遺跡』宮崎県埋蔵文化財センター発掘調査報告書第195集
宮里　修 2008「多鈕細文鏡の型式分類と編年」『考古学雑誌』92-1　日本考古学会
宮本一夫 2000「彩画鏡の変遷とその意義」『史淵』137　九州大学文学部
村上恭通 1992「シベリア・中央アジアにおける漢代以前の鏡について」『名古屋大学文学部論集』113（史学38）　名古屋大学文学部

村上恭通 1995「スキタイ・サルマート古墓の柄鏡と中国鏡」『古墳文化とその伝統』勉誠社
村上恭通 2008「鏡の破砕について―瀬戸内における前期古墳副葬鏡に関する一考察―」『妙見山1号墳―西部瀬戸内における初期前方後円墳の研究―』真陽社
村瀬　陸 2014a「環状乳神獣鏡からみた安満宮山古墳出土1号鏡」『「いましろ賞」入賞論文集』高槻市教育委員会
村瀬　陸 2014b「画文帯神獣鏡からみた弥生のおわりと古墳のはじまり」『季刊考古学』127
村瀬　陸 2016a「菱雲文に着目した同型神獣鏡の創出」『古文化談叢』77　九州古文化研究会
村瀬　陸 2016b「漢末三国期における画文帯神獣鏡生産の再編成」『ヒストリア』259　大阪歴史学会
村松洋介 2004「斜縁神獣鏡研究の新視点」『古墳文化』國學院大學古墳時代研究会
村松洋介 2013「三韓地域における青銅鏡の動向」『弥生時代後期青銅鏡を巡る諸問題』九州考古学会
村本健一 2016『漢魏晋南北朝時代の都城と陵墓の研究』汲古叢書135　汲古書院
森　格也 1987「後漢鏡をめぐる諸問題」『滋賀県埋蔵文化財センター紀要』1　滋賀県埋蔵文化財センター
森　浩一 1962「日本の古代文化」『古代史講座』3　学生社
森　貞次郎 1966「九州」『日本の考古学』Ⅲ　河出書房
森　貞次郎 1985「弥生時代の東アジアと日本」『稲と青銅と鉄』日本書籍
森岡秀人 1987「「十」状図文を有する近畿系弥生小形仿製鏡の変遷」『横田健一先生古稀記念文化史論叢』上　創元社
森岡秀人 1990「大阪市域遺跡出土鏡の伝来をめぐる問題の二、三」『大阪の歴史』第30号　大阪市史料調査会
森岡秀人 1993「近畿地方における銅鏡の受容」『季刊考古学』43　雄山閣出版
森岡秀人 1994「鏡片の東伝と弥生時代の終焉」『倭人と鏡』埋蔵文化財研究会第35回研究集会実行委員会
森下章司 1991「古墳時代仿製鏡の変遷とその特質」『史林』74-6　史学研究会
森下章司 1998「古墳時代前期の年代試論」『古代』105　早稲田大学考古学会
森下章司 2007「銅鏡生産の変容と交流」『考古学研究』54-2　考古学研究会
森下章司 2011「漢末・三國西晉鏡の展開」『東方学報』86　京都大学人文科学研究所
森下章司 2012「華西系鏡群と五斗米道」『東方学報』87　京都大学人文科学研究所
森下章司 2016『古墳の古代史―東アジアのなかの日本』筑摩書房
森田尚宏・出原恵三 1983「田村遺跡―鏡片出土について―」『考古学ジャーナル』225
柳田康雄 1982「三・四世紀の土器と鏡」『森貞次郎博士古稀記念　古文化論集』森貞次郎先生古稀記念論文集刊行会

柳田康雄 1983「伊都国の考古学―対外交渉のはじまり―」『九州歴史資料館開館十周年記念大宰府古文化論叢』上巻　吉川弘文館
柳田康雄 1986「青銅器の創作と終焉」『九州考古学』60　九州考古学会
柳田康雄 1996「平原墳墓の意味」『考古学による日本歴史』5　雄山閣出版
柳田康雄 1997「鏡」『徳永川ノ上遺跡Ⅲ』一般国道10号線椎田道路関係埋蔵文化財調査報告第9集　福岡県教育委員会
柳田康雄 2000「平原王墓出土銅鏡の観察総括」『平原遺跡』前原市文化財調査報告書第70集　前原市教育委員会
柳田康雄 2002a「摩滅鏡と踏返し鏡」『九州歴史資料館研究論集』27　九州歴史資料館
柳田康雄 2002b『九州弥生文化の研究』学生社
柳田康雄 2005「銅鏡鋳造における湯口の位置について」『鏡笵研究』Ⅲ　奈良県立橿原考古学研究所・二上古代鋳金研究会
柳田康雄 2009「弥生時代青銅器土製鋳型研究序論」『國學院雜誌』110-6　國學院大學総合企画部
柳田康雄 2012「東日本の銅鏡」『東日本の弥生時代青銅器祭祀の研究』雄山閣
柳田康雄 2013「弥生時代王権論」『弥生時代政治社会構造論』雄山閣
柳田康雄 2015「1・2世紀の磨滅鏡・踏み返し鏡・仿製鏡」『古文化談叢』74　九州古文化研究会
山鹿市教育委員会編 2006『方保田東原遺跡（7）』山鹿市文化財調査報告書第2集
山本三郎 2008「播磨地域における弥生時代遺跡出土鏡の検討」『王権と武器と信仰』同成社
八女市教育委員会編 1994『八女市南部地区県営圃場整備事業地内埋蔵文化財調査概報5』八女市文化財調査報告書第34集
俞偉超 2007「"王侯合昏"錦と"五星出東方"錦は95MN1号墓地のM3とM8の被葬者の身分を示唆する」『日中共同尼雅遺跡学術調査報告書』第二巻　日中共同ニヤ遺跡学術調査隊
養老町教育委員会・富山大学人文学部考古学研究室編 1997『象鼻山1号古墳―第2次発掘調査の成果―』養老町埋蔵文化財調査報告第2冊
李陽洙 2006「多鈕鏡と前漢鏡の製作・分配ネットワーク」『日韓新時代の考古学』九州考古学会・嶺南考古学会
李陽洙 2009「韓半島の銅鏡」『鏡笵―漢式鏡の製作技術―』八木書店
梁上椿 1989『岩窟蔵鏡』（岡村秀典・田中琢訳）　同朋舎出版
渡辺正氣 1991「平原弥生古墳の土器について」『平原弥生古墳　大日孁貴の墓』葦書房
ю.A.ザドネプロフスキー・E.и.ルボ＝レスニチェンコ 1995「フェルガーナの漢式鏡」『古代文化』47-5　古代学協会

〔中国語〕

安徽省文物考古研究所・安徽省蕭県博物館 2008『蕭県漢墓』文物出版社
安徽省文物考古研究所・六安市文物局 2008『六安出土銅鏡』文物出版社
郭玉海 1996『故宮蔵鏡』紫禁城出版社
鄂州市博物館編 2002『鄂州銅鏡』中国文学出版社
河南省文化局文物工作隊 1966「河南新安古路溝漢墓」『考古』1966-3 科学出版社
河南省文化局文物工作隊第二隊 1957「洛陽晋墓的発掘」『考古学報』1957-1 科学出版社
河南省文物考古研究院編 2016『曹操高陵』中国社会科学出版社
河北省文物研究所 1981「河北定県40号漢墓発掘簡報」『文物』1981-8 文物出版社
河北省文物研究所編 1996『歴代銅鏡紋飾』河北美術出版社
河北省文物工作隊 1964「河北定県北庄漢墓発掘報告」『考古学報』1964-2 文物出版社
賀官保 1964「洛陽老城西北郊81号漢墓」『考古』1964-8 科学出版社
郭暁明 2011「浅議涿州漢墓出土的陶鏡架―兼談漢代銅鏡的使用方法」『河北省考古文集』4 科学出版社
吉林大学辺疆考古研究中心・遼寧省文物考古研究所 2015「遼寧遼陽苗圃漢魏石室墓二〇〇八年発掘報告」『考古学報』2015-4 考古雑誌社
広州市文物管理委員会・中国社会科学院考古研究所・広東省博物館編 1991『西漢南越王墓』文物出版社
広西文物保護与考古研究所・貴港市博物館 2014「広西貴港馬鞍嶺梁君洞漢至南朝墓発掘報告」『考古学報』2014-1 考古雑誌社
湖南省博物館・中国科学院考古研究所編 1973『長沙馬王堆一号漢墓』文物出版社
山東省菏澤地区漢墓発掘小組 1983「巨野紅土山西漢墓」『考古学報』1983-4 科学出版社
山東省淄博市博物館 1985「西漢斉王墓随葬器物坑」『考古学報』1985-2 科学出版社
獅子山楚王陵考古発掘隊 1998「徐州獅子山西漢楚王陵発掘簡報」『文物』1998-8 文物出版社
史殿海 2007「涿州凌雲集団新厂東漢墓群発掘簡報」『文物春秋』2007年3期 文物春秋雑誌社
朱錫禄 1986『武氏祠漢画像石』山東美術出版社
朱仁星 1990「鏡台與鏡架」『故宮文物月報』第8巻第6期 国立故宮博物院
周口地区文物工作隊・淮陽県博物館 1991「河北淮陽北関一号漢墓発掘簡報」『文物』1991-4 文物出版社
徐州博物館 1984「徐州石橋漢墓清理報告」『文物』1984-11 文物出版社
徐州博物館 1990「徐州市韓山東漢墓発掘簡報」『文物』1990-9 文物出版社
徐苹芳 1984「三国両晋南北朝的銅鏡」『考古』1984-6 科学出版社
西安市文物保護研究所編 2004『長安漢鏡』陝西人民出版社
西安市文物保護研究所編 2009『西安東漢墓』文物出版社

西南民族大学民族研究院・洛陽市文物考古研究院 2012「洛陽澗西南村西晋墓」『文物』2012-12　文物出版社
浙江省文物考古研究所編 2002『滬杭甬高速公路考古報告』文物出版社
陝西省考古研究所 2003「西安北郊晋唐墓葬発掘簡報」『考古与文物』2003-6　陝西人民出版社
宋新潮 1997「中国早期銅鏡及其相関問題」『考古学報』第 2 期　科学出版社
中国科学院考古研究所編 1959『洛陽焼溝漢墓』科学出版社
中国科学院考古研究所洛陽発掘隊 1963「洛陽西郊漢墓発掘報告」『考古学報』1963-2　文物出版社
中国社会科学院考古研究所編 1980『満城漢墓発掘報告』
中国社会科学院考古研究所編 1989『北京大葆台漢墓』文物出版社
中国社会科学院考古研究所編 2007『鄂城六朝墓』科学出版社
中国社会科学院考古研究所洛陽唐城隊 1991「1984至1986年洛陽市区漢晋墓発掘簡報」『考古学集刊』第 7 集　科学出版社
張英 1990『吉林出土銅鏡』文物出版社
長沙市文化局文物組 1979「長沙咸家湖西漢曹嬛墓」『文物』1979-3　文物出版社
長沙市文物考古研究所・望城区文物管理局 2007「湖南望城風篷嶺漢墓発掘簡報」『文物』2007-12　文物出版社
鄭州大学歴史学院・洛陽市文物考古研究院 2015「洛陽孟津朱倉東漢墓発掘簡報」『文物』2015-4　文物出版社
程林泉・韓国河 2002『長安漢鏡』陝西人民出版社
南京大学歴史学院・信陽師範学院歴史文化学院・洛陽市文物考古研究院 2016「河南洛陽市瞿家屯漢墓 C1M9816発掘簡報」『考古』2016-1　科学出版社
南京博物院 1973「銅山小亀山西漢崖洞墓」『文物』1973-4　文物出版社
南京博物院・盱眙県文広新局 2013a「江蘇盱眙大雲山江都王陵二号墓発掘簡報」『文物』2013-1　文物出版社
南京博物院・盱眙県文広新局 2013b「江蘇盱眙県大雲山西漢江都王陵一号墓」『考古』2013-10　考古雑誌社
南京博物院・盱眙県文広新局 2013c「江蘇盱眙県大雲山西漢江都王陵東区陪葬墓」『考古』2013-10　考古雑誌社
白雲翔 1999「西漢時期日光大明草葉文鏡及其鏡范的考察」『考古』1999-4　考古雑誌社
白雲翔 2010a「漢式銅鏡在中亜的発現及其訊識」『文物』2010-1　文物出版社
白雲翔 2010b「試論東亜古代銅鏡鋳造技術的両个伝統」『考古』2010-2　考古雑誌社
白雲翔 2011「漢式銅鏡在中亜的発現与漢代絲綢之路」『絲綢之路上的考古、宗教与歴史』文物出版社
白雲翔・張光明 2005「山東臨淄斉国故城漢代鏡范的発現与研究」『考古』2005-12　考古雑誌社

孟強 2003「徐州東洞山三号漢墓的発掘及対東洞山漢墓的再認識」『東南文化』2003-7　江蘇古籍出版社
揚州博物館・邗江県図書館 1991「江蘇邗江県楊寿郷宝女墩新莽墓」『文物』1991-10　文物出版社
洛陽市文物工作隊 1983a「洛陽西漢墓発掘簡報」『考古』1983-1　科学出版社
洛陽市文物工作隊 1983b「洛陽焼溝西14号漢墓発掘簡報」『文物』1983-4　文物出版社
洛陽市文物工作隊 1991a「河南洛陽北郊東漢壁画墓」『考古』1991-8　科学出版社
洛陽市文物工作隊 1991b「洛陽孟津晋墓、北魏墓発掘簡報」『文物』1991-8　文物出版社
洛陽市文物工作隊 2000「洛陽東北郊東漢墓発掘簡報」『文物』2000-8　文物出版社
洛陽市文物工作隊 2006「洛陽王城公園東漢墓」『文物』2006-3　文物出版社
洛陽市文物工作隊 2007「洛陽関林皂角樹西晋墓」『文物』2007-9　文物出版社
洛陽市文物工作隊 2009「洛陽亓瞿家屯上陽華府発掘簡報」『洛陽考古発現2007』中州戸籍出版社
洛陽市文物工作隊 2011「洛陽瀍河地区利民南街西晋墓発掘簡報」『文物』2011-8　文物出版社
洛陽市第二文物工作隊 1993「洛陽浅井頭西漢壁画墓発掘簡報」『文物』1993-5　文物出版社
洛陽市第二文物工作隊 1994「洛陽苗南新村528号漢墓発掘簡報」『文物』1994-7　文物出版社
洛陽市第二文物工作隊 1995a「洛陽市西南郊東漢墓発掘簡報」『中原文物』1995-4　河南博物院
洛陽市第二文物工作隊 1995b「洛陽五女塚新莽墓発掘簡報」『文物』1995-11　文物出版社
洛陽市第二文物工作隊 1996「洛陽五女塚267号新莽墓発掘簡報」『文物』1996-7　文物出版社
洛陽市第二文物工作隊 2002「洛陽谷水晋墓（FM38）発掘簡報」『文物』2002-9　文物出版社
洛陽市第二文物工作隊 2004「洛陽火車站西漢墓（IM1779）発掘簡報」『文物』2004-9　文物出版社
洛陽市第二文物工作隊 2005「洛陽衡山路西晋墓発掘簡報」『文物』2005-7　文物出版社
洛陽地区文化局文物工作隊 1987「河南洛寧東漢墓清理簡報」『文物』1987-1　文物出版社
洛陽博物館 1985「洛陽金谷園新莽時期壁画墓」『考古資料叢刊』9　文物出版社
李陽洙 2007「韓半島的銅鏡」『斉国故城出土鏡範和東亜的古鏡―斉都臨淄：漢代銅鏡製造　中心国際学術検討会論文集』奈良県立橿原考古学研究所
梁上椿 1940～1942『岩窟蔵鏡』
310国道孟津考古隊 1994「洛陽孟津漢墓発掘簡報」『華夏考古』1994-2　河南省文物考古

研究所・河南省文物考古学会

〔韓国語〕
韓国文化財保護財団編 2011『2010년도소규모발굴조사보고서Ⅳ』学術調査報告書245冊
国立慶州博物館編 1987『菊隠 李養璿 蒐集文化財』通川文化社
国立慶州博物館編 2003『慶州朝陽洞遺蹟Ⅱ』国立慶州博物館学術調査報告第13冊
朝鮮大学校博物館・韓国道路公社編 2003『영강 마전・군동・원당・수동유적』
東義大学校博物館編 2000『金海良洞里古墳文化』東義大学校博物館学術叢書7
東義大学校博物館編 2008『金海良洞里古墳群Ⅰ』東義大学校博物館学術叢書14
福泉博物館編 2009『神의거울　銅鏡』
嶺南文化財研究院編 2001『慶州舎羅里遺蹟Ⅱ』嶺南文化財研究院学術調査報告第32冊
尹容鎭 1981「韓国青銅器文化研究—大邱坪里洞出土一括遺物検討—」『韓国考古学報』
　　10・11　韓国考古学研究会
李在賢 2000「加耶地域出土 銅鏡과 交易体系」『韓国古代史論叢』9　韓国古代社会研究
　　所
李在賢 2004「영남지역 출토 삼한시기 倣製鏡의 文様과 의미」『韓国考古学報』第53輯
　　韓国考古学研究会
李陽洙 2004「密陽 校洞遺蹟 出土 前漢鏡—前漢鏡의 製作方法을 中心으로—」『密陽校洞
　　遺蹟』密陽大学校博物館学術調査報告第7冊　密陽大学校博物館
李陽洙 2006a「韓半島에서 漢鏡의 分配와 流通」『考古学誌』15　韓國考古美術研究所
李陽洙 2006b「星雲文鏡 製作技術의 두 가지 系譜」『嶺南考古学』38　嶺南考古学会

挿図出典

　図と文献を記した写真は、以下の報告書などから作成。それ以外の写真は所蔵機関の許可を得て筆者が撮影・掲載（以下に所蔵機関名を記す）。

図1　菅谷他 2003
図2　岡村 1984より作成
図3　岡村 1993cを一部改変
図4　1山陽町教育委員会編 1975、2鳥取市教育委員会編 1984、3兵庫県教育委員会編 2009、4養老町教育委員会他編 1997、5奈良県立橿原考古学研究所編 2008、6高槻市教育委員会編 2000
図5　1・4西安市文物保護研究所編 2004、2中国科学院考古研究所編 1959、3洛陽市第二文物工作隊 1993
図6　1洛陽市第二文物工作隊 1996、2・3中国科学院考古研究所編 1959、4中国社会科学院考古研究所洛陽唐城隊 1991、5洛陽市第二文物工作隊 1994、6陝西省考古研究所 2003
図7　1・3西安市文物保護研究所編 2009、2中国科学院考古研究所編 1959
図8　1・4中国科学院考古研究所洛陽発掘隊 1963、2・5・6・9西安市文物保護研究所編 2004、3洛陽市第二文物工作隊 1993、7・8 310国道孟津考古隊 1994、10洛陽市文物工作隊 2006、11西安市文物保護研究所編 2009
図9　1西安市文物保護研究所編 2009、2・3河南省文化局文物工作隊第二隊 1957、4洛陽市文物工作隊 2007、5洛陽市文物工作隊 1991b
図10　1～3・6西安市文物保護研究所編 2004、4中国科学院考古研究所編 1959、5洛陽市第二文物工作隊 1995b、7中国社会科学院考古研究所洛陽唐城隊 1991、8西安市文物保護研究所編 2009
図11　1・2・6西安市文物保護研究所編 2004、3洛陽博物館 1985、4洛陽市第二文物工作隊 1996、5・7・8中国科学院考古研究所編 1959、9西安市文物保護研究所編 2009
図12　1洛陽市第二文物工作隊 1995a、2洛陽市文物工作隊 2000、3・8西安市文物保護研究所編 2009、4洛陽市第二文物工作隊 1994、5・6南京大学歴史学院他 2016、7中国科学院考古研究所編 1959
図13　1・2西安市文物保護研究所編 2009、3陝西省考古研究所 2003、4・5西南民族大学民族研究院他 2012、6河南省文化局文物工作隊第二隊 1957
図14　1・3～5西安市文物保護研究所編 2009、2洛陽市文物工作隊 1983b

図15　1・2西安市文物保護研究所編 2009、3洛陽市文物工作隊 2009、4洛陽市第二文物工作隊 2005、5洛陽市第二文物工作隊 2002
図16・17　筆者作成
図18　佐賀県立博物館所蔵
図19　1嘉麻市教育委員会所蔵、2赤磐市山陽郷土資料館所蔵
図20　1久留米市教育委員会蔵、2高槻市教育委員会所蔵
図21　高槻市教育委員会所蔵
図22　1高槻市教育委員会所蔵、2京都大学総合博物館所蔵、3小郡市教育委員会所蔵
図23　佐賀県教育庁文化財課所蔵
図24　水野編 2010・奈良国立博物館所蔵
図25　奈良国立博物館所蔵
図26　筆者作成
図27　1白石町教育委員会所蔵、2武雄市教育委員会所蔵、3伊万里市教育委員会所蔵、4八女市岩戸山歴史文化交流館所蔵
図28　1久留米市教育委員会蔵、2高知県立埋蔵文化財センター所蔵、3高槻市教育委員会所蔵、4愛媛県教育委員会所蔵
図29　広島県立歴史民俗資料館所蔵
図30　広島県立歴史民俗資料館所蔵
図31　滋賀県立安土城考古博物館所蔵
図32　赤磐市山陽郷土資料館所蔵
図33　1鳥取市教育委員会所蔵、2広島県立歴史民俗資料館所蔵
図34　1鳥取市教育委員会所蔵、2滋賀県立安土城考古博物館所蔵
図35　1今治市教育委員会収蔵、2岡山大学考古学研究室所蔵
図36　1田布施町郷土館収蔵、2福知山市教育委員会所蔵
図37　前原市教育委員会編 2000
図38　前原市教育委員会編 2000
図39　伊都国歴史博物館編 2007・国（文化庁）保管
図40　1中国社会科学院考古研究所編 2007、2・3鄂州市博物館編 2002
図41　1河北省文物研究所編 1996、2広西文物保護与考古研究所他 2014
図42　前原市教育委員会編 2000
図43　1前原市教育委員会編 2000、2安徽省文物考古研究所・安徽省蕭県博物館 2008
図44　1・2伊都国歴史博物館編 2007・国（文化庁）保管、3安徽省文物考古研究所・六安市文物局 2008
図45　郭玉海 1996
図46　1前原市教育委員会編 2000、2浙江省文物考古研究所編 2002、3安徽省文物考古研究所・安徽省蕭県博物館 2008、4安徽省文物考古研究所・六安市文物局 2008

挿図出典 *265*

図47　1福岡県飯塚市立岩遺蹟調査委員会編 1977、2佐賀県教育委員会編 1979、3東脊振村教育委員会編 1995、4広島県埋蔵文化財調査センター編 1986
図48　1日本考古学協会編 1960、2春成他 1969、3前原市教育委員会編 2000
図49　1・2日本考古学協会編 1960、3〜8糸島市教育委員会編 2013
図50　1佐賀市教育委員会編 2013、2北野町教育委員会編 1998、3近藤義郎編 1995、4〜6前原市教育委員会編 2000、7高松市教育委員会編 1983
図51　1福岡市教育委員会編 1994、2糸島市教育委員会編 2010、3乙益 1962・唐津市教育委員会編 2011
図52　1楢崎他 1967、2西条古墳群発掘調査団編 1964、3前原市教育委員会編 2000、4佐賀県教育委員会編 2012
図53　1佐賀県教育委員会編 2012、2兵庫県教育委員会編 2009、3徳島県教育委員会編 1983
図54　小田 1982
図55　1小田 1982、2・4長崎県教育委員会編 1974、3・5・6高倉 1972
図56　1熊本市教育委員会編 1997、2小田 1982、3東義大学校博物館編 2000、4長崎県教育委員会編 1974、5福岡市教育委員会編 1995b、6高倉 1972、7佐賀県教育委員会編 2003
図57　1福岡市教育委員会編 2006、2福岡県教育委員会編 1980、3豊玉町教育委員会編 1980、4佐賀県教育委員会編 1979、5東脊振村教育委員会編 1997、6新宮町教育委員会編 1994
図58　1財団法人八尾市文化財調査研究会編 1985、2高倉 1972
図59　1広島県教育委員会編 1977、2小郡市教育委員会編 1985、3福岡市教育委員会編 1997a、4久住町教育委員会編 1996
図60　小田 1982
図61　1広島県教育委員会編 1977、2・4嶺南文化財研究院編 2001、3小田 1982、5佐賀県教育委員会編 1979、6大阪文化財センター編 1983
図62　1福岡県教育委員会編 1985、2熊本市教育委員会編 1997、3福岡県教育委員会編 1995、4国立慶州博物館編 1987
図63　1吉野ヶ里町教育委員会所蔵、2福岡市埋蔵文化財センター所蔵、3佐賀県立博物館所蔵
図64　1小田他編 1991、2徳島県埋蔵文化財センター編 2005
図65　1張英 1990、2梅原他編 1947・岡内 1990
図66　1国立慶州博物館編 2003、2徳島県埋蔵文化財センター編 2005
図67　1田主丸町教育委員会編 2001、2春日市教育委員会編 2010、3春日市教育委員会編 2005、4福岡市教育委員会編 1995c、5福岡市教育委員会編 1997b、6筑前町教育委員会編 2011
図68　1福岡市埋蔵文化財センター所蔵、2国立慶州博物館所蔵、3国立大邱博物館所

蔵
図69　兵庫県教育委員会編 2000
図70　1 岡山県古代吉備文化財センター所蔵、2 八王子市郷土資料館蔵
図71　公益財団法人京都府埋蔵文化財調査研究センター提供・木津川市所蔵
図72　1 神戸市教育委員会所蔵、2 豊中市教育委員会提供
図73　兵庫県立考古博物館蔵
図74　筆者作成
図75　1・2 国立慶州博物館所蔵、3 福岡市埋蔵文化財センター所蔵、4 由布市教育委員会所蔵、5 竹田市教育委員会所蔵
図76　1 熊本市教育委員会所蔵、2・3・4・7 国立慶州博物館所蔵、5 国立大邱博物館所蔵、6 佐賀県教育庁文化財課所蔵、8 竹田市教育委員会所蔵
図77　国立慶州博物館所蔵
図78〜81　筆者作成
図82　田原本町教育委員会所蔵
図83　豊後大野市教育委員会所蔵
図84　公益財団法人大阪市博物館協会　大阪文化財研究所所蔵
図85　1 竹田市教育委員会所蔵、2 愛知県埋蔵文化財調査センター所蔵、3 豊後大野市教育委員会所蔵、4 鳥取県埋蔵文化財センター所蔵、5 宮崎県埋蔵文化財センター所蔵、6 田原本町教育委員会所蔵、7 熊本県教育委員会所蔵、8 九州歴史資料館所蔵
図86　筆者作成
図87　1〜4 白石町教育委員会所蔵、5・6 愛媛大学埋蔵文化財調査室所蔵、7〜10 愛媛県教育委員会所蔵
図88　1〜3 栗東市教育委員会所蔵、4・5 神戸市教育委員会所蔵
図89　筆者作成
図90　1 春日市教育委員会所蔵、2・4 福岡市埋蔵文化財センター所蔵、3 九州歴史資料館所蔵
図91　1 福岡県教育委員会編 1985、2 南 2008a・熊本市教育委員会所蔵
図92　菊池市教育委員会所蔵
図93　1 熊本県教育委員会編 1996、2 熊本県教育委員会編 1993
図94　大分県立埋蔵文化財センター所蔵
図95　豊後大野市教育委員会所蔵
図96　鳥取県埋蔵文化財センター所蔵
図97　香川県埋蔵文化財センター所蔵
図98　岡山県古代吉備文化財センター編 2014
図99　赤磐市山陽郷土資料館所蔵
図100　奈良県立橿原考古学研究所編 2008

挿図出典　*267*

図101　奈良県立橿原考古学研究所所蔵
図102　1 大阪府教育委員会所蔵、2・3 九州歴史資料館所蔵
図103　1 熊本県教育委員会所蔵、2 宮崎県立西都原考古博物館所蔵
図104　1 奈良文化財研究所所蔵、2 指宿市考古博物館 時遊館COCCOはしむれ所蔵、3 豊前市教育委員会所蔵
図105　1 春日市教育委員会所蔵、2 宮崎県埋蔵文化財センター所蔵
図106　多久市教育委員会所蔵
図107　八尾市立歴史民俗資料館所蔵
図108　朱錫禄 1986・林巳 1976
図109　朱錫禄 1986・林巳 1976
図110　Trustees of the British Museum
図111　河北省文物工作隊 1964
図112　郭暁明 2011
図113　山東省淄博市博物館 1985
図114　1 南京博物院他 2013a、2 南京博物院他 2013b、3・4 中国社会科学院考古研究所編 1980
図115　1 中国社会科学院考古研究所編 1989、2 徐州博物館 1984、3 孟強 2003
図116　1 揚州博物館他 1991、2 河北省文物研究所編 1996
図117　中国社会科学院考古研究所編 1980
図118　1 南京博物院他 2013a、2 南京博物院他 2013b、3・4 南京博物院他 2013c
図119　1 洛陽市第二文物工作隊 2004、2 310国道孟津考古隊 1994、3 洛陽市文物工作隊 1983a、4 洛陽市文物工作隊 1991a

初出一覧

　本書には今回新たに書き起こした部分と、既出論文を加筆・改変したものがあり、それらの内容を再構成して全体をまとめた。各章のもととなった論文の初出等は以下の通りである。

序　章　　　　　新稿
第1章　第1節　「漢・三国・西晋期の銅鏡編年に関する新視角―特に方格規矩鏡と内行花文鏡について」『ヒストリア』第259号　49-70頁　大阪歴史学会　2016年
　　　　第2節　「東アジアにおける銅鏡鋳造技術の系譜関係―湯口の位置を中心に―」『FUSUS』Vol.7　97-108頁　アジア鋳造技術史学会　2015年
　　　　　　　　「漢・三国・西晋期の銅鏡編年に関する新視角―特に方格規矩鏡と内行花文鏡について」『ヒストリア』第259号　49-70頁　大阪歴史学会　2016年
　　　　第3節　「漢代における踏み返し鏡製作について―日本列島出土漢鏡の観察を中心に―」『FUSUS』Vol.2　15-27頁　アジア鋳造技術史学会　2010年
　　　　　　　　「日本列島における漢鏡の東方拡散と保有・廃棄の意義」『考古学研究』第62巻第4号　27-48頁　考古学研究会　2016年
　　　　第4節　新稿
　　　　第5節　新稿
第2章　第1節　「弥生時代九州における漢鏡の流入と小形仿製鏡の生産」『熊本大学社会文化研究』5　193-211頁　熊本大学大学院社会文化科学研究科　2007年
　　　　第2節　「弥生時代小形仿製鏡の鈕および鈕孔製作技法―その技術と系譜に関する予察―」『鏡范研究』Ⅲ　16-26頁　奈良県立橿原考古学研究所・古代二上鋳金研究会　2005年
　　　　　　　　「韓半島における小形仿製鏡の生産―製作技術からみた初期弥生時代小形仿製鏡の製作地―」『韓半島における青銅器製作技術と東アジアの古鏡』233-264頁　國立慶州博物館・奈良県立橿原考古学研究所・アジア鋳造技術史学会　2007年
　　　　　　　　「東アジアにおける銅鏡生産の展開と技術的背景―湯口の位置と鈕孔方向の関係を中心に―」『アジア鋳造技術史学会研究発表資料集』7号

| | | 193-203頁　アジア鋳造技術史学会　2013年 |
| | | 「東アジアにおける銅鏡鋳造技術の系譜関係―湯口の位置を中心に―」『FUSUS』Vol.7　97-108頁　アジア鋳造技術史学会　2015年 |

　　　　　第2節4　新稿
　　　　　第3節　新稿
　　　　　第4節　「前漢鏡の破鏡とその拡散形態―破鏡に施される二次加工の検討から―」『王権と武器と信仰』27-37頁　同成社　2008年
　　　　　　　　「破鏡拡散開始期の再検討」『先史学・考古学論究』Ⅴ　363-382頁　龍田考古会　2010年
　　　　　第4節4　新稿
　　　　　第5節　「画文帯神獣鏡の破鏡をめぐって」『先史学・考古学論究』Ⅵ　179-190頁　龍田考古会　2014年
　　　　　第6節　「破鏡拡散開始期の再検討」『先史学・考古学論究』Ⅴ　363-382頁　龍田考古会　2010年
　　　　　　　　「破鏡としての小形仿製鏡の拡散とその意義―宮崎県高千穂町神殿遺跡出土鏡の分析を中心に―」『宮崎考古』第23号　21-31頁　宮崎県考古学会　2012年
第3章　第1節　「漢三国六朝期の東アジアにおける鏡の使用方法」『先史学・考古学論究』Ⅶ　龍田考古会　印刷中
　　　　第2節　新稿
　　　　第3節　「洛陽における漢鏡副葬墓について」『熊本大学社会文化研究』8　273-284頁　熊本大学大学院社会文化科学研究科　2010年
結　章　　　　新稿

あとがき

　本書は2008年度に熊本大学大学院社会文化科学研究科に提出した博士論文「東アジアにおける銅鏡の拡散・受容システムからみた弥生社会の動態」をもとにしている。しかし博士論文では十分に内容を深めることができなかったため、本書の内容はその後に発表した論考を加えて構成している。ただし、博士論文で描き出した弥生社会像は、約10年を経過しても変わっていない。

　博士論文提出に至る学生時代は滋賀県立大学と熊本大学で過ごした。滋賀県立大学では指導教官であった菅谷文則先生をはじめ、故高橋美久二先生、林博通先生からご指導いただいた。滋賀県立大学はまだ開校間もない頃であったが、先生方、先輩方、後輩諸氏と昼夜を問わず研究室で過ごさせていただき、考古学とはどのような学問であるかを身をもって学ぶことができた。菅谷先生には考古学だけではなく、社会人としての行動規範についてもご指導いただき、人間としても成長することができた。大学院進学後の熊本大学では指導教官の甲元眞之先生をはじめ、木下尚子先生、小畑弘己先生、杉井健先生からご指導いただいた。熊本大学は大学院生が学部生を指導する場面が多く、測量や実測、写真撮影・焼付などを必死に勉強した。甲元先生には遺跡の踏査や学会に同行させていただき、ドライバーを務めながらさまざまな学問を駆使して人間の歴史的な歩みを考える姿勢を学ばせていただいた。

　博士論文提出後は中国社会科学院考古研究所で研究する機会を得た。研究所では白雲翔先生に受け入れていただいた。白先生は中国での銅鏡調査の希望をお伝えすると、その場で先方に電話をされ、以後は自分でアポイントを取るように指示されるのが常であった。当初は中国語がほとんどしゃべれなかったが、調査をおこなうために中国語の勉強にも力を入れた。この間、洛陽、西安などで500面以上の銅鏡を調査することができた。

帰国後は宮崎県埋蔵文化財センターで発掘調査・整理作業に従事した。南九州の土壌や土器との出会いは新鮮であった。また業務と研究を両立させることの難しさも学んだ。

　2011年度からは現在の職場である岡山大学埋蔵文化財調査研究センターで、構内遺跡の調査研究をおこなっている。センターの山本悦世さん、岩﨑志保さん、野崎貴博さん、山口雄治さんには、日々の業務や研究面をはじめ、様々な面で大変お世話になっている。業務の面でご迷惑をおかけしたことも多々あったと思うが、本書の刊行をもってご寛容いただきたい。またセンター室長の清家章さん（岡山大学大学院社会文化科学研究科）、2013年度まで在籍しておられた光本順さん（現岡山大学大学院社会文化科学研究科）、2013年度に在籍された端野晋平さん（現徳島大学埋蔵文化財調査室）にも大変お世話になった。

　また富山大学の三船温尚先生、奈良県立橿原考古学研究所の清水康二さんには、学生時代から鋳造実験や資料調査を通じて、研究方法や銅鏡の観察視点などについての多くのご助言をいただいている。アジア鋳造技術史学会のメンバーの方々からもたくさん学ばせていただいている。

　本書を構想していた2012年7月には、九州北部豪雨によって当時熊本県南阿蘇村にあった実家が土砂崩れに巻き込まれた。これにより筆者の蔵書の多くが水損した。しかし熊本大学考古学研究室の先生方、学生さんたちの懸命なレスキューによって、一部は読むことができる状態まで回復することができた。本書の執筆に際してはこの時にレスキューされた文献も頻繁に使用した。レスキューに携わってくださった方々にも心から感謝申し上げたい。

　このように本書はたくさんの方々のご指導、ご助言によって形とすることができた。本書執筆における資料収集では学生時代の諸先輩・後輩はじめ、多くの方々から援助をいただいた。また銅鏡の調査では、所蔵機関の方々のお手を煩わせた。すべての方々に感謝の意を表したい。

　本書をまとめるに際しては、大阪大学の福永伸哉先生が出版を勧めてくださり、内容についても多くのご助言をいただきました。原稿の執筆・編集には同成社の佐藤涼子社長、金原美恵子さん、工藤龍平さんのご配慮に預かりまし

た。記して感謝いたします。

　最後にこれまで私のことを心配し、支えてくれた父・弘芳、母・悦子、姉弟と、いつも全力でサポートして励ましてくれる妻・靖子、元気いっぱいの笑顔で疲れを癒してくれる長女・把菜子、次女・沙智子、三女・優希子、長男・宏太郎、四女・真依子に心から感謝の気持ちを捧げたい。

　　2018年11月

半田山を望む岡山大学にて

南　健太郎

東アジアの銅鏡と弥生社会

■著者略歴■

南　健太郎（みなみ・けんたろう）

1981年　長崎県生まれ。
2004年　滋賀県立大学人間文化学部卒業。
2006年　熊本大学大学院文学研究科修了。
2008年　日本学術振興会特別研究員。
2009年　熊本大学大学院社会文化科学研究科修了。博士（文学）。
2010年　宮崎県埋蔵文化財センターを経て、
現在、岡山大学埋蔵文化財調査研究センター助教。

〔主要著作・論文〕
「漢・三国・西晋期の銅鏡編年に関する新視角－特に方格規矩鏡と内行花文鏡について－」『ヒストリア』259、大阪歴史学会、2016年。「日本列島における漢鏡の東方拡散と保有・廃棄の意義」『考古学研究』62-4、考古学研究会、2016年。「東アジアにおける銅鏡鋳造技術の系譜関係－湯口の位置を中心に－」『FUSUS』Vol.7、アジア鋳造技術史学会、2015年。「漢代における踏み返し鏡製作について－日本列島出土漢鏡の観察を中心に－」『FUSUS』Vol.2、アジア鋳造技術史学会、2010年。

2019年4月17日発行

著　者　南　　健太郎
発行者　山　脇　由紀子
印　刷　亜細亜印刷㈱
製　本　協栄製本㈱

発行所　東京都千代田区飯田橋4-4-8
　　　　（〒102-0072）東京中央ビル　㈱同成社
　　　　TEL 03-3239-1467　振替 00140-0-20618

©Minami Kentaro 2019. Printed in Japan
ISBN978-4-88621-819-3 C3021